Coleção
Direito Penal e Criminologia

Direção
Íñigo Ortiz de Urbina
Ramon Ragués
Luís Greco

O INVIOLÁVEL E O INTOCÁVEL NO DIREITO PROCESSUAL PENAL

Reflexões sobre dignidade humana, proibições de prova, proteção de dados (e separação informacional de poderes) diante da persecução penal

Jürgen Wolter

O INVIOLÁVEL E O INTOCÁVEL NO DIREITO PROCESSUAL PENAL

Reflexões sobre dignidade humana, proibições de prova, proteção de dados (e separação informacional de poderes) diante da persecução penal

Organização e Introdução
Luís Greco

Tradução
Luís Greco, Alaor Leite, Eduardo Viana

Marcial Pons

MADRI | BARCELONA | BUENOS AIRES | SÃO PAULO

Coleção
Direito Penal e Criminologia

Direção
Íñigo Ortiz de Urbina / Ramon Ragués / Luís Greco

O inviolável e o intocável no direito processual penal – Reflexões sobre dignidade humana, proibições de prova, proteção de dados (e separação informacional de poderes) diante da persecução penal

Jürgen Wolter

Organização e Introdução: Luís Greco

Tradução: Luís Greco, Alaor Leite, Eduardo Viana

Capa: Nacho Pons

Produção: Ida Gouveia / HBLYZ / Oficina das Letras®

CIP-Brasil. Catalogação na Publicação
Sindicato Nacional dos Editores de Livros, RJ

W849i

Wolter, Jürgen

O inviolável e o intocável no direito processual penal: reflexões sobre dignidade humana, proibições de prova, proteção de dados (e separação informacional de poderes) diante da persecução penal / Jürgen Wolter ; organização, introdução e tradução Luís Greco ; tradução Alaor Leite, Eduardo Viana. - 1. ed. - São Paulo: Marcial Pons, 2018.

Tradução de: Menschenwürde und Freiheit im Strafprozeß ; Beweisverbote und Umgehungsverbote zwischen Wahrheitserforschung und Ausforschung ; Datenschutz und Strafprozeß. Zum Verhältnis von Polizeirecht und Strafprozeßrecht

ISBN 9788566722581

1. Direito Penal. 2. Dignidade (Direito). 3. Processo penal. 4. Direito penal internacional. I. Greco, Luís. II. Leite, Alaor. III. Viana, Eduardo. IV. Título. V. Série.

18-51364 CDU: 341.4

www.marcialpons.com.br

Impresso no Brasil

Referências dos originais

Menschenwürde und Freiheit im Strafprozeß, in: Geppert/Dehnicke (orgs.), *Gedächtnisschrift für Karlheinz Meyer*, 1990, pp. 493-516.

Beweisverbote und Umgehungsverbote zwischen Wahrheitserforschung und Ausforschung, in: Roxin/Widmaier (orgs.), *50 Jahre Bundesgerichtshof. Festgabe aus der Wissenschaft*, vol. IV: Strafrecht, Strafprozeßrecht, 2000, pp. 964-1009.

Datenschutz und Strafprozeß. Zum Verhältnis von Polizeirecht und Strafprozeßrecht, in: *ZStW* 107 (1995), pp. 793-842.

Agradecimentos

O presente volume é a tradução de três fundamentais estudos de Jürgen Wolter, professor catedrático emérito da Universidade de Mannheim, Alemanha, em um projeto que envolveu Alaor Leite, Eduardo Viana e a mim. O organizador agradece aos dois colegas tradutores pelo apoio e pela ajuda com a revisão dos textos. Essa revisão também contou com o auxílio de Marja Goulart, Mário Jorge e João Costa Neto, a quem ele também manifesta sua gratidão.

SUMÁRIO

ABREVIATURAS

AG = Amtsgericht (juízo de 1º grau, cf. §§ 22 e ss. GVG)

AK = Alternativ-Kommentar (obra coletiva de comentários à StPO)

AöR = Archiv des öffentlichen Rechts (periódico)

AnwBl = Anwaltsblatt (periódico)

BayObLG = Bayerisches Oberlandesgericht (Tribunal Superior do Land/Estado da Baviera)

BAGE = Bundesarbeitsgericht (Tribunal Federal do Trabalho, tribunal equivalente ao nosso Tribunal Superior do Trabalho)

BayVerfGH = Bayerisches Verfassungsgerichtshof (Corte Constitucional de Justiça da Baviera)

BGH = Bundesgerichtshof (Corte Federal de Justiça, tribunal equivalente ao nosso Superior Tribunal de Justiça)

BGHSt = Entscheidungen des Bundesgerichtshofs in Strafsachen (repertório oficial de jurisprudência do BGH em matéria penal)

BGHZ = Entscheidungen des Bundesgerichtshofs in Zivilsachen (repertório oficial de jurisprudência do BGH em matéria cível)

BR-Drucks. = Bundesrat-Drucksachen (Atas de documentos do Senado Federal)

BT-Drucks. = Bundestag-Drucksachen (Atas de documentos do Parlamento Federal)

BVerfG = Bundesverfassungsgericht (Tribunal Constitucional Federal)

BVerfGE = Entscheidungen des Bundesverfassungsgericht (Decisões do Tribunal Constitucional Federal)

BVerwG = Bundesverwaltungsgericht (Tribunal Administrativo Federal; a Alemanha tem uma jurisdição administrativa autônoma, separada da civil e penal)

CADH = Convenção Americana de Direitos Humanos

CEDH = Convenção Europeia de Direitos Humanos

CF = Constituição da República Federativa do Brasil

CuR = Computer und Recht (periódico)

DJT = Deutscher Juristentag (Congresso Alemão de Juristas)

DRiZ = Deutsche Richterzeitung (periódico)

DuD = Datenschutz und Datensicherheit (periódico)

DuR = Demokratie und Recht (periódico)

EuGrZ = Europäische Grundrechte-Zeitschrift (periódico)

FS = Festschrift

FG = Festgabe

GA = Goltdammer's Archiv für Strafrecht (periódico)

GG = Grundgesetz (Lei Fundamental)

GVG = Gerichtsverfassungsgesetz (Lei de Organização Judiciária)

JR = Juristische Rundschau (periódico)

JZ = Juristenzeitung (periódico)

KG = Kammergericht (Tribunal Superior do Land de Berlim)

KJ = Kritische Justiz (periódico)

KK = Karsruher Kommentar (obra coletiva de comentários à StPO)

KritV = Kritische Vierteljahersschrift für Gesetzgebung und Rechtsprechung (periódico)

LG = Landgericht (Tribunal do Land)

LR = Löwe-Rosenberg, Kommentar zur Strafprozessordnung (obra coletiva de comentários à StPO)

MDR = Monatsschrift für Deutsches Recht (periódico)

MSchrKrim = Monatsschrift für Kriminologie und Strafrechtsreform (periódico)

NJW = Neue Juristische Wochenschrift (periódico)

nm. = número de margem

NStZ = Neue Zeitschrift für Strafrecht (periódico)

NVwZ = Neue Zeitschrift für Verwaltungsrecht (periódico)

PIDCP = Pacto Internacional de Direitos Civis e Políticos

RDV = Recht der Datenverabeitung (periódico)

RiStBV = Richtlinien für das Strafverfahren und das Bußgeldverfahren (Diretrizes para o Processo Penal e o Processo de Multa Contra-Ordenacional)

RuP = Recht und Politik (periódico)

SK-StPO = Systematischer Kommentar zur Strafprozessordnung obra coletiva de comentários à StPO)

StPO = Strafprozessordnung (Ordenação Processual Penal, equivalente ao nosso Código de Processo Penal)

StV = Strafverteidiger (periódico)

TEDH = Tribunal Europeu de Direitos Humanos

ZRP = Zeitschrift für Rechtspolitik (periódico)

ZStW = Zeitschrift für gesamte Strafrechtswissenschaft (periódico)

INTRODUÇÃO

O INVIOLÁVEL E O INTOCÁVEL NO DIREITO PROCESSUAL PENAL:
Considerações introdutórias sobre o processo penal alemão (e suas relações com o direito constitucional, o direito de polícia e o direito dos serviços de inteligência)

LUÍS GRECO*

A. Introdução

I. Sobre o presente estudo

Se, no direito penal material, o pensamento jurídico alemão é de tal forma conhecido e reconhecido entre os juristas brasileiros que se torna possível traduzir estudos de grande profundidade sem necessidade de proceder a maiores esclarecimentos do que os referidos a um ou outro dispositivo legal, a situação é um tanto diversa no que diz respeito ao direito processual penal. Nenhum jurista brasileiro ignora as vigas mestras da arquitetura do direito penal material: tipicidade, anti-

* Professor Catedrático de Direito Penal, Direito Processual Penal, Direito Penal Estrangeiro e Teoria do Direito Penal na Faculdade de Direito da Universidade Humboldt, de Berlim.

juridicidade, culpabilidade. Já no direito processual penal, a reflexão brasileira, que, desde a segunda metade do séc. XX, desenvolveu-se fundamentalmente sob influência italiana e que vem paulatinamente a abrir-se para a influência espanhola, tem permanecido alheia ao pensamento processual-penal alemão. Isso não apenas explica o esforço de traduzir e editar o livro que o leitor tem em mãos (abaixo, II.), como também a presente introdução.

O *objetivo primário* deste estudo introdutório é *fornecer ao leitor brasileiro os pressupostos de que necessita para ler, com proveito, os subsequentes estudos* de Jürgen Wolter – os pressupostos que, como dito, em geral já existem no público brasileiro quando se trata de ler um artigo sobre o direito penal material, e que o autor alemão assume possuírem os seus leitores (infra, B.). Como veremos, o processo penal alemão se estrutura com base em conceitos por vezes similares, mas de forma alguma idênticos aos que estamos acostumados a manejar. Será necessário, assim, proceder a uma espécie de *brevíssima introdução a esse direito processual penal* (infra, B. II.: "Estrutura do processo penal alemão").

Mas isso significaria começar um tanto tarde. Uma compreensão adequada do direito processual penal alemão demanda que se dirijam os olhares tanto para cima, quanto para os lados. Para cima: o processo penal alemão é marcado, desde o pós-guerra, pela presença do *direito constitucional*, de modo que uma compreensão adequada dos fundamentos situados já nesse âmbito, mais especificamente, na teoria dos direitos fundamentais, se torna indispensável (infra, B. I.: "Direito processual penal constitucional"). Aqui, será necessário, em especial, tomar conhecimento do chamado direito de proteção de dados, que, cada vez mais, começa a ser um tema também no Brasil, e que impõe severos limites às aspirações investigativas do direito processual penal tal qual o conhecemos. Para os lados: o direito processual penal alemão, direito de repressão de delitos já cometidos, é, pelo menos na teoria, nitidamente diferenciado do chamado *direito de polícia e dos direitos de inteligência*, de natureza preventiva ou mesmo de "precaução"[1] (infra., B. II. 1.: "Estrutura externa do processo penal"). Um dos problemas centrais diagnosticados por Wolter é a insuficiente abertura do direito processual penal para as influências de cima e a excessiva relativização dos limites para o lado.

Por fim, preparei um *anexo* (infra, C.), cuja finalidade primária é menos a leitura e mais a consulta. O anexo compreende um catálogo de decisões importantes que são as referências básicas da matéria, conhecidas de todo leitor alemão informado, e um catálogo de dispositivos legais repetidamente citados nos textos subsequentes.

Também a presente introdução foi pensada não apenas como leitura, mas secundariamente como texto de consulta. Os textos traduzidos contém notas por

---

1. Um termo que provoca severas dificuldades de tradução, a respeito infra, B. II. 1.

mim introduzidas (N.E.) que repetidamente a ela se reportam em pontos que não convinha explicar em notas de rodapé.

A introdução tem natureza predominantemente descritiva – minha primeira preocupação, como dito, é preparar o leitor para a leitura de o que aqui realmente importa, que são as reflexões de Wolter. Ainda assim, tenho um interesse pessoal na temática traduzida, que se manifesta não apenas em ambiciosos comentários que dedico ao tema da apreensão e aos métodos secretos de investigação (predominantemente em coautoria com Wolter[2]), como também em monografia em língua portuguesa que estou a preparar.[3] Desse modo, de quando em quando, abandonarei a atitude descritiva e avançarei uma opinião sobre determinado fenômeno. Entendo a presente introdução, assim, também como uma provocação a que passemos a refletir sobre problemas que, até o presente momento, não estão na ordem do dia.

II. Sobre o autor, a coletânea e os estudos nela contidos

Como dito (supra, I.), creio chegada a hora de que também o direito processual penal brasileiro comece a tomar conhecimento da reflexão jurídica alemã. Em razão disso, após fornecermos ao público brasileiro alguns estudos processuais de meu professor, Bernd Schünemann,[4] pareceu adequado a mim, a Alaor Leite e a Eduardo Viana tornar conhecidos alguns trabalhos de Jürgen Wolter.

1. Jürgen Wolter é um dos mais reconhecidos penalistas e processualistas de sua geração.[5] Ele doutorou-se em 1971, em Göttingen, sob a orientação de Claus Roxin, e habilitou-se em 1979, em Bonn, sob a orientação do primeiro grande discípulo de Roxin, Hans-Joachim Rudolphi. Foi professor titular em Hamburgo, Heidelberg, Bonn, tornando-se catedrático em 1988, em Regensburg e, por fim, Mannheim, onde permaneceu até a sua aposentadoria em 2008 (recusando um chamado para Köln em 1999). Em Mannheim fundou, ao lado de um renomado

2. SK-StPO, 5ª ed., vol. 2, 2016, §§ 94-100b, 100e-100j (cerca de 300 páginas).

3. Cujo título provisório é "Reserva de lei e organizações criminosas: reflexões com base na Lei 12.850/2013".

4. A saber, os estudos O Juiz como um terceiro manipulado no processo penal? Uma confirmação empírica dos efeitos perseverança e aliança, trad. Greco; Audiência de instrução e julgamento: modelo inquisitorial ou adversarial? Sobre a estrutura fundamental do processo penal no 3.º milênio, trad. Leite; Um olhar crítico ao modelo processual penal norte-americano, trad. Campos; Do templo ao mercado? Como a justiça penal aparentemente transforma a teoria econômica do direito em prática, governo em governança e soberania em cooperação, trad. Greco, in: *Schünemann* (org. Greco), Estudos de direito penal, direito processual penal e filosofia do direito, 2013, p. 205 e ss., 222 e ss., 240 e ss., 298 e ss. Cf. também a tradução do estudo de *Roxin*, Por uma proibição de valorar a prova nos casos de omissão do dever de informação qualificada, trad. Leite, in: *Roxin* (org. Leite), Novos estudos de Direito Penal, 2014, p. 214 e ss.

5. Uma breve biografia encontra-se em *Zöller*, Geleitwort, in: Gesamte Strafrechtswissenschaft in internationaler Dimension, Festschrift für Jürgen Wolter zum 70. Geburtstag am 7. September 2013, Berlin, 2013, p. 6 e ss.

administrativista (Wolf-Rüdiger Schenke), o ISP, Instituto de Direito Processual Penal e Direito de Polícia Alemães e Europeus (Institut für deutsches und europäisches Strafprozessrecht und Polizeirecht), cujo objeto central foi o estudo das interpenetrações entre as duas áreas do direito que cuidam do problema da segurança, cada qual de sua própria perspectiva (repressão, de um lado, prevenção, de outro). Além disso, ele até hoje coordena e colabora como coautor em dois dos mais autorizados comentários de lei alemães, os chamados Comentários Sistemáticos fundados pelo seu professor, Rudolphi, (Systematischer Kommentar zum Strafgesetzbuch, fundado em 1975, atualmente em sua 9ª. ed., em seis volumes, com um total de cerca de 6.000 páginas; e o Systematischer Kommentar zur Strafprozessordnung, cofundado por Wolter, em 1984, atualmente em sua 5ª. ed., em 10 volumes, com cerca de 10.000 páginas). Desde 2002, Wolter é também o redator-chefe da revista Goltdammer's Archiv für Strafrecht, fundada em 1854 – que é, ao lado da Zeitschrift für die gesamte Strafrechtswissenschaft, não apenas a mais tradicional e renomada revista alemã, como, graças aos esforços de Wolter, a mais internacional delas, sempre aberta a que autores estrangeiros encontrem uma voz na discussão alemã.[6]

2. A composição da *coletânea* baseia-se em sugestões do próprio Jürgen Wolter. Renunciamos à ideia de tornar conhecida a outra importante área de enfoque de sua reflexão, a teoria da imputação objetiva, que foi objeto de sua tese de habilitação e de numerosos artigos,[7] em favor de um volume "redondo" dedicado ao direito processual penal. Estamos conscientes de que nem todos os estudos são de fácil leitura (razão pela qual escrevo a presente introdução), mas igualmente seguros de que os temas neles tratados têm de começar a ser enfren-

6. A revista vem publicando, sob a direção de Wolter, fascículos especiais dedicados ao diálogo com a doutrina de diversos países: apenas mais recentemente, Fasc. 8/2017, Japão; Fasc. 12/2017, Espanha, fasc. em homenagem a Mir Puig; Fasc. 4/2018, China.

7. Cf., além da tese de habilitação/livre-docência sobre Objektive und personale Zurechnung von Verhalten, Gefahr und Verletzung in einem funktionalen Straftatsystem, 1983, cf. principalmente *Wolter*, Der Irrtum über den Kausalverlauf als Problem objektiver Erfolgszurechnung, ZStW 89 (1977), p. 649 e ss.; *idem*, Konkrete Erfolgsgefahr und konkreter Gefahrerfolg im Strafrecht, JuS 1978, p. 748 e ss.; *idem*, Adäquanz- und Relevanztheorie. Zugleich ein Beitrag zur objektiven Erkennbarkeit beim Fahrlässigkeitsdelikt, GA 1977, p. 257 e ss.; *idem*, Der "unmittelbare" Zusammenhang zwischen Grunddelikt und schwerer Folge beim erfolgsqualifizierten Delikt, GA 1984, p. 443 e ss.; *idem*, Objektive und Personale Zurechnung zum Unrecht, in: Schünemann (coord.), Grundfragen des modernen Strafrechtssystems, 1984, p. 103 e ss. (trad. para o espanhol por Silva Sánchez, in: Schünemann [org.], El sistema moderno del Derecho Penal, 1991, 108 e ss.); *idem*, Tatbestandsmäßiges Verhalten und Zurechnung des Erfolgs, GA 1991, p. 531 e ss.; *idem*, Objektive Zurechnung und modernes Strafrechtssystem. Ein normtheoretischer Beitrag zum "Risikoprinzip" von Claus Roxin und zur Wesentlichkeit von Kausalabweichungen, in: Gimbernat/Schünemann/Wolter (coords.), Internationale Dogmatik der objektiven Zurechnung und der Unterlassungsdelikte, 1995, p. 3 e ss. (trad. para o espanhol S. Bacigalupo/Cancio Melia, in: Gimbernat/Schünemann/Wolter [orgs.], Omisión e imputación en Derecho Penal, 1994, p. 65 e ss.); *idem*, Objektiv zurechenbares Fehlverhalten und "vorhersehbarer Fehlgebrauch" Dritter im Kern- und Nebenstrafrecht, FS Schroeder, 2006, p. 431 e ss.; *idem*, Zum umgekehrten dolus generalis, GA 2006, p. 406 e ss.

tados de maneira mais aprofundada também no Brasil. Em especial, o uso do processo penal para fins não mais repressivos, e sim preventivos; o manejo de dados e informações pelas instâncias estatais; a afetação da esfera de pessoas que sequer caíram em situação de suspeita; o respeito aos direitos de recusar testemunho e a esferas de inviolabilidade, como os direitos a um núcleo de privacidade ou ao sigilo da consulta a advogado – em todos esses setores, o leitor encontrará importantes reflexões de Wolter, referências à posição mais difundida no direito alemão e poderá comprovar com os próprios olhos que muito do que nós, no Brasil, por vezes aceitamos como natural seria declarado não apenas duvidoso, mas inconstitucional e até mesmo escandaloso por uma multiplicidade de razões até pela mais conservadora das opiniões hoje defendidas na Alemanha.

Para que nos contentemos com um único exemplo (outros virão, no curso da presente introdução e, obviamente, nos textos que se seguem): enquanto nós, no Brasil, nos limitamos fundamentalmente a discutir se, apesar de o art. 5º da Lei 9.296/1996 prever um prazo de 15 dias, "renovável por igual tempo", deixa espaço para uma renovação indefinida da diligência, o que é admitido pela opinião dominante,[8] na Alemanha[9] a própria lei dispõe que a medida correspondente só pode ser imposta para investigar certos crimes expressamente previstos em um catálogo (um tanto longo, é verdade, § 100a II StPO; em contrapartida: no Brasil, basta crime punível com reclusão, cf. art. 2º III Lei 9296/1996, isto é, mesmo um furto simples ou um estelionato); há regra sobre a afetação de terceiros não imputados (§ 100a III StPO; nenhuma palavra a respeito no Brasil); há dispositivo (§ 100d StPO) que restringe consideravelmente a licitude da medida quando se tratar de comunicações relativas ao núcleo de privacidade ou a pessoas autorizadas a recusar testemunho (nenhuma palavra a respeito no Brasil); há dispositivo que protege o advogado de medidas dessa ordem (§ 160a StPO; no Brasil, isso é problema que se discute em sede doutrinária,[10] uma vez que a lei se cala[11]);

8. STF RE 625263 RG/PR; STJ HC 116.375/PB; HC 143.805-SP; HC 133.037-GO entre outros; de acordo, por ex., *Aras,* Técnicas especiais de investigação, in: De Carli (org.), Lavagem de dinheiro, 2ª ed., 2013, p. 503 e ss. (552 e s.); *Araújo da Silva*, Organizações criminosas. Aspectos penais e processuais da Lei n. 12.850/2013, 2ª ed., 2015, p. 117 ("bom-senso"); *Greco Filho*, Interceptação telefônica, 2015, p. 55; contra *G. Prado*, Limite às Interceptações Telefônicas e a Jurisprudência do Superior Tribunal de Justiça, 2ª ed., 2012, p. 19 e ss.

9. Cf. em detalhe a monografia de *Gleizer*, O monitoramento de telecomunicações no processo penal: Uma revisão, 2019, em vias de publicação, que desenvolve esforço pioneiro no sentido da necessária "adaptação" de nosso direito positivo aos padrões internacionais reconhecidos.

10. *Rocha de Assis Moura*, Interceptação telefônica. Breves reflexões, in: RBCC 21 (1998), p. 411 e s. (411).

11. Cf., entretanto, o art. 7 II do Estatuto da Advocacia e a Ordem dos Advogados do Brasil (OAB), Lei 8.906/1994, que afirma a "inviolabilidade ... de sua correspondência escrita, eletrônica, telefônica e telemática" – o que não se sabe bem, a uma, se vale apenas *prima facie* ou sempre, nem, principalmente, se sequer vale, uma vez que essa mesma lei prevê direitos que só podem existir no papel, tais como o de livre ingresso em salas de sessões de tribunais, até mesmo na parte reservada aos magistrados (art. 7 VI a]).

regulam-se as finalidades para as quais se podem utilizar as informações obtidas (§ 100e VI StPO; no Brasil, é verdade, a própria CF contém uma regra a esse respeito, art. 5º XII: "fins de investigação criminal ou instrução processual penal", com o que, ao que parece, fica de antemão excluída a medida quando se tratar, por ex., de impedir um atentado terrorista), além da finalidade imediata que ensejou a ordenação da medida; deveres de notificar posteriormente os afetados (§ 101 IV-VI) e de apagamento das informações (§ 101 VIII StPO). Enquanto isso, como observei, a lei brasileira, em quase todos esses pontos, deixa o cidadão entregue à boa vontade dos órgãos de persecução penal. Principalmente: ao que parece, a lei permite que esses órgãos mantenham em seu poder *ad indefinitum* conversa privada entre cônjuges que sequer estão em via de serem investigados, sem que os afetados sequer algum dia possam vir a saber dessa situação.[12]

3. Os *três estudos* que decidimos traduzir encontram-se intimamente correlacionados.

a) O primeiro deles, "Dignidade humana e liberdade no processo penal", se esforça por delinear o significado da ideia de dignidade dentro de um processo penal que cada vez mais busca ser eficiente. O autor passa em revista e critica os vários esforços de relativizar a dignidade humana no processo penal, de torná-la permeável a ideias como, em especial, a proporcionalidade.

b) O segundo estudo, sobre "Proibições de prova e proibições de circunvenção entre busca da verdade e proibição de devassamento", trata da temática daquilo que, no Brasil, se discute sobre a pouco feliz rubrica da prova ilícita. O leitor talvez se pergunte que sentido faz discutir sobre o tema com um autor alemão, se já a Constituição brasileira ordena a inadmissibilidade no processo de provas obtidas por meios ilícitos (art. 5º LVI CF), enquanto a dogmática alemã sobre o tema parte justamente da independência entre a licitude ou ilicitude da obtenção da prova e a valorabilidade dessa mesma prova: há provas ilícitas valoráveis e provas lícitas impassíveis de valoração. Minha resposta, que aprofundarei logo mais (infra B. II. 2. D), é a de que a interpretação literalista – dificilmente sustentável, se se pensar que ela levaria a excluir a utilização de prova de inocência[13] – acaba por fechar as portas para o reconhecimento de importantes garantias contra intervenções processuais-penais na esfera jurídica do imputado e de terceiros, por medo de que o reconhecimento dessas garantias implique a perda de provas. Concretamente: é muito mais fácil sustentar a inadmissibilidade de toda prova ilícita quando, por ex., a interceptação telefônica não tem de atender nenhum dos pressupostos que acabo de mencionar para ser lícita; além disso, o

12. A não ser que lhes ocorra fazer uso de um *habeas data* (art. 5º XXXIII CF), que tampouco é claramente cabível (cf. art. 1º parágrafo único Lei 9507/1997: "registro de caráter público"?) e, principalmente, não dá ao interessado o direito de requerer o apagamento, mas somente o conhecimento ou a retificação dos dados ou o acréscimo de uma anotação (art. 7º Lei 9507/1997).

13. Cf. *Lopes Jr.*, Direito Processual Penal, 15ª ed., 2018, p. 396.

modelo brasileiro não tem espaço para as provas licitamente obtidas, mas impassíveis de serem utilizadas.

Wolter desenvolve, em um diálogo crítico com a jurisprudência do BGH, um sistema escalonado da valorabilidade da prova, que leva especialmente em conta a natureza do direito fundamental afetado. Ele extrai, nesse estudo, as consequências de uma postura que leva a sério a intocabilidade da dignidade humana.

c) O terceiro estudo, sobre "Proteção de dados no processo penal - Sobre a relação entre direito de polícia e direito processual penal", é, a meu ver, o mais relevante dos três, ainda que seja de leitura relativamente difícil (não foi por acaso que o traduzimos a seis mãos). Esse estudo é uma manifestação dos esforços pioneiros de Wolter, desenvolvidos também alhures,[14] no sentido de adequar o direito processual penal à nova realidade dos direitos fundamentais constitucionalmente reconhecida. O direito constitucional reconhece, na Alemanha, desde a fundamental decisão do censo, de 1983 (BVerfGE 65, 1), um direito fundamental à chamada autodeterminação informacional, que apresentarei logo mais (B. I. 3.). Isso significa que a ideia clássica que orienta o processo penal, a da busca da verdade, vê-se balizada e limitada pelas exigências de respeito a esse direito.

III. Observações sobre o método de tradução; terminologia

A distância entre a tradição processual-penal brasileira e a alemã (supra, I.) torna uma tradução especialmente difícil. As dificuldades dizem respeito, de um lado, à tecnicidade da matéria, que exige repetidas remissões a dispositivos legais, e, de outro, à inexistência de institutos ou de termos correspondentes no direito brasileiro. A primeira dificuldade foi solucionada de uma forma que, de início, parecia-nos um tanto questionável, mas que, à medida que fui introduzindo notas de editor como que em cada frase, acabou por mostrar-se como a mais convincente. A solução foi a seguinte: quando o autor cita dispositivo legal pressupondo uma familiaridade no leitor alemão, reformulamos a frase acrescentando aquilo que estava apenas pressuposto. Para explicá-lo com um exemplo, por assim dizer, invertido: uma frase que, no original, estivesse redatada como "o sujeito foi condenado por realizar o art. 121 CP", foi traduzida como "o sujeito foi condenado por realizar o crime de homicídio (art. 121 CP)". Estamos conscientes de que isso significa uma problemática liberdade que tomamos com o original, mas a alternativa seria um texto ponteado de notas, de leitura cansativa.

---

14. São tantos esses estudos que seria necessário produzir uma nota de mais de meia página para arrolá-los. Menciono apenas os que me parecem mais ambiciosos: *Wolter*, Strafverfahrensrecht und Strafprozessreform, GA 1985, p. 49 e ss.; *idem*, Heimliche und automatisierte Informationseingriffe wider Datenschutzgrundrecht, GA 1988, p. 49 e ss., 129 e ss.; *idem*, Zur Verbindung von Strafprozesrecht und Polizeirecht, FS Rolinski, 2002, p. 633 e ss.; *idem*, Potenzial für eine Totalüberwachung im Strafprozess- und Polizeirecht, FS Rudolphi, 2004, p. 733 e ss.; e, principalmente, o monumental comentário prévio ao § 151 StPO (vor § 151), em Systematischer Kommentar, 2ª ed., 1994 e ss., de 233 páginas.

Apesar de os três artigos não terem sido traduzidos por uma única pessoa, esforçamo-nos por guardar uniformidade terminológica. A maior parte de nossas escolhas será justificada no curso dessa introdução, nos tópicos em que explico o tema correspondente. No presente tópico inicial, limito-me a esclarecer alguns termos fundamentais para todos os artigos, que se referem a aspectos que reaparecem em todos eles. Alguns desses termos são neologismos utilizados por Wolter – o alemão é uma língua muita propícia a neologismos.

O primeiro deles é o termo *Ausforschung*, que aparece especialmente, mas não apenas no segundo estudo.[15] Forschung é pesquisa, investigação, Erforschung, bem próximo, é utilizado no contexto do direito processual penal, quando se fala em Wahrheitserforschung: investigação da verdade. Já a Ausforschung, usada por Wolter, dá a impressão de que a atividade é esgotada, levada às últimas consequências. Pensamos, assim, que o termo adequado em português é o do *devassamento*, ainda que estejamos conscientes de que com essa opção se perde a conexão etimológica, existente no original, com o termo investigação.

O termo *Aushorchung* tem o mesmo sentido, de esgotamento, devassamento, mas agora com um ponto de referência mais restrito: trata-se de um devassamento praticado por meio do ato de escutar (em geral de forma secreta). Horchen é escutar de forma especialmente atenta, e a partícula *aus* dá essa conotação de intensidade, de ir até o fim. Falamos, aqui, à falta de uma alternativa, em um *devassamento por meio de perguntas, ou em extração de informações*.

O termo talvez mais utilizado no segundo artigo é da *Umgehung*, que traduzimos por *circunvenção*. Há tradição que traduz o termo como fraude – Gesetzesumgehung como fraude à lei.[16] Pensamos, contudo, que essa opção não captura o verdadeiro sentido do termo original: *gehen* é caminhar, *um-* significa algo como à volta; *umgehen* é dar a volta em algo, no contexto: nas exigências legais. Quem dá a volta na lei não a viola, simplesmente se esquiva de sua aplicação, a contorna, dela escapa. A tradução circunvenção, assim, afigura-se-nos perfeita.

Por fim, o princípio do *fair trial*, que no original é referido em inglês, foi traduzido, em geral, como *processo equitativo*. Sabemos que, na processualística brasileira, por influência italiana, é corrente o termo processo justo.[17] Preferimos, contudo, o termo processo equitativo, porque é essa a tradução oficial do termo na versão portuguesa da Convenção Europeia de Direitos Humanos de 1949, que é o *locus classicus* do termo para toda a discussão europeia (também para a italiana).

---

15. Cf. também *Schwabenbauer*, Heimliche Grundrechtseingriffe. Ein Beitrag zu den Möglichkeiten und Grenzen sicherheitsbehördlicher Ausforschung, 2013, que, contudo, usa o termo com sentido mais neutro, menos pejorativo do que o faz Wolter.

16. Por todos, *Riggi*, Interpretación y ley penal. Un enfoque desde la doctrina del fraude de Ley, Barcelona, 2010.

17. Cf., por todos, o trabalho de meu pai, *Leonardo Greco*, Garantias fundamentais do processo: o processo justo, in: Leonardo Greco, Estudos de Direito Processual, Campos dos Goytacazes, 2005, p. 225 e ss.

B. Esclarecimentos prévios

Como assentado acima (A. I.), o objetivo primário da presente introdução é fornecer ao leitor aquelas informações que Wolter pressupõe existentes no público a quem se destinavam, originalmente, os trabalhos traduzidos. Ao mesmo tempo, quero prestar contas das dificuldades terminológicas envolvidas no processo de tradução. Esses esclarecimentos têm de começar pelo direito constitucional (infra, I.), situar o direito processual penal, delimitando-o do direito de polícia e de inteligência (infra, II. 1.), para só então chegar ao processo penal em seu conteúdo básico (infra, II. 2.).

I. Direito processual penal constitucional

O interesse da presente introdução pelo direito constitucional é, obviamente, limitado. A incursão nesse ramo do direito orienta-se segundo uma perspectiva processualista-penal, de modo que julguei adequado desenvolver as minhas considerações sob a rubrica do "processo penal constitucional". Como já dito, desde o pós-guerra tem se intensificado a influência do direito constitucional sobre o processo penal. Em 1959, já afirmava *Sax* que o direito processual penal é "direito constitucional aplicado",[18] expressão essa que apareceu em alguns julgados alemães;[19] *Eb. Schmidt*, provavelmente o mais importante processualista da nova República Federal da Alemanha, qualificava o código de processo penal como a "lei de execução da Lei Fundamental",[20] e o tratado de direito processual penal de *Roxin*, hoje nas mãos de seu discípulo *Schünemann*, é quase que aberto com a afirmação de que o processo penal é o "sismógrafo da constituição do Estado".[21] Meu objetivo, aqui, é preencher de conteúdo essas afirmações um tanto genéricas.

Há vários canais de influência do direito constitucional sobre o direito processual penal. No Brasil, além de diversos direitos fundamentais referidos ao processo (principalmente, art. 5º LIV e ss. CF, que menciona, entre outros, o devido processo legal, a ampla defesa, a presunção de inocência, e que podem ser chamados – para utilizarmos um termo popular na Alemanha e de que também Wolter faz uso – de *direitos processuais-fundamentais*, nossa tradução de Prozessgrundrechte), a discussão doutrinária brasileira tem dado grande destaque à tentativa de derivar, de um dispositivo um tanto marginal (o art. 129 I CF, que atribui ao ministério público competência privativa para promover a ação penal pública), uma imposição constitucional de uma estrutura "acusatória" para o processo.[22] Na

---

18. *Sax*, Grundsätze der Strafrechtspflege, in: Bettermann et alii (coords.) Die Grundrechte, 1959, p. 966 e ss. (966).

19. BGHSt 19, 325, 330; BVerfGE 32, 373, 383.

20. *Eb. Schmidt*, Lehrkommentar zur StPO und zum GVG, Parte 1, 2ª ed., 1964, nm. 99.

21. *Roxin/Schünemann* Strafverfahrensrecht, 29ª ed., 2017, § 2 nm. 1

22. Assim, principalmente, *G. Prado*, Sistema acusatório, 4ª ed., 2006, p. 172 e ss. Retornaremos a esse tópico abaixo, II. 2. a).

Alemanha, o principal canal de influência tem sido a ideia de que o direito processual penal é, em boa parte, uma *intervenção ou restrição de direitos fundamentais*. Ainda que não se possa concordar com aqueles que afirmam que nessas intervenções em direitos fundamentais, que ocorrem no bojo da persecução de delitos, encontre-se o "ponto alérgico de toda a justiça penal"[23] ou mesmo o "verdadeiro problema fundamental do direito processual penal",[24] uma vez que o processo é bem mais do que isso,[25] há que se conceder que boa parte do processo consiste em tais intervenções, de modo que as condições de legitimidade construídas pelo direito constitucional para as intervenções de direitos fundamentais são também aplicáveis ao processo penal.

É portanto aqui, na teoria dos direitos fundamentais, no ponto em que ela se entrecruza com um processo composto, em boa parte, de intervenções nesses direitos, que temos de começar a nossa breve descrição do processo penal alemão.

1. Teoria dos direitos fundamentais: âmbito de proteção, intervenção, justificação

Um dos muitos méritos da doutrina e, principalmente, da jurisprudência alemã tem sido aquilo que se poderia chamar de dogmatização, talvez mais exatamente, de *operacionalização dogmática da constituição*. No Brasil, a preocupação após a Constituição de 1988 parece ter sido a de que as normas constitucionais, principalmente as que previam direitos sociais, não tivessem o seu caráter jurídico negado, não fossem reduzidas a normas programáticas, a expressão de ideais políticos, sem natureza cogente; destaco os importantes trabalhos de Paulo Bonavides, José Afonso da Silva e Luís Roberto Barroso.[26] Na Alemanha, houve, desde a Lei Fundamental de 1949, preocupação análoga, mas de natureza mais limitada. Enquanto na República de Weimar os direitos fundamentais não vinculavam o legislador, a nova constituição, que declarava expressamente a vinculação do legislador a esses direitos e à ordem constitucional como um todo (cf., em especial, os art. 1 III e 20 III da Lei Fundamental, que abaixo transcrevo, C. II. 1.), alterou esse quadro. A tarefa era, contudo, mais limitada, a uma, porque a Lei Fundamental é um documento bem mais enxuto que a nossa Constituição, que prevê até proteção ao Colégio Pedro II (art. 242 § 2º CF), a duas, porque a

23. *Eb. Schmidt,* Von Sinn und Notwendigkeit wissenschaftlicher Behandlung des Strafprozessrechts, ZStW 65 (1953), p. 161 e ss. (169).

24. *Steinberg*, Richterliche Gewalt und individuelle Freiheit, 2010, p. 15.

25. Cf. *Greco*, Strafprozesstheorie und materielle Rechtskraft, 2015, p. 125 e ss.

26. *Bonavides*, Curso de Direito Constitucional, 31ª ed., 2016, p. 260 e ss.; *J. Afonso da Silva*, Aplicabilidade das normas constitucionais, 8ª ed. 2012; *Barroso*, O direito constitucional e a efetividade de suas normas, 9ª ed. 2009 (de 1990); sobre essa discussão, de uma perspectiva atual, *Sarlet*, Eficácia e aplicabilidade das normas constitucionais, in: Sarlet/Marinoni/Mitidiero, Curso de direito constitucional, 7ª ed., 2018, p. 172 e ss.

Lei Fundamental alemã, para bem ou para mal, não conhece direitos sociais.[27] A preocupação alemã voltou-se, assim, no sentido de transformar os dispositivos da nova constituição, em especial os direitos fundamentais ali contidos, em direitos de conteúdo claro e passível de aplicação racional e estruturada – enfim, dogmatizada. Não apenas os penalistas desenvolveram um esquema de análise, que formula certas perguntas em certa ordem (tipicidade, antijuridicidade, culpabilidade); também os constitucionalistas fizeram algo comparável, que, aos poucos, começa a chegar entre nós,[28] e que tenho de aqui expor com a brevidade que meu objetivo impõe. Serei comedido nas referências bibliográficas, uma vez que as ideias que exporei correspondem à opinião preponderante, que se encontra exposta em qualquer manual destinado a estudantes.[29] Não interessam, aqui, posições mais vanguardistas ou originais,[30] e sim as linhas mestras daquilo que é manejado pelos tribunais e corresponde à realidade do direito alemão.

A análise procede em três etapas. A primeira delas é a da determinação do chamado âmbito de proteção (Schutzbereich) de um específico direito fundamental.[31] Que "pedaços" da vida são protegidos, alcançados pelo direito fundamental

---

27. Sobre o status dos direitos sociais na Lei Fundamental *Stern*, Das Staatsrecht der Bundesrepublik Deutschland, vol. 1, 2ª ed., 1984, p. 933 e ss.; *Sachs*, Verfassungsrecht II, Grundrechte, 3ª ed., 2017, § 4 nm. 20 e ss.; em detalhe, *Cremer*, Freiheitsgrundrechte, 2003, p. 360 e ss., com extensa discussão do direito a um mínimo existencial, mencionado pelo Tribunal Constitucional alemão em uma de suas primeiras decisões, da qual se foi paulatinamente distanciando (p. 378 ss.) e que hoje é reconhecido como direito a uma atuação do legislador (e não a que o juiz o substitua, cf. BVerfGE 125, 175, 224 e s.: "Tais decisões [que afetam a gestão orçamentária do Estado, L.G.] estão reservadas ao legislador."); *Murswiek*, Grundrechte als Teilhaberechte, soziale Grundrechte, in: Isensee/Kirchhof (coords.), Handbuch des Staatsrechts, vol. 9, 3ª ed., 2011, § 192, em especial, nm. 50 e ss., detalhadamente sobre a "decisão da Lei Fundamental contra direitos fundamentais sociais".

28. Cf. principalmente *Ferreira Mendes*, Limitações dos direitos fundamentais, in: Ferreira Mendes/Gonet Branco, Curso de Direito Constitucional, 12ª ed., 2017, p. 190 e ss.; *Sarlet*, Teoria geral dos direitos fundamentais, in: Sarlet/Marinoni/Mitidiero (n. 27), p. 305 e ss. (385 e ss.); *Dimoulis/Martins*, Teoria Geral dos Direitos Fundamentais, 5ª ed., 2014, p. 129 e ss.

29. Cf., por ex., o já citado livro de *Sachs* (n. 28), § 7 e ss.; *Kingreen/Poscher*, Grundrechte. Staatsrecht II, 33ª ed., 2017, § 6 (a continuação do conhecido livro de Pieroth/Schlink); *Hufen*, Staatsrecht II. Grundrechte, 6ª ed., 2017, §§ 6, 8, 9; mais extensamente *Hillgruber*, Grundrechtlicher Schutzbereich, Grundrechtsgestaltung und Grundrechtseingriff, e, do mesmo autor, Grundrechtsschranken, ambos em Isensee/Kirchhof (n. 28), p. 981 e ss., 1033 e ss.

30. Ficarão, assim, em segundo plano a chamada "teoria dos princípios" de *Alexy*, que tanto impacto teve entre nós (fundamental *Alexy*, Theorie der Grundrechte, 1985, citado com base na versão de 1994; nesse sentido também *Borowski*, Grundrechte als Prinzipien, 1998; *Virgílio Afonso da Silva*, Grundrechte und gesetzgeberische Spielräume, 2003), bem como perspectivas alternativas que tiveram ainda menor repercussão, como a por ele denominada "teoria transcendental dos direitos fundamentais", de *Lindner*, Theorie der Grundrechtsdogmatik, 2005, p. 69 e ss., 126 e s., ou a "teoria ética dos direitos fundamentais", de *Mahlmann*, Elemente einer ethischen Grundrechtstheorie, 2008; cf. também os trabalhos compilados na cuidadosa coletânea de *Augsberg/Unger* (coords.), Basistexte: Grundrechtstheorie, 2012 e o já quase clássico estudo de *Böckenförde*, Zur Lage der Grundrechtsdogmatik nach 40 Jahren Grundgesetz, 1989.

31. Podemos, igualmente, deixar de lado a controvérsia a respeito desse conceito, que muitos pretendem substituir por um "conteúdo de garantia" (Gewährleistungsgehalt), com implicações não negligenciáveis, cf. os estudos de *Hoffmann-Riem*, Enge oder weite Gewährleistungsgehalte der

de que se trata? Aqui, há alguns direitos de alcance claro: a liberdade de locomoção (art. 2 II GG), cujo âmbito de proteção é, em seu núcleo, a faculdade de a pessoa modificar o local em que se encontra,[32] ou a inviolabilidade do domicílio (art. 13 GG), cujo âmbito de proteção é descrito como a "esfera privada espacial",[33] descrição essa que é concretizada diante de certas situações-limite (em especial, ambientes de trabalho e de negócios).[34] Após fixar o âmbito de proteção, analisa-se a conduta estatal, que será um problema e necessitará de justificação caso ela afete, adentre – intervenha – nesse âmbito de proteção. Chega-se, assim, ao segundo conceito, o de *intervenção* (Eingriff).[35] O terceiro deles é a *justificação* (Rechtfertigung). Essa justificação pode variar segundo o direito fundamental afetado, razão pela qual é importante delimitar em que direito, exatamente, se intervém. Por ex., os direitos à liberdade de opinião e de imprensa (art. 5 I 1, 2 GG) só "encontram limites nos dispositivos de leis gerais, nos dispositivos legais para a proteção da juventude e no direito à honra pessoal" (art. 5 II GG). Isso quer dizer que uma limitação à liberdade de opinião que ocorra por outras razões que não essas três (por ex., em razão de a opinião conter um erro lógico), será inconstitucional. Mas, além dessas considerações específicas, há duas outras de natureza geral, às quais já retornaremos: toda intervenção em direito fundamental tem de ter um fundamento em lei (abaixo, 2.); além disso, ela tem de ser proporcional (abaixo, 4.).

Vê-se, assim, que intervenção é o que carece de justificação. Uma intervenção não-justificada é o que se chama de *lesão* ou *violação* (Verletzung) a direito fundamental. E há uma categoria especial de direitos fundamentais, a daqueles em que as intervenções são impassíveis de qualquer justificação, em que intervenção e violação se confundem. Esses direitos, especialmente protegidos, são *intocáveis* (unantastbar).[36] É a própria redação da Lei Fundamental alemã que faz essa diferenciação: alguns direitos, como a liberdade de locomoção (art. 2 II 2 GG), a liberdade de consciência e de religião (art. 4 I GG), o sigilo de telecomunicações (art. 10 I GG), o domicílio (art. 13 I GG), são invioláveis (unverletzlich), já a dignidade humana (art. 1 I GG) e o conteúdo essencial (Wesensgehalt) de um direito fundamental (art. 19 II GG) são intocáveis. Isso significa que não se

Grundrechte?, e *Kahl*, Vom weiten Schutzbereich zum engen Gewährleistungsgehalt, republicados em Augsberg/Unger (n. 31), p. 317 e ss., 346 ss.; e a monografia de *Rusteberg*, Der grundrechtliche Gewährleistungsgehalt, 2009, p. 131 e ss., 169 e ss.

32. *Sachs* (n. 28), § 14 nm. 16; um pouco menos preciso *Kingreen/Poscher* (n. 30), nm. 496: "direito a movimento corporal", que "compreende (positivamente) o direito de visitar qualquer lugar, próximo ou distante, e (negativamente) o direito de evitar qualquer lugar". Com base nessa definição, a porta de nossas casas restringiria um direito fundamental, o que não pode ser correto.

33. *Kingreen/Poscher* (n. 30), nm. 1004, com remissão a BVerfGE 65, 1 (40) – decisão do censo.

34. Cf., sucintamente, *Kingreen/Poscher* (n. 30), nm. 1005 e ss.

35. Sobre o conceito de intervenção *Kingreen/Poscher* (n. 30), nm. 292 e ss.

36. Sobre esse conceito, com tendência crítica, os estudos em *Gröschner/Lembcke* (coords.), Das Dogma der Unantastbarkeit, 2009.

pode intervir na dignidade humana (por ex., torturando alguém) e declarar essa intervenção lícita, recorrendo a uma proporcionalidade ou ao que quer que seja. Se há intervenção na dignidade humana, há lesão à dignidade. A única maneira de abrir algum espaço para uma atuação estatal nesse contexto será reduzir o âmbito de proteção desse direito e, com isso, negar a existência de uma intervenção. É esse o sentido técnico do termo *intocável*, e é por isso que escolhemos colocá-lo no título do presente volume, ao lado do termo inviolável. Intocável e inviolável, na terminologia alemã, não são sinônimos – e essa diferenciação parece-me materialmente justificada, de modo que pode, igualmente, revelar-se frutífera para a discussão brasileira.

Quase todos os direitos fundamentais expressamente previstos na Lei Fundamental referem-se a âmbitos de atuação relativamente concretos (religião, arte e ciência, profissão, respectivamente: arts. 4 I, 5 III, 12 GG), ou a dimensões da vida humana (vida, corpo, liberdade, arts. 2 II 1, 2 GG). Há, contudo, dois direitos de alcance geral, ambos derivados, cada qual à sua maneira, do art. 2 I GG, que prevê "o direito ao livre desenvolvimento da personalidade, desde que não se violem os direitos alheios, a ordem constitucional ou a lei moral".

O primeiro desses direitos de alcance geral é a chamada *liberdade geral de ação* (allgemeine Handlungsfreiheit): o direito de fazer ou deixar de fazer o que se queira,[37] como dar de comer a pombos[38] ou cavalgar numa floresta.[39] A construção de um tal direito fundamental, que por vezes é questionada,[40] significa que toda proibição ou imposição de um comportamento pelo Estado é intervenção em direito fundamental, de modo que necessita de justificação (formal, lei; e material, proporcionalidade).

O segundo direito fundamental de alcance geral é derivado de uma leitura conjunta do citado dispositivo, sobre o livre desenvolvimento da personalidade, e o também citado dispositivo da dignidade humana (ou seja, dos arts. 1 I c/c 2 I GG). O BVerfG recorre, comumente, a essa construção da leitura conjunta de dispositivos, que se designa pelo "in Verbindung mit", abreviado "i.V.m.", e que traduzimos por c/c. Esse direito é o chamado *direito geral de personalidade* (allgemeines Persönlichkeitsrecht):[41] um direito que compreende em seu bojo uma série de direitos mais concretos, como os tradicionais direito ao próprio nome e à honra, e os mais modernos direitos à própria imagem, à própria voz. Uma das componentes mais relevantes desse direito fundamental para o processo penal

---

37. Pioneiro BVerfGE 6, 32 (36) – decisão Elfes, que recorda a redação anterior do dispositivo: "Todos podem fazer ou deixar de fazer o que eles queiram"; *Sachs* (n. 28), § 14 nm. 5; sobre essa decisão *Bumke/Voßkuhle*, Casebook Verfassungsrecht, 7ª ed. 2015, nm. 315 e ss.

38. BVerfGE 54, 143.

39. BVerfGE 80, 137 (152 ff.).

40. Cf. principalmente o voto vencido de *Grimm*, BVerfGE 80, 137 (164 e ss.).

41. *Sachs* (n. 28), § 14 nm. 49 e ss.; *Bumke/Voßkuhle* (n. 38), nm. 340 e ss.

e para o presente livro é o direito à autodeterminação informacional, o direito à proteção de dados, ao qual retornaremos logo mais (abaixo, 3).

É importante salientar a estrutura do direito geral de personalidade. Aqui, a jurisprudência constitucional acolheu uma útil metáfora desenhada, pioneiramente, por *Hubmann* para o direito civil,[42] a da *teoria das esferas.*[43] Imaginem-se três círculos concêntricos: o terceiro, externo, é o da esfera social ou pública, em que se pode intervir sem grandes dificuldades justificativas. Falar ou perguntar, por ex., da profissão de alguém, é algo que diz respeito a essa esfera externa. O segundo círculo, intermédio, é da esfera privada ou do sigilo, em que as exigências de justificação são bem mais intensas. Aqui, trata-se de informações, por ex., sobre as compras de uma pessoa, o local em que ela passa férias, o seu círculo de amigos. O terceiro círculo, menor dos três, é o *núcleo da esfera privada* (Kernbereich privater Lebensgestaltung), e aqui não há possibilidade de justificar uma intervenção.[44] O núcleo de privacidade é, assim, intocável, no sentido que acabamos de conferir a esse termo.[45] Esse núcleo é uma expressão da ideia de dignidade humana. O que, exatamente, pertence a esse terceiro círculo é bastante discutido: um forte candidato são os diários, mas o próprio Tribunal Constitucional, numa decisão dividida, que será exposta abaixo (C. I.), negou isso. O BGH reconheceu estar afetado o núcleo de privacidade em caso em que se gravou um solilóquio (Selbstgespräch) travado por uma pessoa que se encontra sozinha em seu automóvel.[46] *Wolter* e *eu* pensamos que a conversa com advogado também se encontra abarcada por esse núcleo de privacidade.[47] As denominações dos três círculos variam de autor para autor, a ideia, contudo, permanece a mesma.

Convém dedicar mais algumas palavras à *dignidade humana.* Discute-se na doutrina se ela é ou não um verdadeiro direito fundamental (principal razão: o art. 1 III GG, dispositivo quase que imediatamente posterior àquele que a reconhece, que é o art. 1 I GG, diz que "os *seguintes* direitos fundamentais vinculam a legislação, o poder executivo e a jurisprudência...").[48] Essa discussão, contudo, não nos importa. O que interessa, além da intocabilidade, é que a dignidade, segundo difundida opinião, também perpassa alguns ou mesmo todos os demais direitos fundamentais. Esses direitos são, de certa forma, decorrências da dignidade, que

---

42. *Hubmann*, Das Persönlichkeitsrecht, 1ª ed., 1953, p. 216 e ss.; 2ª ed., 1967, p. 268 e ss.

43. A respeito, por todos, *Di Fabio*, in: Maunz/Dürig, Grundgesetz Kommentar, 2001, art. 2 nm. 157 e ss. Em língua portuguesa, *Costa Andrade*, Sobre as proibições de prova em processo penal, reimpr. 2013 (primeira publicação: 1992), p. 94 e ss.

44. *Bumke/Voßkuhle* (n. 38), nm. 370 e ss.; cf., em profundidade, *Schwabenbauer* (n. 16), p. 255 e ss.; e a monografia de *Dammann*, Der Kernbereich der privaten Lebensgestaltung, 2011, que, contudo, rejeita a ideia (p. 180 e ss.), a meu ver capitulando demasiado cedo.

45. BVerfGE 103, 21 (31 e s.); 109, 279 (313 e ss.); 112, 304 (318 e ss.).

46. BGHSt 57, 71 (74 e ss.).

47. *Wolter/Greco*, SK-StPO, 5ª ed., 2016, § 100a nm. 57; cf. também *Schwabenbauer* (n. 16), p. 301, que, contudo, não situa esse limite na esfera de privacidade.

48. Cf., por todos, *Hufen* (n. 30), § 10 nm. 9 e ss., com as referências pertinentes.

deles também participa. É claro que eles não se confundem com ela, uma vez que não têm natureza intocável; ocorre que, nos moldes da teoria das esferas - pensada, é verdade, apenas para o direito geral de personalidade - também os outros direitos fundamentais apresentam um núcleo que é imediata expressão da ideia de dignidade. Exemplificando: privar alguém da liberdade, trancando-o em uma cela de prisão, intervém apenas na liberdade de locomoção (art. 2 II 2 GG). Se a privação de liberdade for tão intensa a ponto de que a pessoa seja excluída da sociedade para sempre, numa prisão perpétua impassível de ser revista, estará também afetada a liberdade em seu âmago, e, com ela, a dignidade humana.[49] Esse é o chamado *conteúdo de dignidade* (Menschenwürdegehalt) do direito fundamental, também intocável. O já mencionado conteúdo essencial (Wesensgehalt), expressamente mencionado como intocável no art. 19 II GG, parece confundir-se com esse conteúdo de dignidade de um direito, mas isso não é tão incontroverso.[50]

No presente contexto, tornam-se necessárias mais algumas palavras sobre aquilo que se poderia chamar de natureza dos direitos fundamentais. Segundo a concepção alemã, os direitos fundamentais são, em primeiro lugar, Abwehrrechte, *direitos de defesa ou de proteção,* dirigidos contra o Estado.[51] Isto é, a primeira função dos direitos fundamentais é de operar no sentido de bloquear a atuação do Estado, impor a este uma omissão. O direito à vida é, em primeiro lugar, o direito de não ser morto pelo Estado, o direito à liberdade de locomoção é o direito de não ser preso pelo Estado etc. Da perspectiva do Estado, o correlato a esses direitos é um dever de abstenção. Secundariamente, em situações excepcionais, caracterizadas pela ausência de alternativas de atuação estatal ou de uma redução da discricionariedade a zero, os direitos fundamentais dão origem a *deveres de proteção* (Schutzpflichten) e a *direitos de participação ou de prestação* (Teilhaberechte), isto é, a direitos cujo correlato é não mais uma omissão, e sim uma atuação positiva do Estado.[52] Assim, o direito à vida também produz,

49. BVerfGE 45, 187 (238 e ss.) - prisão perpétua; descrição dessa fundamental decisão em *Bumke/Voßkuhle* (n. 38), nm. 298 e ss.

50. Valorizando o conceito e conferindo lhe substância que vai além da dignidade humana *L. Schneider*, Der Schutz des Wesensgehalts von Grundrechten nach Art. 19 Abs. 2 GG, 1983, p. 272 e s.; diversamente *Häberle*, Die Wesensgehaltsgarantie des Art. 19 Abs. 2 Grundgesetz, 3ª ed., 1983, p. 234 e ss., que confere ao dispositivo valor apenas declaratório, de forma que ele seria, em si, supérfluo; esvaziando a ideia de conteúdo essencial de significado e reduzindo-o à proporcionalidade, por ex., *Hufen* (n. 30), § 9 nm. 29. Na doutrina brasileira, cf. as considerações de *Virgílio Afonso da Silva*, O conteúdo essencial dos direitos fundamentais e a eficácia das normas constitucionais, Revista de Direito do Estado 4 (2006), p. 23 e ss., e de *Sarlet* (n. 29), p. 402 e ss. (bastante cético).

51. Na literatura manualística, cf., por todos, *Hufen* (n. 30), § 5 nm. 4 e ss.; *Kingreen/Poscher* (n. 30), nm. 96 e ss.; monograficamente *Lübbe-Wolff*, Die Grundrechte als Eingriffsabwehrrechte, 1988, p. 25 e ss.; *Cremer* (n. 28), p. 74 e ss.; *Poscher*, Grundrechte als Abwehrrechte, 2003, com concepção própria às p. 315 e ss.

52. Por todos, *Hufen* (n. 30), § 5 nm. 5 e ss.; em detalhe, *Isensee*, Das Grundrecht als Abwehrrecht und als staatliche Schutzpflicht, in: Isensee/Kirchhof (n. 28), § 191 nm. 146 e ss.; e *Murswiek* (n. 28), nm. 5 e ss.

secundariamente, o direito a uma proteção suficiente de parte do Estado, do qual pode, inclusive, decorrer um dever estatal de criminalizar.[53] Os direitos fundamentais, nessa concepção liberal, dirigem-se primariamente a atos e omissões do Estado; a chamada *eficácia horizontal ou diante de terceiros* (Drittwirkung) permanece excepcional.[54]

Por fim, os direitos fundamentais da Lei Fundamental estão todos abrangidos por aquilo que, em alemão, se chama literalmente de garantia de perenidade ou de eternidade (Ewigkeitsgarantie), e que nós traduzimos, seguindo a tradição brasileira, por *cláusula pétrea*, prevista no art. 79 III GG.[55]

2. Reserva de lei

Após esse curto panorama, voltemo-nos de forma mais detida a alguns dos aspectos que acabo de mencionar. Como dito (acima, 1.), toda intervenção em direito fundamental demanda por uma justificação, e uma componente necessária dessa justificação, o seu pressuposto formal, é o atendimento da exigência de uma reserva de lei. Tal não parece soar estranho aos ouvidos do público brasileiro, uma vez que a Constituição da República, muito mais explicitamente que a Lei Fundamental alemã, dispõe que "ninguém será obrigado a fazer ou deixar de fazer alguma coisa senão em virtude de lei" (art. 5º II CF). Ocorre que, a meu ver, até hoje não descobrimos todo o potencial desse dispositivo. Penso que uma das mais importantes contribuições que a leitura do presente livro de Wolter pode nos dar é a de ser um passo no sentido de acordar esse dispositivo, verdadeiro gigante adormecido.

Começo com uma distinção técnica, a entre *direitos fundamentais submetidos a uma reserva de lei* e direitos fundamentais *sem tal reserva* (Grundrechte mit Gesetzesvorbehalt e vorbehaltlose Grundrechte).[56] Por ex., após reconhecer o direito à vida, à integridade física e à liberdade de locomoção (art. 2 II 1, 2 GG), o constituinte alemão declara: "Nesses direitos só se pode intervir com base em uma lei." Já a liberdade religiosa (art. 4 GG) é reconhecida sem que se faça qualquer reserva similar. Isso não significa que a liberdade religiosa é um direito

---

53. Fudamental, BVerfGE 39, 1 (42 e ss.) – primeira decisão do aborto.

54. Mais recentemente, BVerfGE 119, 1 (21) – "Como todos os direitos de liberdade, a liberdade artística se dirige, em primeira linha, contra o Estado. ... O direito fundamental é, ao mesmo tempo, uma decisão objetiva no sentido da liberdade da arte, que também tem de ser levada em conta na relação entre particulares, em especial quando se pretender a proibição de obras de arte por meio dos tribunais estatais, com fundamento em direitos de particulares"; na manualística, *Bumke/Voßkuhle* (n. 38), nm. 219 e ss.; monograficamente: *Canaris*, Grundrechte und Privatrecht, 1999, p. 33 e ss., que deriva uma reduzida eficácia horizontal da ideia dos deveres de proteção. Sobre a discussão brasileira, com amplas referências, *Sarlet* (n. 29), p. 381 e ss.

55. A respeito *S. Schulz*, Änderungsfeste Grundrechte, 2008.

56. Sobre essa distinção *Hillgruber*, Grundrechtsschranken, in: Isensee/Kirchhof (n. 28), § 201 nm. 11 e ss.

ilimitado; doutro modo, seria difícil explicar por que um culto canibal poderia ser coibido pelo Estado. Isso não significa, tampouco, que a liberdade religiosa possa ser limitada já por considerações gerais de proporcionalidade, para garantir um fim social qualquer. Os direitos não sujeitos a uma reserva de lei não podem ser mais vulneráveis a intervenções do que aqueles que se encontram sob essa sujeição. Atendendo a isso, fazem-se duas exigências para legitimar intervenções em direitos sem reserva de lei: a primeira delas é que essas restrições estejam legalmente fundadas (nesse aspecto, eles não diferem dos direitos submetidos a uma reserva de lei); a segunda, é que esses direitos só possam ser restringidos em razão da tutela de outros valores de hierarquia constitucional.[57] É nesse segundo aspecto que esses direitos se revelam mais robustos que aqueles submetidos a uma reserva de lei, que, em princípio, podem ser limitados para a tutela de qualquer fim legítimo.

O que realmente importa, contudo, é outro aspecto, central para o presente livro e, ouso dizer, para a consolidação de um verdadeiro Estado de Direito no Brasil: o aspecto relativo ao conteúdo da própria ideia de reserva de lei. Deixem-se de lado, aqui, os detalhes da ideia, seus fundamentos últimos, as várias teorias com que ela é concretizada.[58] O único que aqui interessa é seu alcance: o que significa a exigência de um fundamento legal para uma intervenção em direito fundamental?

Concretamente: essa exigência significa que, sem lei específica que preveja de forma relativamente clara a intervenção e lhe imponha limites materiais e procedimentais, não será lícito intervir no direito fundamental. Toda intervenção em direito fundamental pressupõe, assim, aquilo que se chama de *fundamento legal* (Rechtsgrundlage), uma *norma autorizativa* ou *norma de faculdade* (Befugnisnorm), a qual – o que é muito importante – não se confunde com uma mera *norma de competência* (Zuständigkeitsnorm ou também Aufgabenzuweisungsnorm, norma de atribuição de tarefa). Desde a segunda metade do séc. XIX que a doutrina publicista alemã assentou *a impossibilidade de derivar da existência de uma competência uma autorização* (kein Schluss von der Aufgabe auf die Befugnis).[59] Entende-se, pelo contrário, que essa derivação é o raciocínio característico

57. Fundamental, BVerfGE 30, 173 (193) – Mephisto; monograficamente *Misera-Lang*, Dogmatische Grundlagen der Einschränkbarkeit vorbehaltloser Grundrechte, 1998, em especial p. 83 e ss.; *Bumke*, Der Grundrechtsvorbehalt, 1998, p. 150 e ss.

58. De uma perspectiva processualista-penal, mas com as cabíveis referências a literatura e jurisprudência de direito constitucional, *Rogall*, Informationseingriff und Gesetzesvorbehalt im Strafprozeßrecht, 1992, p. 12 e ss.; *Duttge*, Der Begriff der Zwangsmaßnahme im Strafprozeßrecht, 1995, p. 109 e ss.; para uma exposição em língua portuguesa, cf., em breve, *M. Jorge*, Agentes encobertos, infiltração policial e direitos fundamentais, 2019, no prelo.

59. *Schenke*, Polizei- und Ordnungsrecht, 9ª ed., 2016, nm. 36 e ss.; sobre a construção histórica desse princípio pela dogmática administrativista do séc. XIX (em especial, O. Mayer), instrutivo, *Reimer*, "Einfach wieder die Folgerungsweise des Polizeistaates". Zur Unterscheidung von Aufgaben und Befugnissen im Polizeirecht, FS Würtenberger, 2013, p. 1047 e ss.

do Estado de polícia, e que o Estado de Direito passa a existir no momento em que se reconhece que ela não é mais possível.

Elaboro a ideia em dois planos, um teórico-abstrato, um concreto-exemplificativo. Começo pelo primeiro.[60] A ideia de diferenciar duas ordens de normas, uma de competência, outra de autorização, diz com a diferente "direção" a elas ínsita: as normas de competência são, por assim dizer, voltadas para dentro, as de autorização, para fora. No plano da fixação de competência, o Estado simplesmente distribui entre os seus o que incumbe a quem. Parece claro, contudo, que uma distribuição interna de tarefas não dá a ninguém um direito de adentrar na esfera de um terceiro. Se os três estudantes que dividem um apartamento decidem que um limpa, outro cozinha e um terceiro faz compras, isso não dá ao terceiro o direito de pegar produtos do supermercado sem pagar. Para que esse direito surja é necessária, isso sim, uma autorização do terceiro, que é dada, no caso do supermercado, pelo contrato. No caso de intervenções estatais em geral, essa autorização é dada pela lei, que é a expressão da vontade de cada um de nós enquanto cidadãos. As intervenções não previstas em lei são intervenções em que nós, cidadãos, não consentimos, de forma que o Estado carece de uma autorização para as impor.

Passo, agora, para o segundo plano, mais concreto-exemplificativo. A lei processual-penal e também as leis de polícia alemãs preveem, assim, dois tipos de normas, em geral autonomamente reguladas. O primeiro deles define a tarefa mais geral, a competência das autoridades de persecução e das polícias: por ex., incumbe ao ministério público proceder à investigação preliminar tão logo existam pontos de apoio fáticos no sentido do possível cometimento de um delito (§ 152 II StPO) e esclarecer os fatos (§ 160 I StPO). Essas normas de competência não dão ao ministério público, contudo, o direito de intervir na esfera jurídica de quem quer que seja. Se o ministério público necessitar proceder a uma interceptação telefônica, a uma busca, a uma apreensão, terá de atender aos pressupostos dos dispositivos específicos que fundamentam cada uma dessas medidas, isto é, às normas autorizativas específicas. O mesmo vale se o ministério público tiver necessidade de fazer fotografias (§ 100h I 1 n. 1 StPO), de requerer dados de conexão de telecomunicação ou o endereço IP de um cidadão (§ 100j StPO), de observar alguém por mais de 24 horas ou em mais de dois dias diversos (§ 163f StPO), de interrogar (§ 163a StPO) ou de proceder a medidas de identificação de uma pessoa (§ 163b StPO). E se a medida interventiva que o ministério público pretende utilizar para cumprir o dever que a norma de competência lhe atribuiu não estiver legalmente prevista, isso significa que, salvo tratar-se de uma

60. Fundamentação um pouco diversa em *Reimers*, FS Würtenberger, p. 1054, 1061: contenção da "falácia consequencialista" de entender que se o fim é legítimo, assim o serão os meios; e, extensamente, em *Knemeyer*, Funktionen der Aufgabenzuweisungsnormen in Abgrenzung zu den Befugnisnormen, DÖV 1978, p. 11 e ss.

intervenção de natureza bagatelar – o que nenhuma das medidas que acabo de mencionar é – a medida não poderá ser utilizada.

As normas autorizativas, como dito, têm de ser específicas e determinadas. O que ignifica isso? Aqui, grosso modo, consolidou-se um entendimento segundo o qual há de diferenciar entre intervenções "normais" e intervenções de bagatela.[61] As intervenções de bagatela, como uma patrulha policial, uma busca pelo nome de uma pessoa via google, uma observação por menos de 24 horas ou em único dia, são compreendidas pela chamada *cláusula geral de investigação* (Ermittlungsgeneralklausel), prevista nos §§ 161 I 1, 163 I 2 StPO, que declaram o ministério público (o primeiro dos dispositivos) e a polícia (o segundo) "... facultados (befugt) ... a realizar investigações de toda sorte, desde que outros dispositivos legais não regulem essas faculdades de forma especial". Isso significa que, como regra, a norma tem de prever a concreta medida interventiva, e isso não apenas por meio de uma conceituação "funcional" (obter informações, descobrir, esclarecer etc.), que é a linguagem das normas determinadoras de tarefas ou de competências, e sim com termos mais "naturalísticos", que descrevam o concreto meio de que as instâncias de persecução se valerão para cumprir a função que lhes é legalmente atribuída. Como tudo o que não tem natureza bagatelar escapa da cláusula geral de investigação, boa parte das discussões no processo penal alemão se refere à possibilidade ou não de a polícia valer-se de determinado instrumento de investigação.

Com base em um exemplo bastante ilustrativo:[62] como a interceptação de ligações por meio de Skype e Whatsapp não pode ocorrer da forma "normal", isto é, requerendo a cooperação do prestador do serviço de telecomunicação, mas pressupõe a introdução de um chamado troiano no aparelho-alvo, defendiam muitos autores, entre os quais *Wolter* e *eu*,[63] que o dispositivo que autorizava a interceptação de telecomunicação, isto é, uma intervenção no direito fundamental à liberdade das telecomunicações (art. 10 GG), não compreendia a introdução do troiano no computador (a diligência da chamada "interceptação de telecomunicação na fonte", Quellen-Telekommunikationsüberwachung). Isso porque a integridade do sistema informático é, ela mesma, um outro direito fundamental reconhecido pelo BVerfG como uma das mais novas concretizações do direito geral de personalidade,[64] de que acima falamos (1.), e a intervenção nesse novo direito por meio da conduta em questão não tem natureza bagatelar. Seria neces-

61. Cf., por todos, *Wohlers/Greco*, SK-StPO, 5ª ed. 2016, vor § 94 nm. 2; com mais precisão *Deutsch*, Die heimliche Erhebung von Informationen und deren Aufbewahrung durch die Polizei, 1992, p. 219 e s.; contra a ideia de um limite de bagatela *Chirino Sánchez*, Das Recht auf informationelle Selbstbestimmung und seine Geltung im Strafverfahren, 1999, p. 208 e s.

62. A respeito, em português, a obra de *Gleizer* (n. 10).

63. *Wolter/Greco*, SK-StPO, 5ª ed. 2016, § 100a nm. 27 e ss., com amplas referências.

64. Pioneiramente BVerfGE 120, 274 (302 e ss.) – busca online (Online-Durchsuchung); a respeito, *Bumke/Voßkuhle* (n. 38), nm. 359 e ss.; *Thiel*, Die "Entgrenzung" der Gefahrenabwehr, 2011, p. 268 e ss.

sário, portanto, fundamento legal específico para essa segunda intervenção, o que, contudo, inexistia: o fundamento legal da interceptação de telecomunicação (§ 100a StPO) não autorizava uma intervenção em outro direito fundamental que não o do sigilo das telecomunicações. Reconhecendo essa situação, apesar da existência de forte doutrina e mesmo de alguns julgados a desafiar essa conclusão e declarar lícita a introdução do troiano para fins de interceptação de conversas de Skype e Whatsapp,[65] a praxis persecutória praticamente não fazia uso desse método, em razão das dúvidas quanto a sua legalidade. Isso levou o legislador a prevê-lo expressamente na extensa reforma do Código de Processo Penal que ocorreu em agosto do ano passado.[66]

Essas considerações estão bastante distantes daquilo que ainda é defendido no Brasil, em especial pela doutrina do direito constitucional. Em nosso país, não se pergunta por lei fundamentadora ou autorizadora da intervenção em direito fundamental, e sim por lei *regulamentadora* – como se apenas se tratasse de legislar sobre o como, e não sobre o se. É mesmo curioso que a nossa Lei 9.296/1996 afirme que "não será admitida a interceptação quando ocorrer qualquer das seguintes hipóteses" (art. 2º *caput*), como se se cuidasse de proibir algo em si lícito, e não exatamente do contrário. O fato de que tudo isso não se trata de uma *façon de parler* fica ainda mais patente diante de medidas concretas, como a *vigilância acústica domiciliar*: aqui, a opinião francamente dominante não duvida da licitude da medida, apenas discutindo se a ela se aplica ou não analogicamente o regime das interceptações telefônicas.[67] Por vezes, isso é fundamentado justamente derivando uma faculdade de uma competência. Nesse sentido, afirma *Vicente Greco Filho* que: "A captação ambiental de sinais eletromagnéticos, ópticos ou acústicos não depende de regulamentação especial. A sua legitimidade decorre do interesse público na investigação."[68] A meu ver, isso significa violar, de forma aberta, a letra e o espírito do art. 5º II CR, bem como o art. 5º XI CF (casa como "asilo inviolável do indivíduo"). Quem leva a sério esses dispositivos, tem de exigir lei que preveja – fundamente, autorize, e não apenas regule – expressamente a medida; a medida é, atualmente, ilícita.

A mesma distinção entre duas ordens de normas perpassa a *legislação de polícia* alemã. Essas leis contêm, primeiramente, uma norma geral determinadora de qual é a tarefa da polícia. Por ex., a Lei Geral para a Proteção da Segurança e

65. Referências em *Wolter/Greco*, SK-StPO, 5ª ed. 2016, § 100a nm. 28 n. 93-96.

66. No novo § 100a I 2 StPO; a respeito, *Singelnstein/Derin*, Das Gesetz zur effektiveren und praxistauglicheren Ausgestaltung des Strafverfahrens, NJW 2017, p. 2646 e ss. (2647 e s.).

67. Nesse sentido, *Bitencourt/Busato*, Comentários à Lei de organização criminosa, 2014, p. 101; *Rorato Maciel*, Crime organizado. Persecução penal e política criminal, 2015, p. 173, 282; *Gomes/ Rodrigues da Silva*, Organizações criminosas e técnicas especiais de investigação, 2015, p. 413; *Araújo da Silva* (n. 9), p. 111, ainda que distanciado ("duvidosa constitucionalidade").

68. *Greco Filho*, Comentários à Lei de organização criminosa, Lei n. 12.850/13, 2014, p. 35; cf., igualmente, *idem*, (n. 9), p.25.

da Ordem Pública de Berlim (Allgemeines Gesetz zum Schutz der öffentlichen Sicherheit und Ordnung in Berlin, ASOG), prevê em seu § 1 I 1 que a tarefa da polícia é "repelir perigos para a segurança e para a ordem pública". É em normas posteriores que se encontram as autorizações para intervir na esfera dos cidadãos no cumprimento dessa tarefa (§§ 17 e ss.).

Juntemos, agora, o que foi dito acima 1., sobre os novos direitos fundamentais de alcance geral, com a interpretação da reserva de lei que acabo de descrever. Se toda intervenção em direito fundamental necessita de fundamento legal, e direitos fundamentais não são apenas a vida, a integridade física, a liberdade de locomoção, a liberdade religiosa, mas também direitos de alcance bastante genérico, como a liberdade geral de ação e o direito geral de personalidade, qualquer ordem dirigida a um cidadão concreto ou qualquer investigação mais específica dirigida a sua pessoa será uma intervenção em direito fundamental. Até a exigência de informação por meio de perguntas dirigidas a um cidadão significa intervir em sua esfera e necessita de uma autorização legal.[69] Isso quer dizer que o direito processual penal tem de ser fundamentalmente revisto para atender a essas exigências da reserva de lei. Penso que nós, brasileiros, temos muito trabalho pela frente, se quisermos levar a sério o que nos impõe o art. 5º II CF.

3. Direito de proteção de dados

Isso fica ainda mais evidente se se reconhecer a ideia de um direito à autodeterminação informacional. Há autores, como Rogall e eu, que manifestam algum ceticismo em relação à ideia;[70] de qualquer forma, nessa introdução, interessa-me expor não as minhas opiniões, e sim aquilo que Wolter pressupõe em seu leitor.

A ideia central foi surgindo aos poucos.[71] Na jurisprudência do BVerfG, mencionem-se, especialmente, a decisão do microcenso (BVerfGE 27, 1), de 1969, que assentou que não seria conforme à dignidade humana "se o Estado pudesse exercer o direito de coativamente registrar e catalogar de forma total a personalidade de um ser humano, e isso ainda mesmo no anonimato de um levantamento estatístico, tratando o ser humano como uma coisa" (p. 6), o que, contudo, não se afirmou haver ocorrido no caso concreto; e a decisão BVerfGE 27, 344,[72] de 1970, que considerou inaceitável a utilização dos autos de um

---

69. Em detalhe, com referências sobre a discussão, *R.-G. Müller*, Polizeiliche Datenerhebung durch Befragung, 1997, p. 45 e ss.

70. Principalmente *Rogall* (n. 59), p. 41 e ss., 57 s.; *Duttge* (n. 59), p. 187 e ss.; minhas considerações em *Greco*, Warum gerade Beweisverbot? Ketzerische Bemerkungen zur Figur des Beweisverwertungsverbots, FS Rogall, 2018.

71. Para um curto histórico *Bull*, Informationelle Selbstbestimmung – Vision oder Illusion?, 2ª ed. 2011, p. 22 e ss.

72. Lista de outras decisões em *Bull*, Verfassungsrechtlicher Datenschutz, in: GS Sasse, vol. 2, 1981, p. 869 e ss. (p. 870 e ss.).

processo de divórcio em um processo disciplinar.[73] A doutrina foi paulatinamente realizando importantes e aclaradoras contribuições, que apontavam para os novos perigos diante de um Estado que tudo sabe, máxime quando esse Estado passa a dispor da nova tecnologia do processamento computadorizado de dados.[74] Em 1970, o Land de Hessen promulgou a primeira lei de proteção de dados (GVBl. I, 625), e em 1976, foi promulgada a Lei Federal de Proteção de Dados (Bundesdatenschutzgesetz). O verdadeiro divisor de águas, contudo, foi a chamada decisão do censo (Volkszählungsurteil) do BVerfG, tomada em 1983, que deduziu do já reconhecido direito penal da personalidade (art. 1 I c/c 2 I GG) um *direito à autodeterminação informacional.*[75]

A decisão tinha por objeto a lei do censo, de 1982 (BGBl. I, 369),[76] que previa, sob sanção de multa, o dever de todo cidadão de prestar informações, principalmente, sobre nome, endereço, estado civil, religião, instrução, ocupação e fontes de renda. Essa lei gerou uma discussão acalorada, em que, fazendo-se remissão à visão de Orwell em seu romance 1984, denunciava-se a natureza totalitária de um Estado que tudo sabe e que reduz o ser humano a uma "pessoa de vidro" (gläserner Mensch) e em que não faltaram nem mesmo comparações com o nacional-socialismo, que havia recuperado dados obtidos para as mais insuspeitas finalidades e os utilizado, por ex., para identificar e perseguir judeus.[77] O Tribunal considerou a lei, no geral, conforme à constituição, mas formulou certas exigências. Foi declarada inconstitucional, por ex., a previsão de que os dados obtidos poderiam, ainda que apenas anonimizados, ser transferidos a outras repartições federais e estaduais, para fins de cumprimento das respectivas competências (§ 9 II Lei do Censo).[78]

O mais importante, contudo, foi a fundamentação do Tribunal, que, como dito, continha o reconhecimento do direito à autodeterminação informacional. Citarei algumas das passagens centrais da decisão. O Tribunal reitera que do direito geral de personalidade (supra, 1.), isto é, dos arts. 2 I c/c 1 I GG, decorre

---

73. Outras decisões relevantes são citadas na própria decisão do censo, BVerfGE 65, 1 (41 e s.).

74. Para um panorama desses esforços, *Riepl*, Informationelle Selbstbestimmung im Strafverfahren, 1998, p. 20 e ss., que identifica três grupos de teorias (com referências); *Podlech*, Das Recht auf Privatheit, in: Perels (org.), Grundrechte als Fundament der Demokratie, 1979, p. 50 e ss. (55 e ss., 55: "Direito de determinar que informações sobre a própria pessoa alcançam o mundo exterior, em especial, que setor do mundo exterior"); referências em *Simitis*, NJW 1984, p. 399 nota 8.

75. Sobre essa decisão: *Riepl* (n. 75), p. 6 e ss.; *Chirino Sánchez* (n. 62), p. 66 e ss.; *Albers*, Informationelle Selbstbestimmung, 2005, p. 151 e ss.; *Bumke/Voßkuhle* (n. 38), nm. 353 e ss.

76. Instrutiva história em *Krause*, Das Recht auf informationelle Selbstbestimmung – BVerfGE 65, 1, in: JuS 1984, 268.

77. Por ex., *Aly/Roth*, Die restlose Erfassung. Volkszählen, Identifizieren, Aussondern im Nationalsozialismus, 1ª ed. 1984 (2ª ed., consultada, de 2005); a discussão não acalmou após a manifestação do BVerfG, cf., por ex., o livro *Kutscha/Paech* (coords.), Totalerfassung. "Sicherheitsgesetze", Volkszählung, Neuer Personalausweis. Möglichkeiten der Gegenwehr, 1986 – que promete ao seu leitor no título "possibilidades de contra-ataque".

78. BVerfGE 65, 1 (65 e s.).

a "faculdade do indivíduo de, em princípio, decidir ele próprio se e dentro de que limites devem ser revelados fatos de sua vida pessoal" (p. 42). Num próximo passo, o Tribunal transporta essas ideias para um mundo sob as "condições das modernas tecnologias de processamento de dados" e afirma: "Quem não consegue entrever com suficiente segurança que informações a ele concernentes são conhecidas em que contextos de seu ambiente social, e quem não consegue, ainda que grosseiramente, estimar o que sabem os seus parceiros de comunicação, poderá ver-se consideravelmente impedido em sua liberdade de planejar ou decidir a sua vida de forma autônoma. Uma ordem social, e o direito que a possibilita, em que os cidadãos não conseguem mais saber em que oportunidade quem, quando, sabe o que sobre as suas pessoas, não é compatível com o direito à autodeterminação informacional. Quem estiver inseguro quanto a se comportamentos desviantes são sempre registrados e, como informação, armazenados de forma duradoura, utilizados ou transmitidos, tentará não cair em evidência praticando tais comportamentos" (p. 42 e s.). "Disso decorre: O livre desenvolvimento da personalidade, sob as condições modernas do processamento de dados, pressupõe a proteção do indivíduo contra irrestritas faculdades de obtenção, armazenamento, utilização e transferência de seus dados pessoais. Essa proteção é, portanto, compreendida pelo direito fundamental do art. 2 I c/c art. 1 I GG" (p. 43). Logo em seguida, o Tribunal esclarece que não se trata de um direito ilimitado, de uma propriedade absoluta do indivíduo sobre os "seus" dados, mas que o indivíduo, que vive enraizado em uma comunidade, tem de aceitar limitações a esse direito no "interesse comum preponderante" (p. 43 e s.). Essas limitações, contudo, têm de estar previstas em lei e ser proporcionais (p. 44); veremos mais detalhes a respeito das exigências que essas limitações têm de atender logo em seguida. A decisão do censo marca um certo distanciamento em relação à teoria das esferas,[79] uma vez que ela insiste em que, "sob as condições do processamento automático de dados, inexistem dados 'irrelevantes'" (p. 45).

A decisão é predominantemente festejada. *Hassemer*, por ex., reconduz a ideia de proteção de dados à filosofia iluminista do contrato social. "A parte da liberdade natural, a que o indivíduo tem de renunciar, para possibilitar uma ordem segundo leis gerais, não compreende a sua privacidade. ... A proteção de dados não é outra coisa que não essa liberdade, projetada sobre as condições da sociedade moderna da informação".[80] A doutrina levou adiante a ideia com base em várias concepções, que aqui não cumpre expor.[81] Uma delas, que ecoa na terminologia de Wolter, e parece ter a sua origem em *Luhmann*,[82] é a ideia de que a autodeterminação informacional é como que próxima ao direito à imagem:

---

79. *Riepl* (n. 75), p. 22.

80. *Hassemer*, Partner Staat, in: Frankfurter Allgemeine Zeitung, 5.7.2007, Nr. 153, S. 6.

81. Cf., principalmente, *Albers* (n. 76), p. 454 e ss.

82. O termo parece ser originário de *Luhmann*, Grundrechte als Institution, 1965, p. 53 e ss. (citado a partir da 5ª. ed., aparentemente inalterada, de 2009).

é o direito da pessoa de se autoapresentar em sociedade, de se desvincular dos estereótipos construídos por terceiros, isto é, de forma heterônoma. A falta de uma proteção eficiente de dados é um perigo para esse direito: a pessoa acabará por ser enxergada apenas segundo uma imagem que foi pintada pelos outros, o eu verdadeiro ficará dissociado, alienado do eu social. É isso que está pressuposto quando Wolter faz uso do termo que traduzimos como *autoapresentação* (Selbstdarstellung).

Se é verdade que o temor do aumento exponencial do poder estatal em razão do uso da tecnologia de processamento de dados foi um fator decisivo para a vitória da ideia da autodeterminação informacional, o BVerfG deixou claro que esse direito não tem um alcance limitado a esse setor da vida. Não se trata, assim, de um direito fundamental contra o processamento de dados, e sim de um direito de alcance geral. Por ex., alguns anos depois, em 1988, declarou-se inconstitucional, por violar o direito geral de personalidade, dispositivo do Código de Processo Civil que ordenava a divulgação pública de interdição por prodigalidade ou alcoolismo (BVerfGE 78, 77 [88 e ss.]) e, em 1991, foi considerada inconstitucional a postulação, por juiz, de dever absoluto do interditado por enfermidade mental de revelar a interdição à outra parte em contrato de locação, também violadora desse direito (BVerfGE 84, 192 [194 e ss.]).

A decisão do censo fixou, ademais, as exigências que a autodeterminação informacional impõe à atuação do Estado.[83] Se o indivíduo tem um direito à autodeterminação informacional, isso significa que a atividade informacional do Estado referida a um indivíduo configura uma *intervenção informacional* (Informationseingriff), que necessita de um fundamento legal (acima, 2.).[84] Se o indivíduo tem de ser protegido de condutas estatais como a *obtenção*, o *armazenamento*, a *utilização* e a *transferência* de dados, as quais têm de encontrar limites, isso significa que essas quatro fases do processamento de informações são intervenções e, principalmente, que elas são intervenções de natureza autônoma: uma norma que autoriza a obtenção de um dado não autoriza já automaticamente a utilização ou o armazenamento, muito menos a transferência. Necessita-se de uma norma para cada uma das quatro fases. Como o indivíduo tem de poder saber que uso se quer fazer de seus dados, os dados obtidos estão submetidos ao *princípio da vinculação a um fim* ou da *vinculação finalística* (Zweckbindung):[85] da mesma forma que dados obtidos em processo de divórcio não podem, sem mais, ser usados em um processo disciplinar. A própria decisão do censo insistiu na separação entre estatística e administração: os dados obtidos para fins estatísticos não podem ser

83. Em detalhe a esse respeito, da perspectiva do direito de polícia, *Son*, Heimliche polizeiliche Eingriffe in das informationelle Selbstbestimmungsrecht, 2006, p. 66 e ss.

84. Sobre esse conceito *Rogall* (n. 59), p. 27 e ss. (bastante crítico); *Son* (n. 84), p. 148 e ss.

85. BVerfGE 65, 1 (46); posteriormente, BVerfGE 100, 313 (360 e s.); 109, 279 (375 e ss.); cf. ademais *Bumke/Voßkuhle* (n. 38), nm. 390 e ss.

utilizados, sem mais, para fins administrativos.[86] Essa ideia da vinculação a fim é de fundamental importância em um sistema que, como veremos (abaixo II. 1.), separa de forma bastante estrita a atividade de inteligência, a atividade de polícia preventiva e a atividade repressiva (justiça penal em sentido amplo). Dados obtidos para fins de inteligência, de prevenção de perigos ou de persecução penal, respectivamente, não podem, sem mais, ter essa finalidade alterada: os dados de inteligência não podem ser usados pela polícia preventiva, os da polícia preventiva não podem ser usados repressivamente, e vice-versa, sem expressa previsão legal. A *alteração / o desvio de finalidade*[87] (Zweckänderung / Zweckentfremdung ou Zweckverfremdung) é, assim, uma intervenção adicional, que como tal tem de ser legalmente autorizada. A legislação contém inúmeros dispositivos que regulam os detalhes dessa transmissão, tanto do direito de segurança para o direito processual penal, como no sentido contrário.[88] A vinculação à finalidade implica, também, em um *dever de renunciar a dados desnecessários* (Datenverzicht) – fala-se, aqui, em um *princípio da evitação de dados ou da economia de dados* (Datenvermeidung, Datensparsamkeit). Ela implica também que o Estado não pode armazenar dados como que em estoque (Speicherung auf Vorrat), isto é, sem uma clara determinação da finalidade desse armazenamento, só para tê-los à disposição para qualquer necessidade.[89] Por fim, uma vez que a finalidade se esgote, ou porque foi alcançada, ou porque não mais poderá sê-lo, surge um imperativo de *apagamento* (Löschung) dos dados,[90] limitado, contudo, pelas exigências de documentação necessária para possibilitar um controle jurisdicional.[91]

A vinculação à finalidade, conjugada à separação entre inteligência, polícia e justiça, significa também que é *inadmissível uma base de dados comum a todos os órgãos estatais.*[92] "Toda tentativa de enxergar a administração pública como uma unidade informacional é incompatível com uma proteção eficiente de dados".[93] Se saber é poder, o Estado não pode saber tudo, porque um Estado que tem conhecimentos ilimitados tem também um poder ilimitado. O direito de proteção de dados, que começa como direito subjetivo, mostra-se, ao menos em boa parte, como garantia institucional, relativa à própria estrutura da sociedade e do Estado. Nesse nível macro o direito se transforma em uma exigência de *separação informacional de poderes*,[94] um dos temas centrais da obra de Wolter. No Brasil, na contramão desses princípios, vejo com preocupação enquanto escrevo

---

86. BVerfGE 65, 1 (47 e s.); *Simitis*, NJW 1984, p. 404.

87. A tradução por nós favorecida não deve ser confundida com o chamado desvio de finalidade, vício do ato administrativo segundo a concepção administrativista predominante no Brasil.

88. A respeito abaixo, II. 1.

89. BVerfGE 65, 1 (46).

90. BVerfGE 65, 1 (46); cf. posteriormente BVerfGE 100, 313 (362); 109, 279 (380).

91. BVerfGE 100, 313 (400); 109, 279 (381)

92. BVerfGE 65, 1 (53).

93. *Simitis*, NJW 1984, p. 402.

94. *Bull*, GS Sasse, p. 886.

as presentes linhas que o Senado acaba de aprovar um Sistema Único de Segurança Pública (PLC 19/2018), que eleva a integração de informações de inteligência e de segurança pública obtidas por autoridades dos mais diversos níveis (polícias, bombeiros, órgãos penitenciários, agentes de trânsito etc., federais, estaduais e municipais) a uma de suas bandeiras centrais. O fato de que esses esforços não tenham provocado um escândalo público é prova da urgência de uma reflexão mais aprofundada sobre os princípios que acabo de expor.

Como boa parte da atividade informacional do Estado ocorre sem o conhecimento dos cidadãos, e como a proteção de dados não se esgota em um direito individual, mas tem importância institucional, uma das importantes ideias do direito de proteção de dados alemão foi a de confiar a proteção de dados a um órgão específico, o chamado *oficial de proteção de dados* (Datenschutzbeauftragter).[95] Há oficiais de proteção de dados em vários níveis, não apenas estatais, como também em empresas privadas (a quem assiste, dentro de certas condições, uma obrigação de instituir um oficial). A tarefa do oficial de proteção de dados é, principalmente, controlar o atendimento dos princípios acima descritos; o oficial público tem restritos poderes sancionadores e elabora relatórios periódicos sobre a situação dos dados no território de sua competência.

O direito à autodeterminação informacional é protegido não apenas pela reserva de lei (qualificada pelos princípios da vinculação a fim e seus correlatos), como também por uma série de *garantias processuais ou procedimentais*:[96] a primeira e mais importante delas é um dever de notificação, derivado tanto do direito fundamental,[97] quanto da garantia do controle jurisdicional:[98] o afetado tem de tomar conhecimento, ainda que apenas posteriormente, de que foram obtidos, utilizados etc. dados sobre a sua pessoa. Além disso, a atividade referida a dados tem de estar submetida a um controle por órgãos independentes,[99] o principal deles o já mencionado oficial de proteção de dados, e por vezes, quando se tratar de intervenções mais intensas, mesmo submetida a uma reserva de jurisdição.[100]

É claro que todas essas regras postuladas pelo BVerfG – que, frise-se, não foram retiradas da cartola, nem inventadas por um único ministro esclarecido, mas que representam a síntese de um esforço conjunto doutrinário-jurisprudencial-legislativo que já se acumulava havia pelo menos duas décadas – não puderam ser implementadas do dia para a noite. Tampouco os defeitos ou lacunas de constitucionalidade significam que, no dia seguinte à decisão do censo, havia

95. BVerfGE 65, 1 (46).

96. Para usar a distinção, corrente na nossa doutrina, e que não é usada na Alemanha, entre processo e procedimento. Sobre a ideia mais geral da proteção de direito fundamental por procedimento na jurisprudência do BVerfG *Bumke/Voßkuhle* (n. 38), nm. 251 e ss.

97. BVerfGE 100, 313 (361).

98. BVerfGE 100, 313 (364). Derivando dos dois em conjunto: BVerfGE 109, 279 (363 e s.)

99. BVerfGE 100, 313 (361 e s.).

100. BVerfGE 112, 304 (319).

se tornado impossível para a polícia realizar quaisquer das medidas que mencionamos acima, como exemplos de intervenções submetidas a uma reserva de lei. Por ex., a autorização legal para observar uma pessoa por mais de dois dias foi introduzida apenas em 1999 – o que é relativamente tarde, se pensarmos que a decisão do censo é de 1983. A jurisprudência maneja, aqui, o conceito de *bônus de transição* (Übergangsbonus):[101] é de conceder-se um tempo ao legislador para que implemente as exigências de proteção de dados derivados da constituição. A duração desse bônus depende de uma série de considerações, entre as quais se encontram a complexidade da matéria e a intensidade da intervenção. Isso significa que o acolhimento dos princípios que acabo de expor e que são levados adiante no presente livro não significariam, necessariamente, que os órgãos estatais que garantem a segurança de cada um de nós teriam, do dia para a noite, as suas mãos atadas, mas apenas que nós, juristas, nos veríamos diante da tarefa de redatar leis suficientemente específicas e determinadas para que, num futuro próximo, a atividade estatal realmente se adeque àquilo que exige a constituição.

As considerações que acabo de expor me parecem plenamente válidas para o direito brasileiro – falei, no presente item, pouco do direito brasileiro –, máxime porque, no Brasil, não é necessário o enorme esforço argumentativo que era o recurso a um direito geral de personalidade, o qual por sua vez teve de ser deduzido da leitura conjunta de dois outros dispositivos (cf. acima, 1.). O direito brasileiro expressamente prevê o "sigilo dos dados" como direito fundamental (art. 5º XII CF). Há leis sobre a proteção de dados cuja existência, contudo, ainda não se fez sentir no processo penal: menciono a Lei 12.527/2011, chamada Lei de acesso a informação, que contudo contém dispositivos como o art. 31 § 3º IV, V, que esvaziam de conteúdo a proteção de dados; os arts. 10 e ss. Lei 12.965/2014 (chamado Marco Civil da Internet); há também importante projeto de lei sobre a proteção de dados em tramitação enquanto escrevo essas linhas (Projeto de Lei n. 5.276/2016). A presente obra é uma tentativa de contribuir para que acordemos também esse outro gigante adormecido, que, num mundo conectado em rede de computadores, em que a chamada Big Data[102] representa perigos em que, à época em que os artigos traduzidos foram escritos, não podiam sequer ser imaginados, e que em boa parte ultrapassam a distopia de *Orwell* (para uma nova visão, veja-se o romance The Circle, de *Eggers,* de 2013) torna-se mais importante do que nunca. Se as soluções para esses perigos devem ser as alemãs – fortalecer a reserva de lei, definindo quase qualquer obtenção de informação como intervenção, o que, aos olhos de muitos, provocou uma inundação legislativa[103] – teremos de avaliar

101. A respeito *Duttge* (n. 59), p. 216 e s.

102. *Martini*, Big data als Herausforderung für den Persönlichkeitschutz, DVBl 2014, p. 1481 e ss.

103. Por ex., *Kingreen/Kühling*, Weniger Schutz durch mehr Recht: Der überspannte Parlamentsvorbehalt im Datenschutzrecht, JZ 2015, p. 213 e ss.

por nossa conta.[104] O que não podemos, contudo, é seguir estudando e cultivando o processo penal de forma alheia a esses desenvolvimentos do direito constitucional relativos à proteção da pessoa humana – e aprovar um Sistema Único de Segurança Pública sem ao menos perceber o quanto de liberdade podemos estar abandonando.

4. Limitações a direitos fundamentais

Vimos que toda intervenção em direito fundamental necessita de uma fundamentação; e que essa fundamentação é tanto formal (principalmente: reserva de lei, item 2., acima), quanto material, relativa a certos conteúdos. Já vimos também que, nos casos de direitos fundamentais reconhecidos sem reserva de lei, esse conteúdo tem, necessariamente, de ser a proteção de outro valor de hierarquia constitucional (acima, 2.). Veremos, agora, algumas das principais ideias a que a doutrina e a jurisprudência se reporta como argumento em favor da justificação de uma intervenção em direito fundamental.

Primeiramente, repita-se que a impossibilidade de justificar qualquer restrição atinente ao conteúdo essencial (Wesensgehalt) ou ao conteúdo de dignidade do direito fundamental. Eles são, como já se disse, *intocáveis*.

O principal critério para justificar intervenções na zona externa a esse núcleo essencial e/ou de dignidade é o *princípio da proporcionalidade*, já bastante conhecido também no direito constitucional brasileiro.[105] Não me deterei na explicação desse princípio, uma vez que posso dá-lo como conhecido; muito menos o submeterei a uma crítica, o que, a rigor, me pareceria bastante urgente, mas não pode ser feito na presente sede.[106] Apenas observo que o princípio de forma alguma autoriza intervenções no núcleo imponderável, nem tampouco se substitui à reserva de lei. Parece-me – impressão essa que, contudo, aqui não tenho como fundamentar de maneira adequada[107] – que essas duas limitações foram sistematicamente desatendidas quando da recepção do princípio da proporcionalidade no direito brasileiro. Isso também está ligado, por óbvio, à ampla admissão de uma eficácia horizontal aos direitos fundamentais a que se procedeu no Brasil,

---

104. Teremos também de levar em conta o recente marco europeu (Regulamento [UE] 2016/679, do Parlamento Europeu e do Conselho), que entra em vigor enquanto escrevo o presente trabalho.

105. Por todos, *Sarlet* (n. 29), p. 394 e ss.

106. Para as minhas reservas, cf. *Greco* (n. 26), p. 220 e ss.; outras críticas em *Ladeur*, Kritik der Abwägung in der Grundrechtsdogmatik, 2004; *Camilo de Oliveira*, Zur Kritik der Abwägung in der Grundrechtsdogmatik, 2013, p. 173 e ss., autora brasileira que tece importantes reflexões no sentido de uma "dogmática dos direitos fundamentais alternativa ao pensamento da ponderação" (p. 281 e ss.).

107. Limito-me, aqui, a remeter ao trabalho de *Ramos Pereira*, O Uso da Proporcionalidade no Supremo Tribunal Federal: Análise dos votos do ministro Gilmar Ferreira Mendes (2004-2006), Dissertação USP, 2009, que, contudo, não enfoca o problema das relações entre proporcionalidade e reserva de lei (concretamente: o problema da remissão à proporcionalidade para tornar obsoleto o imposto no art. 5º II CF).

o que tem por corolário reconhecer ao juiz um poder de criar, *sponte sua*, mas supostamente *ex constitutione*, deveres para particulares, desatendendo o disposto no art. 5º II CF.[108]

A ideia de proporcionalidade, entretanto, não é a única que aparece como razão para restringir direitos fundamentais. Wolter menciona uma série de outras limitações, de maneira que convém explicá-las, ainda que rapidamente. O BVerfG, desde há tempos, reporta-se a uma *imagem de ser humano subjacente à Lei Fundamental* (Menschenbild des Grundgesetzes),[109] que consistiria não em um indivíduo isolado, e sim em um indivíduo *inserido, enraizado, vinculado à sua comunidade* (Gemeinschaftsbindung).[110] Daí derivaria que os direitos fundamentais têm de encontrar limites nas exigências da vida em comunidade. Alguns limites têm relevância apenas setorial, restrita a determinado direito fundamental: para a liberdade de opinião e de imprensa (art. 5 I 1, 2 GG), formulou-se a chamada *teoria do efeito recíproco* (Wechselwirkungslehre), segundo a qual os limites a essas liberdades teriam de ser concebidos e interpretados também à luz dessas liberdades.[111]

O limite a que a jurisprudência recorre com maior frequência no âmbito do processo penal é a chamada *capacidade de funcionamento da justiça penal* (Funktionstüchtigkeit der Strafrechtspflege).[112] A ideia é derivada do próprio princípio do Estado de Direito, que se extrai da Lei Fundamental por via de uma leitura conjunta dos arts. 1 III, 20 III, 28 I GG. Esse princípio imporia não apenas um dever de abster-se de violar direitos fundamentais, que em geral funcionaria como uma barreira à persecução penal, como também um dever de realizar a justiça e, portanto, de cuidar para que o crime não permaneça impune. "O Estado de Direito só pode realizar-se se houver a garantia de que os criminosos serão, nos limites das leis vigentes, perseguidos, julgados e conduzidos a sua justa punição" (BVerfGE 46, 214 [222]). Uma justiça penal capaz de cumprir essa tarefa de justiça seria, assim, um imperativo inerente à própria noção constitucional de Estado de Direito, a qual operaria, portanto, de forma ambivalente, não apenas em favor, mas também contra o imputado. Essa ideia é um dos alvos centrais da crítica de vários autores, entre os quais se encontra Wolter.

---

108. Na Alemanha, contrariamente, reconhece-se que nem mesmo deveres de proteção derivados de direitos fundamentais geram faculdades de intervir na esfera de particulares, a qual tem de ser prevista pelo legislador, cf., por todos, *Schenke* (n. 60), nm. 41a.

109. BVerfGE 4, 7 (15); 50, 166 (175); 109, 133 (151 e s.); monografia: *Häberle*, Das Menschenbild im Verfassungsstaat, 4ª ed., 2008.

110. A respeito dessa difícil relação entre indivíduo e comunidade da perspectiva do direito constitucional *Volkmann*, Freiheit und Gemeinschaft, in: Merten/Papier (coords.), Handbuch der Grundrechte, vol. 2, 2006, § 32 (p. 341 e ss.).

111. Cf. com as pertinentes referências *Bethge*, in: Sachs (coord.), Grundgesetz, 8ª 2018, art. 5 nm. 145 e ss.

112. Cf., sem pretensões de exaustividade, BVerfGE 33, 367 (383); 103, 21 (33); 122, 248 (272); BVerfG NJW 2011, 103 (104); BGHSt 31, 296, 299; 34, 397, 401 (decisão do diário); 54, 69 (89).

Um adicional limite, que tem grande importância na literatura e na discussão política em geral, mas, segundo vejo, não alcançou a jurisprudência constitucional, é a ideia, formulada especialmente por *Isensee*,[113] de que existiria um *direito fundamental à segurança* (Grundrecht auf Sicherheit), que se encontraria no mesmo plano que os tradicionais direitos de defesa e seria capaz de limitá-los.

5. Mecanismos de proteção; em especial, a reclamação constitucional

Aproximamo-nos do fim dessa pequena introdução ao processo penal constitucional. A Alemanha conjuga um sistema de controle abstrato de constitucionalidade, por meio de ações diretas de inconstitucionalidade (art. 93 n. 2 GG, § 13 n. 6, § 76 e ss. BVerfGG), com um controle concreto, que pode ser acionado tanto pelo juízo que entende inconstitucional a lei (art. 100 I GG, § 13 n. 11, § 80 e ss. BVerfGG), quanto pelo próprio titular de um direito subjetivo diretamente afetado. Nesse último caso, o mecanismo cabível é a chamada *reclamação constitucional* (Verfassungsbeschwerde, art. 93 n. 4a GG, § 13 n. 8a, § 90 e ss. BVerfGG). Ao contrário do Brasil, que, por meio de um sistema de controle difuso, coloca o juiz singular acima da lei parlamentar, na Alemanha, unicamente o BVerfG tem o poder de declarar inconstitucional uma lei.

A criação de novos direitos fundamentais de alcance bastante genérico tem uma relevante consequência processual: dá-se a cada cidadão afetado em sua liberdade geral de ação ou seu direito geral de personalidade (inclusive em sua autodeterminação informacional) o direito de acionar, diretamente, por meio da reclamação constitucional, o BVerfG. Ainda que esse recurso permaneça subsidiário (ele só pode ser usado, em princípio, após o esgotamento das vias ordinárias, § 90 II BverfGG), e estatisticamente, a probabilidade de êxito seja baixíssima, é de se recordar que muitas importantes inovações foram introduzidas por via desse mecanismo, o qual também deu origem à decisão do censo, de 1983 (BVerfGE 65, 1).

II. Estrutura do processo penal alemão

Concluímos a exposição do nível superior (ou, partindo de outra metáfora, da base) do processo penal alemão. Procederemos, agora, em duas etapas: para chegarmos ao próprio conteúdo fundamental desse processo (infra, 2.), passaremos, antes, por um esclarecimento da relação entre o processo penal e disciplinas jurídicas adjacentes (infra, 1.).

---

113. *Isensee*, Das Grundrecht auf Sicherheit, 1983.

1. Estrutura externa

a) "Imperativo de separação"

O direito alemão parte de um *imperativo* ou *mandato de separação* (Trennungsgebot) entre direito processual penal, direito de polícia e de inteligência. A delimitação se traça no plano dos princípios e, ainda que ela não seja realizada de forma livre de concessões, ela me parece não apenas predominantemente acertada enquanto descrição empírica, como completamente convincente enquanto princípio normativo. O imperativo se dirige, em primeira linha, ao objeto de cada um desses setores (infra, b]), e tem implicações relativas às faculdades interventivas previstas em cada um deles (infra, c]), ademais implicações organizacionais e informacionais (infra, d]). Após passarmos em revista os principais órgãos mencionados nos textos (infra, e]), darei curta notícia das tendências no sentido de relativizar o imperativo (infra, f]), que compõem boa parte das preocupações de Wolter.

b) Separação quanto ao objeto ou a competência: suspeita, perigo, campo prévio

Os três setores se diferenciam um do outro, primariamente, pelo seu *objeto* ou por sua *competência* (material). O direito processual penal cuida de uma *suspeita* de um delito; o direito de polícia repele *perigos*; o direito de inteligência atua em *momento prévio* mesmo à existência de um perigo. Voltemo-nos, assim, para cada um deles.

aa) O *direito processual penal* tem orientação *repressiva*. Ele entra em cena para esclarecer algo já realizado. O *ensejo* (nossa tradução de Anlass) para que ele se instaure é a existência de "pontos de apoio fáticos bastantes" (zureichende tatsächliche Anhaltspunkte) (§ 152 II StPO), uma "suspeita" (Verdacht) (§ 160 I StPO) – a chamada *suspeita inicial* (Anfangsverdacht), que equivale, de forma bastante grosseira, ao conceito de *notitia criminis* manejado no Brasil.[114] O processo se dirigirá, assim, contra um suspeito.[115] Isso significa que o Código de Processo Penal e os órgãos de persecução, principalmente o ministério público, não podem, em princípio, partir proativamente em busca de delitos possivelmente cometidos. A persecução penal se inicia com um impulso externo; ações de persecução praticadas em momento anterior à suspeita inicial colocam, em princípio, em dúvida o lugar que o sistema do direito alemão assinalou ao direito processual penal.

bb) O *direito de polícia*, por sua vez, cuida de perigos. A tarefa da polícia que atua segundo essas regras é *preventiva*, de *proteção ou defesa contra perigos* (nossa tradução de Gefahrenabwehr). Por vezes, usamos o termo *prevenção contra*

---

114. Fizemos já uso dessa tradução no livro de *Schünemann* (n. 5), p. 22 e s.

115. Que logo passará a chamar-se imputado, cf. abaixo, 2. b).

perigos que, se bem que menos exato, soa mais natural. A existência de um perigo é, assim, o ensejo para a atuação da polícia. Enquanto o processo penal, repressivo, se dirige contra um suspeito, o direito de proteção de perigos atuará, em regra, contra um *perturbador* (Störer), isto é, contra aquele a cujo comportamento ou a cuja esfera o perigo pode ser reconduzido. Excepcional e subsidiariamente, isto é, em situações de estado de necessidade policial (polizeilicher Notstand), pode a polícia proceder contra o *não-perturbador* (Nicht-Störer). Nessa situação, diz-se que lhe é imposto um *dever de suportar encargos em nome do interesse público*, paráfrase com base na qual traduzimos o termo Aufopferung, que literalmente significa algo como sacrifício. Isso significa que, se a polícia enxerga fumaça a sair da janela de um apartamento (perigo!), sua tarefa enquanto órgão de segurança é eliminar o perigo – apagar o fogo ou o outro foco de fumaça.[116] Para tanto, ela poderá intervir, em primeiro lugar, na esfera do perturbador (aqui: do morador do apartamento) e, só se isso não for possível, do não perturbador (do vizinho).

Como já se enxerga, a polícia, no direito alemão, é um órgão com uma cabeça de Jânus: ela atua preventivamente, no cumprimento de suas próprias tarefas de proteção contra perigos, e repressivamente, no cumprimento (por delegação) das tarefas do ministério público de persecução penal. Na persecução penal, a polícia é, de uma perspectiva jurídica, apenas o braço do ministério público, que é quem tem o controle sobre a investigação preliminar (§ 161 I 1 StPO) e tem poderes diretivos sobre a atuação da polícia (§161 I 2 StPO). A competência para legislar sobre direito processual penal é concorrente (art. 74 I n. 1 GG), o que, na prática, significa que é a federação quem legisla (art. 72 I GG); a competência para legislar sobre direito policial é dos Länder.

cc) Por fim, uma terceira coluna ao lado do direito processual penal e o direito de polícia é o direito dos *serviços de inteligência* (Nachrichtendienste).[117] A tarefa fundamental dos serviços de inteligência é a *coleta de informações*. Como dito, no modelo clássico, a atividade de inteligência é prévia à atividade policial, que entra em cena quando se puder afirmar uma situação de perigo. A atividade de inteligência dispensa, assim, um ensejo. Ela se move no chamado *estágio ou campo prévio* (Vorfeld), não apenas em relação a delitos, como também a perigos. O conceito fundamental, aqui, é de Vorsorge,[118] que, no presente contexto, é comumente acrescentado do termo perigo, Gefahrenvorsorge, e que se poderia traduzir por *precaução*. Optamos pelo termo precaução, uma vez que o princípio da precaução, que se conhece, no Brasil, especialmente no direito ambiental, em alemão chama-se Vorsorgeprinzip.

---

116. Exemplo similar em *Schenke* (n. 60), nm. 312 e ss., 316.

117. Um texto instrutivo encontra-se em <http://www.bpb.de/politik/innenpolitik/innere-sicherheit/135216/nachrichtendienste?p=all>; cf. também BVerfGE 131, 277 (325 e ss.).

118. A respeito, em detalhe, *Deutsch* (n. 62), p. 225 e ss.; *Thiel* (n. 65), p. 67 e ss.

É o momento de perder mais algumas palavras com o *termo Vorsorge*. Ele é utilizado em alemão em uma série de outros contextos; infelizmente, não foi possível manter, no presente livro, uma unidade terminológica. No mínimo desde Forsthoff[119] o termo aparece para descrever aquilo que é a tarefa central do Estado social, de bem-estar ou assistencialista, a chamada Daseinsvorsorge, que traduzimos como *assistência existencial*. Fala-se, também, numa Vorsorge em relação à persecução penal, Strafverfolgungsvorsorge: principalmente, a atividade de coletar informações sobre o ambiente criminoso, para facilitar a resposta persecutória após o cometimento de um delito. Usamos, aqui, o termo *preparação para a persecução penal*.

c) Separação quanto às faculdades

As explicações até agora desenvolvidas dizem respeito, principalmente, àquilo que acima I. 2. descrevemos como competências. No cumprimento dessas competências, os órgãos de persecução, de polícia preventiva e de inteligência não podem fazer uso de tudo o que for útil, mas apenas das faculdades legalmente previstas, isto é, daquilo a que forem autorizados; como vimos, não se pode derivar uma faculdade de uma competência. E essas faculdades variam enormemente, a depender do plano em que nos situemos.

Tanto a persecução penal, quanto a prevenção contra perigos permitem severas intervenções na esfera de direitos fundamentais dos cidadãos. Em tendência, contudo, o *direito de polícia permite mais do que o direito processual penal*. Concretamente, o direito de polícia permite até que se mate um perturbador. Pense-se no caso do sequestrador que se vale de um refém como escudo-humano: alguns Länder preveem regras que autorizam que esse perturbador seja morto (por ex., art. 66 II 2 Lei Bávara das Tarefas de Polícia). Suponho que ninguém duvidaria da licitude de obter e ler um diário de um sequestrador se dessa leitura se puder esperar subsídios para encontrar criança sequestrada que se encontra em perigo de vida; já a possibilidade de valer-se desse diário numa posterior investigação é tudo, menos incontroversa.

As diferenças entre esses dois direitos, processual penal e de polícia, e o de inteligência, são ainda maiores. Como dissemos, a tarefa dos órgãos de inteligência é coletar informações; o mais interessante, entretanto, não é o que fazem esses serviços de inteligência, e sim o que lhes é defeso fazer.[120] A ideia fundamental, aqui, é a seguinte: os órgãos de inteligência não podem "agir".[121] Na redação do § 8 IV Lei do Ofício Federal de Proteção à Constituição: "Ao Ofício Federal de Proteção à Constituição não assistem faculdades policiais...; ele tampouco pode requerer à polícia por meio de cooperação interinstitucional uma medida cuja

---

119. Sobre a história do conceito, *E.R. Huber*, Vorsorge für das Dasein, FS Forsthoff, 1972, p. 139 e ss. (em especial p. 140 e s.).

120. Em detalhe, *Bull*, Trennungsgebot und Verknüpfungsbefugnis, FS Götz, 2005, p. 341 e ss.

121. *Bull*, FS Götz, p. 347.

imposição não lhe é facultada." Ou seja, *eles não podem agir como uma polícia*, o que, numa tentativa de precisão, significa que não podem *intervir em direitos fundamentais* – além, obviamente, de proceder àquelas intervenções relativas à própria coleta de informações. Noutras palavras: as pertinentes normas autorizativas ou de faculdades[122] autorizam ou facultam aos serviços de inteligência em primeira linha intervenções no direito à autodeterminação informacional.[123] Por ex., se os serviços de inteligência, na sua atividade de coleta de informações, descobrem que certo grupo extremista está a armar-se, não podem eles mesmos proceder contra o grupo, desmontando-o ou tomando-lhe as armas, mas têm de repassar essas informações à polícia, que é quem poderá atuar.

Essa ideia tem, por assim dizer, um fundamento histórico e um fundamento filosófico. O fundamento histórico foi a traumática experiência alemã com uma polícia que sabia tudo, que reunia em seu bojo funções de serviço de inteligência, qual seja, a Gestapo do nacional-socialismo;[124] a separação entre serviços de inteligência e de polícia foi uma das medidas de desnazificação impostas pelos aliados em 1949. O fundamento filosófico é a ideia de que, se saber é poder, a única maneira de controlar aquele cujos olhos tudo veem é amarrando-lhe os braços. Quem tudo sabe, não deve tudo poder; quem tudo pode, não deve saber.[125] O princípio, apesar de seu conteúdo estruturante e fundamental, não tem, segundo a concepção dominante (não incontroversa), hierarquia constitucional.[126]

d) Separação organizacional e informacional

O imperativo de separação tem implicações também para a *organização* dessas instituições. Elas têm de ser representadas por órgãos separados e inde-

---

122. Por ex., § 8 e ss. Lei do Ofício Federal de Proteção à Constituição; § 3 e ss. Lei do Serviço Nacional de Inteligência.

123. *Bergemann*, in: Lisken/Denninger (coords.), Handbuch des Polizeirechts, 5ª ed., 2012, H nm. 8 e s. Não há, assim, uma faculdade de interceptação telefônica na Lei do Ofício Federal de Proteção à Constituição, e sim apenas uma faculdade de requerer aos fornecedores de serviços de telecomunicação informações sobre os dados do contrato de serviços de comunicação (§ 8a Lei do Ofício Federal de Proteção à Constituição).

124. *Denninger*, Die Trennung von Verfassungsschutz und Polizei und das Grundrecht auf informationelle Selbstbestimmung, ZRP 1981, p. 231 e ss. (231 e ss.); *Kutscha*, Die Aktualität des Trennungsgebots für Polizei und Verfassungsschutz, ZRP 1986, p. 194 e ss. (194 e s.); *Zöller*, Der Rechtsrahmen der Nachrichtendienste bei der "Bekämpfung" des internationalen Terrorismus, JZ 2007, p. 763 e ss. (767).

125. Próximos, *Zöller*, JZ 2007, p. 767; *Kutscha*, NVwZ 2013, p. 325.

126. *Nehm*, Das nachrichtendienstliche Trennungsgebot und die neue Sicherheitsarchitektur, NJW 2004, p. 3289 e ss. (3290 e ss.); *Weisser*, Das gemeinsame Terrorismusabwehrzentrum (GTAZ) – Rechtsprobleme, Rechtsform und Rechtsgrundlage, NVwZ 2011, p. 142 e ss. (144); *Roth*, in: Schenke/Graulich/Ruthig (coords.), Sicherheitsrecht des Bundes, 2014, § 2 BVerfSchG nm. 8, 11; de outra opinião, *Kutscha*, ZRP 1986, p. 197; sobre a discussão, ademais, *Bergemann*, in: Lisken/Denninger (n. 124), H nm. 5.

pendentes entre si.[127] Além disso, fala-se de uma separação informacional, que decorre (no mínimo também) da autodeterminação informacional.[128] Tampouco pode existir uma unidade informacional, ou um banco comum de informações.[129] Pelo contrário: a transferência de informações de um órgão de inteligência a um órgão de polícia é regulada por lei e limitada em vários sentidos.[130]

e) Sobre os principais órgãos mencionados nos textos

Nos textos que se seguem, Wolter se refere a alguns dos principais órgãos tanto da polícia preventiva, quanto da inteligência. Muitos usam, aqui, o termo global órgãos de segurança (Sicherheitsbehörden), apesar de haver certa controvérsia quanto a se inteligência pode ser considerada segurança.[131] Os dois principais órgãos de inteligência são o Serviço Nacional de Inteligência (Bundesnachrichtendienst, BND), e os diversos Ofícios de Proteção da Constituição (Ämter für Verfassungsschutz): a ideia básica, aqui, é que o primeiro tem o olhar dirigido "para fora", o segundo "para dentro".[132] A tarefa primordial do *Serviço Nacional de Inteligência* – órgão subordinado ao próprio Primeiro-Ministro, isto é, à cabeça do executivo numa democracia parlamentar como a Alemanha – é a defesa do país contra perigos externos.[133] Nas palavras da lei: "O Serviço Nacional de Inteligência coleta e avalia as informações necessárias, com o fim de obter conhecimentos sobre o estrangeiro, que sejam de importância para a polícia externa e de segurança da República Federal da Alemanha" (§ 2 I 1 Lei do Serviço Nacional de Inteligência). Já os diversos *Ofícios de Proteção à Constituição* têm por principal incumbência observar grupos extremistas, que tenham por finalidade minar a ordem fundamental liberal-democrática (cf. § 3 I n. 1 Lei do Serviço Federal de Proteção à Constituição).[134] Esses ofícios são, em primeiro lugar, tarefa dos diversos Länder, isto é, dos Estados da federação, mas há um também um Ofício Federal de Proteção à Constituição (Bundesamt für Verfassungsschutz,

---

127. § 1 2ª frase Lei do Serviço Nacional de Inteligência; § 2 I 3 Lei do Ofício Federal de Proteção à Constituição.

128. BVerfGE 131, 277 (323 e s., 329).

129. *Denninger*, ZRP 1981, p. 232 e ss., com ácida crítica a qualquer ideia de "unidade do poder estatal" como legitimação de uma ampla circulação de dados; *Kutscha*, ZRP 1986, p. 195 e ss. Se isso decorre do imperativo de separação ou unicamente do direito de proteção de dados (nesse segundo sentido, *Nehm*, NJW 2004, p. 3294), podemos deixar aqui em aberto.

130. §§ 23, 24 Lei do Serviço Nacional de Inteligência; §§ 19, 20, 21 Lei do Ofício Federal de Proteção à Constituição; § 25 II Lei do Ofício Criminal Federal; em detalhe (se bem que não mais tão atuais) *Zöller*, Datenübermittlung zwischen Polizei Strafverfolgungsbehörden und Nachrichtendiensten, in: Roggan/Kutscha (coords.), Handbuch zum Recht der Inneren Sicherheit, 2ª ed., 2006, p. 447 e ss. e *Son* (n. 84), p. 117 e ss., 126 e ss.

131. Decididamente em sentido contrário *Roggan*, ZRP 2017, 210 e s.

132. O terceiro órgão de inteligência ao lado desses dois é o Militärischer Abschirmdienst (MAD), que não nos interessa no contexto do presente livro.

133. História da instituição: *Gusy*, Der Bundesnachrichtendienst, DV 1984, p. 273 e ss.

134. *Bull*, FS Götz, p. 357; *Zöller*, JZ 2007, p. 765.

BVerfSch); eles estão subordinados ao Ministério do Interior dos Länder ou da Federação, respectivamente.[135]

Por sua vez, o *Ofício Criminal Federal* (Bundeskriminalamt, BKA), não é órgão de inteligência,[136] e sim, em primeiro lugar, uma espécie de coordenação geral das polícias estaduais, de nível federal, com algumas (poucas) competências próprias de persecução de delitos (descritas no § 4 Lei do Ofício Criminal Federal[137]). Uma das importantes faculdades do Ofício Criminal Federal é a administração do Banco de Dados INPOL (§§ 2 III, 13 Lei do Ofício Criminal Federal), comum à polícia federal e às polícias estaduais, a que Wolter se refere criticamente no terceiro artigo. Como o Ofício Criminal Federal é órgão de polícia, e não de inteligência, ele tem a seu dispor todo um arsenal de intervenções em direitos fundamentais, como a interceptação de telecomunicação (§ 51 Lei do Ofício Criminal Federal) ou a chamada busca-online (por meio de infiltração em computador do afetado) (§ 49 Lei do Ofício Criminal Federal).

f) Relativizações do imperativo de separação

O *mandato de separação* vem, contudo, sendo paulatinamente *relativizado*[138] – o que é elogiado por uns,[139] criticado por outros. Os dois principais, mas não únicos nódulos de relativização dizem respeito ao combate à criminalidade organizada e, num desenvolvimento que os textos traduzidos ainda não tinham como levar em conta, ao combate ao terrorismo internacional islâmico. Nesses setores, turvam-se os limites entre suspeita inicial, perigo e campo prévio, o que torna instável todo o sistema que acabo de explicar. Se ministério público e polícia podem fazer uso dos meios de obtenção de informação à disposição dos serviços de inteligência, quem pode tudo acabará sabendo tudo; se polícia preventiva e repressiva se confundem, a polícia acabará, também em sua atividade de persecução, por escapar do controle do ministério público; se a polícia começar a atuar já no campo prévio, ela poderá fazer uso de seu arsenal interventivo muito antes da existência dos tradicionais ensejos que autorizam intervenções. Serão afetados não apenas suspeitos e perturbadores, mas também toda uma gama de

---

135. § 2 I 2 Lei do Ofício Federal de Proteção à Constituição.

136. De novo, imperativo de separação, cf. *Graulich*, in: Schenke/Graulich/Ruthig (n. 127), § 2 BKAG nm. 6.

137. Por ex., tráfico internacional de armas e de drogas, crimes contra a vida ou a liberdade do presidente da república, de membros do governo federal ou do parlamento, crimes de organização terrorista internacionalmente organizada.

138. *Albert*, Das "Trennungsgebot" – ein für Polizei und Verfassungsschutz überholtes Entwicklungskonzept?, ZRP 1995, p. 105 e ss.; *Schoch*, Abschied vom Polizeirecht des liberalen Rechtstaats?, Der Staat 43 (2004), p. 347 e ss. (p. 350 e ss.); *Möllers*, Polizeikontrollen ohne Gefahrverdacht, NVwZ 2000, 382; *Thiel* (n. 65), p. 367 e ss.; contra o imperativo de separação *Deutsch* (n. 62), p. 30 e ss.; ao que parece também *Gärditz*, Strafprozeß und Prävention, 2003, p. 414 e ss.

139. *Pitschas*, Polizeirecht im kooperativen Staat, in: Pitschas (coord.), Kriminalprävention und "Neues Polizeirecht", 2002, p. 241 e ss. (246 e s.): polícia como "fornecedor de serviços de segurança interna"; *Nehm*, NJW 2004, 3292 e ss.

terceiros (mais detalhes abaixo, 2. c]). A ideia de vinculação à finalidade, central para o direito de proteção de dados, perde o seu objeto, uma vez que esses órgãos acabam por ter uma finalidade comum; torna-se também obsoleta qualquer separação informacional de poderes.[140] Isso sem falar nos problemas de repartição de competências entre federação e Länder.

Daí a problemática de quatro institutos mencionados e criticados por Wolter, que cada vez ganham maior espaço no direito processual penal alemão, e que contribuem para que alguns autores acusem uma policialização ou uma inteligencialização do direito processual penal:[141] as investigações no estágio ou no campo prévio (Vorfeldermittlungen), as pré-investigações (Vorermittlungen), as investigações proativas (Initiativermittlungen) e a já mencionada preparação para a persecução penal (Strafverfolgungsvorsorge). É difícil encontrar definições canônicas desses termos, mas façamos aqui um esforço ao menos de descrever cada ideia. *Investigações no campo prévio*[142] se movem no âmbito anterior a suspeita ou perigo; elas não têm por objeto um fato determinado, mas principalmente a observação de um setor, de ambientes considerados problemáticos. Com maior precisão: aqui ou inexiste perigo, ou perturbador.[143] As *pré-investigações* são exceções, em geral legalmente previstas, ao ensejo da suspeita inicial; elas se tratam como que de uma suspeita de suspeita. Por ex., o § 159 StPO prevê o dever da polícia e dos órgãos municipais de notificar ao ministério público ou ao juízo de primeira instância a ocorrência de qualquer morte aparentemente não-natural. As *investigações proativas* buscam encontrar uma suspeita – aqui, os órgãos de persecução abandonam a sua postura reativa e saem em busca do ensejo para instaurar uma investigação preliminar. Por fim, a *preparação para a persecução penal* já foi acima explicada, quando esclareci o termo Vorsorge. É especialmente difícil diferenciar essa preparação para a persecução penal da precaução contra

---

140. Limito-me a dar nota da discussão sobre o chamado Arquivo Antiterror, um banco de dados, legalmente instituído, comum a todos os órgãos mencionados no item e) e a mais uma série de outros, que deu azo a acirrada controvérsia (críticas, por ex., em *Zöller*, JZ 2007, p. 768 e ss.) e que desembocou numa decisão do BVerfGE 133, 277 (316 e ss.) de 2013, que, no geral, confirmou a constitucionalidade do Arquivo; crítico *Arzt*, Antiterrordatei verfassungsgemäß – Trennungsgebot tot?, NVwZ 2013, p. 1328 e ss.

141. A crítica da policialização (Verpolizeichung) encontra-se, por ex., em: *Paeffgen*, "Verpolizeilichung" des Strafprozesses – Chimäre oder Gefahr?, in: Wolter (coord.), Zur Theorie und Systematik des Strafprozeßrechts, 1995, p. 13 e ss.; *Wolter*, Zur Verbindung von Strafprozessrecht und Polizeirecht, in: FS Rolinski, 2002, p. 273 e ss. (p. 283 e s.); *Ambos*, Staatsanwaltschaftliche Kontrolle der Polizei, Verpolizeilichung des Ermittlungsverfahrens und organisierte Kriminalität, Jura 2003, p. 674 e ss. (p. 677 e ss.); a crítica da inteligencialização (Vernachrichtendienstlichung – o idioma alemão é bastante flexível no que respeita a neologismos) vê-se, por ex., em *Paeffgen*, Vernachrichtendienstlichung des Strafprozesses, GA 2003, p. 647 e ss.

142. Monografia: *Hoppe*, Vorfeldermittlungen im Spannungsverhältnis von Rechtstaat und der Bekämpfung Organisierter Kriminalität, 1999; *Kral*, Die polizeilichen Vorfeldbefugnisse als Herausforderung für Dogmatik und Gestezgebung des Polizeirechts, 2012, p. 70 e ss., 169 e ss.

143. Conceituação precisa de *Kral* (n. 143), p. 78.

perigos (Gefahrenvorsorge). Parece ganhar espaço a tese, também defendida por Wolter, de que a *preparação para a persecução penal* tem de ser entendida como processo penal,[144] enquanto a precaução contra perigos é tarefa da polícia.[145]

2. Estrutura interna

Uma vez que sabemos "onde" se situa o direito processual penal alemão – abaixo do direito constitucional (e com ele entrelaçado) e ao lado dos direitos de segurança – pretendo transmitir ao leitor algumas noções básicas sobre o conteúdo desse processo. Enfatizarei os aspectos em que o processo alemão difere do brasileiro.

a) Fases

O processo "ordinário", ainda que não seja o mais comum na prática, é composto de três fases. A primeira delas é a da *investigação preliminar* (Ermittlungsverfahren), que, literalmente, significa processo de investigação (e que não pudemos traduzir como inquérito policial porque, como veremos, ela se encontra sob a responsabilidade do ministério público; usamos, contudo, por vezes o termo *inquérito*). A distinção entre processo e procedimento, que a nossa doutrina faz na esteira dos italianos, não é feita na Alemanha, o que me parece adequado: afinal, a distinção parece insinuar que, antes da denúncia, o que existe é quase que um nada jurídico, com o que se fica induzido a subestimar o quão interventiva e decisiva essa primeira fase do processo será para o destino do imputado.[146] Nessa fase, o investigador, isto é, o ministério público, esclarece o fato para decidir se proporá uma denúncia (§ 160 I StPO). Uma vez proposta a denúncia, inicia-se o *processo intermediário* (Zwischenverfahren): a denúncia é entregue ao juízo competente, que decidirá se a recebe ou a rejeita (§ 199 I StPO). No caso de recebimento da denúncia, terá início o *processo principal* (Hauptverfahren), cujo centro é a *audiência de instrução e julgamento* (Hauptverhandlung). Uma nota do processo alemão, que o diferencia substancialmente do brasileiro, é uma regra bastante estrita (ainda que mitigada por várias exceções) de oralidade e imediatez. Segundo o § 261 StPO: "O juízo decide sobre o resultado da produção da prova segundo a sua convicção livremente construída a partir do conjunto da audiência." Noutras palavras, o conjunto da audiência (Inbegriff das Hauptverhandlung) é a única base para a construção da convicção judicial. O juízo não pode, em princípio, reportar-se a nenhuma prova do inquérito; a regra é, portanto, que as testemunhas têm de ser interrogadas (novamente), os documentos (re)lidos, os peritos têm de ser interrogados sobre o conteúdo da perícia, de modo que, salvo expressas autorizações legais, que existem especialmente para a prova documental e pericial (cf. principalmente o § 249 II StPO), não é possível remeter

---

144. *Son* (n. 84), p. 108 e s.; *Schenke* (n. 60), nm. 11 e ss.
145. Assim, por ex., *Schenke* (n. 60), nm. 10.
146. *Greco* (n. 26), p. 147 n. 477.

ao inquérito para fundamentar a convicção. O "cotejo com a prova do inquérito", de que se fala no Brasil com arrimo no art. 155 CPP ("exclusivamente... ressalvadas"), é impossível no processo alemão, que é, nesse aspecto, muito menos "inquisitório" do que se sói supor.

Como já vimos, é a *suspeita inicial* (Anfangsverdacht) que cria o dever de instaurar uma investigação preliminar. O dever de acusar só surge, entretanto, ao fim da investigação, quando, após o esclarecimento dos fatos, o órgão acusador concluir pela presença da chamada *suspeita suficiente* (hinreichender Verdacht), que é definida como uma probabilidade preponderante de condenação.[147] Parece-me que a suspeita inicial corresponde, grosso modo, à nossa *notitia criminis*, a suspeita suficiente à nossa justa causa;[148] frise-se, porém, o grosso modo, porque na Alemanha inexiste qualquer alusão a um princípio *in dubio pro societate*. O que se exige, isso sim, é que o acusador prognostique a decisão do juízo competente e que julgue a probabilidade de condenação, ainda que não certa, maior do que a de absolvição.

Como já insinuado, a investigação preliminar não é um inquérito policial, porque está confiada ao ministério público. Um termo comumente utilizado, que, contudo, evitamos na nossa tradução é a da Verfahrensherrschaft, *domínio sobre o processo*: ele se encontra, inicialmente, com o ministério público. A polícia repressiva, que é, faticamente, quem investiga, atua juridicamente apenas como a longa manus, por delegação do ministério público. O juízo, nessa fase, é *juiz de garantias* (nossa tradução, pouco literal, de Ermittlungsrichter, § 162 I StPO), ainda que lhe assista uma reduzida competência iniciativa subsidiária. Uma vez proposta a denúncia, o domínio sobre o processo passa para o juízo, que, no processo alemão, não precisará mais de impulsos do ministério público nem para investigar (§ 244 II StPO), nem para ordenar medidas coercitivas (§ 162 III 1 StPO). Além desse poder geral de investigação, que é entendido como decorrente de um imperativo constitucional de esclarecimento da verdade,[149] tem o juízo um chamado *dever de assistência* (Fürsorgepflicht), no sentido de suprir as desvantagens em que o imputado se possa encontrar diante do órgão acusador.

b) Alguns sujeitos processuais

Quero, agora, menos falar dos chamados sujeitos processuais do que esclarecer a terminologia utilizada no livro. A literatura alemã é bastante específica em relação ao termo que dedicam à pessoa contra a qual se dirige o processo. Inicialmente, isso é, quando o que existe não é mais do que uma suspeita inicial, no sentido acima definido, essa pessoa é um mero *suspeito* (Verdächtiger). Uma vez instaurado o inquérito, o que ocorre também tacitamente, tão logo as investigações se concretizem em determinada pessoa, o suspeito se torna um *imputado* ou

---

147. Por todos, *Kölbel*, MüKo StPO, 2016, § 170 nm. 14, com referências.

148. Cf. já *Greco*, na Introdução ao livro de *Schünemann* (n. 5), p. 22 e s.

149. BVerfGE 57, 250 (275); 63, 45 (61); 100, 313 (389); 122, 248 (270); 133, 168 (201).

indiciado (Beschuldigter). Quando proposta a denúncia, ele se torna um *acusado* (Angeklagter, § 157 2ª parte StPO).

O *status de imputado* tem enorme relevância. Ele dá origem a importantes direitos: o imputado tem direito ao silêncio (§ 136 I 2 StPO); ele tem o direito de consultar-se com seu advogado (§§ 137 I 1 StPO); o direito de não ser coagido a fazer prova contra si mesmo (expressamente previsto no art. 14 III g] PIDCP; derivado dos art. 2 I c/c art. 1 I GG, art. 20 III GG). Ele tem o direito de ser esclarecido sobre os dois primeiros direitos (§ 136 I 2 StPO): afinal, quem não sabe desses direitos, poderá ver-se faticamente impedido de fazê-los valer.[150] Observe-se, contudo, que aqui há um ponto altamente controverso, que é razão pela qual Wolter insiste numa proibição de circunvenção: como o Código de Processo Penal alemão só prevê esses deveres de esclarecimento em uma situação de *interrogatório* (Vernehmung), e a jurisprudência define interrogatório formalmente, como uma situação em que uma autoridade se dirige ao imputado e exige dele, enquanto autoridade, uma informação,[151] situações em que as autoridades se valham de particulares, de informantes etc. não configurarão um interrogatório. Segundo a jurisprudência, em muitos desses casos não incidirá o direito ao esclarecimento.

O status de imputado também é relevante, porque uma série de intervenções mais gravosas em direitos fundamentais só é aplicável contra ele. Esse status, assim, gera *deveres de suportar especiais*, no geral mais intensos do que aqueles que atinem a um terceiro. O exemplo mais claro, aqui, é o da prisão preventiva, que só é cabível contra o imputado (§ 112 I 1 StPO). Com isso já estamos a passar para o nosso próximo tópico, o das medidas interventivas.

c) Medidas interventivas

O termo medida cautelar é, ao que parece, desconhecido no processo penal alemão, o que não me parece ruim. Afinal, esse termo insinua que a medida em questão seja algo que esgota seus efeitos dentro do processo, o que não é verdade, uma vez que muitas vezes, a esfera do indivíduo é atingida de forma bastante dura. A processualística-penal alemã falava, antigamente, de *medidas coercitivas* (Zwangsmassnahmen). Ultimamente, tem-se preferido o termo intervenções processual-penal em direitos fundamentais (strafprozessuale Grundrechtseingriffe),[152] o que tem a dupla vantagem de conectar a questão de forma direta com o direito constitucional e de fazer mais justiça às medidas investigativas, cujo cerne,

---

150. A respeito, cf. o estudo de *Roxin*, citado na n. 5.

151. BGHSt 42, 139 (145) – sobre essa decisão, que *Wolter* chama de "armadilha do segundo telefone", cf. abaixo, C. I.

152. Sobre essa discussão terminológica, de um lado, em favor da terminologia constitucionalizada, *Amelung*, Rechtsschutz gegen strafprozessuale Grundrechtseingriffe, 1976, p. 15 e s., de outro *Schroeder*, Eine funktionelle Analyse der strafprozessualen Zwangsmittel, JZ 1985, p. 1028 e ss. (1029), com réplica de *Amelung*, Zur dogmatischen Einordnung strafprozessualer Grundrechtseingriffe, JZ 1987, p. 737 e ss.

diferentemente das medidas clássicas da prisão, da busca ou da apreensão, não está em um exercício de força física.

Como já dito (supra, I. 1., 2.), toda intervenção em direito fundamental tem de dispor de um fundamento legal, o que significa, salvo as hipóteses de intervenção de bagatela, uma norma específica, que preveja os pressupostos materiais e procedimentais da imposição da medida. Quero mencionar, aqui, apenas três desses pressupostos materiais.

O primeiro deles, bastante comum nas medidas mais interventivas, é a previsão de um *catálogo de crimes* (Straftatenkatalog), para cuja persecução seria possível fazer uso da medida. Os alemães usam, frequentemente, a expressão crime de catálogo ou fato de catálogo (Katalogtat) para designar um crime expressamente previsto nesse catálogo. Observe-se, ademais, que o termo preferido em alemão é Straftat, que, literalmente, se traduziria por *fato punível*, um termo que já encontra alguma difusão no Brasil. A razão para uso desse termo é que o StGB conhece uma dicotomia de fatos puníveis, os Verbrechen, literalmente: *crimes*, e os Vergehen, literalmente: *delitos*. A tradução crime/delito é cogente, porque Verbrechen/Vergehen são filhos da tricotomia clássica francesa entre crimes/délits/contravéntions,[153] sendo que o terceiro grupo de infrações foi eliminado na década de 50 (e substituído pelas Ordnungswidrigkeiten, que os portugueses traduzem, talvez de forma demasiado literal, por contra-ordenações).[154] Verbrechen são as infrações penais de pena mínima maior ou igual a um ano, Vergehen são as infrações com pena mínima inferior a esse limite ou apenas puníveis com multa (§ 12 I, II StGB). Como, no atual direito brasileiro, os termos crime e delito são sinônimos, e o termo fato punível soa ainda demasiado artificial, evitamos este último e usamos, de forma intercambiável, os dois outros termos. Quando o texto se referir a Verbrechen e Vergehen em sentido técnico, falaremos em *crimes/delitos em sentido estrito.*

O segundo requisito que quero mencionar é o da previsão de várias chamadas *cláusulas de subsidiariedade* (Subsidiaritätsklausel), que preveem diferentes situações de *estado de necessidade probatório* (Ermittlungs- ou Aufklärungsnotstand) como pressuposto de legitimidade de certas medidas. Por ex., a busca padronizada computadorizada exige que a investigação fosse de outro modo "consideravelmente menos promissora ou se visse fundamentalmente dificultada" (§ 98a I 2 StPO); a interceptação de telecomunicação (§ 100a StPO) e o agente encoberto (§ 110a StPO) só estão autorizados quando a obtenção da prova seria de outro modo "impossibilitada ou fundamentalmente dificultada".

O terceiro requisito diz respeito ao *destinatário da medida*. Como visto, muitas só podem ser dirigidas contra o imputado. Ainda assim, em especial

153. Por todos, *Roxin/Greco*, Strafrecht Allgemeiner Teil, 5ª ed., 2019, § 9 nm. 2 e ss.

154. Cf. em detalhe *Brandão*, Crimes e contra-ordenações: da cisão à convergência material, 2016, p. 49 e ss., tanto sobre a evolução alemã, quanto sobre a portuguesa.

nas situações de medidas investigativas, é comum que a medida acabe ou por ter de dirigir-se ou por afetar *terceiros*. Como essa intervenção na esfera de terceiros contraria a ideia de que o processo se dirige contra o suspeito/imputado, a doutrina e principalmente o legislador construíram toda uma dogmática dos terceiros afetados, que tenho aqui de explicar em seus aspectos mais gerais. Se não recair sequer uma suspeita sobre o terceiro, ele é um *não-suspeito* (Unverdächtiger). O *não-implicado* (Unbeteiligter) parece ser aquele que não tem nem um envolvimento com o fato investigado (nem autor, nem coautor, nem partícipe), nem com o processo em geral. Fala-se também em uma *pessoa acompanhante* (Begleitperson) do imputado, um termo autoexplicativo. No contexto da interceptação de telecomunicação, é o próprio legislador quem previu as categorias do *intermediário da mensagem ou de informações* (Nachrichtenmittler) e do *disponibilizador da conexão* (Anschlussüberlasser) como pessoas contra as quais a medida também pode ser ordenada (§ 100a III StPO: pessoa que recebe ou transmite mensagens do ou para o imputado; pessoa cuja conexão ou cujo sistema informático é usado pelo imputado).

Passarei, agora, a algumas observações sobre *medidas específicas* e as dificuldades que tivemos em traduzi-las. A rigidez da compreensão da reserva de lei (supra, I. 2.) faz com que exista a previsão de legal de muito mais medidas do que é o caso no direito brasileiro. Além de medidas clássicas, como a prisão preventiva ou cautelar (que, em alemão, se chama, literalmente, de prisão de investigação ou de instrução, Untersuchungshaft, regulada nos §§ 112 e ss. StPO, e que nós traduzimos atendendo à terminologia nacional, ainda que o termo preventiva tenha a desvantagem de aproximar essa prisão de uma medida policial – cf. acima 1., o imperativo de separação – e o termo cautelar tenha os problemas que acabamos de apontar no início do presente tópico), a busca (Durchsuchung, §§ 102 e ss. StPO) e a apreensão (Beschlagnahme, §§ 94 e ss. StPO), interrogar, procurar por uma pessoa, identificar, observar mais do que brevemente, coletar amostras de DNA, realizar buscas por meio de controles viários (aquilo que, popularmente, chamamos de blitz), armazenar dados oriundos dessas medidas, utilizá-los, transferi-los – tudo isso é especificamente regulado.[155] Uma dos maiores dificuldades de tradução que tivemos dizia respeito aos nomes dessas medidas, que não encontram correspondência conhecida em português. Seguimos, assim, uma solução caso a caso, que tentava conjugar fidelidade ao original com sensibilidade linguística. As medidas que aparecem em um único texto terão a sua tradução explicada quando desse texto; menciono, aqui, apenas duas de alcance mais geral.

155. Enquanto isso, observo não sem certo assombro que a procura de pessoas, inclusive com publicação de fotos (que, na Alemanha, se faz dentro dos limites dos §§ 131, 131a, 131b, 163e StPO), no Brasil não apenas não parece ser regulada em lei, mas vem sido até "terceirizada", por ex. por meio de sites como o <http://www.procurados.org.br/>.

A primeira corresponde àquilo que, em português, se chama de *interceptação telefônica*.[156] O leitor observará que, no terceiro texto, de 1995, a medida é traduzida como interceptação telefônica; nos demais, ela se tornou interceptação de telecomunicação. Isso tem a ver com mudança legislativa operada em 1997, em que o termo telecomunicação foi introduzido na lei para substituir o termo mais tradicional Fernmeldeverkehr. É, ademais, inexato falar em interceptação telefônica, tendo em vista que boa parte da telecomunicação que interessa interceptar ocorre por via de chats, mensagens de texto etc., até mesmo de forma não falada. Também essas mensagens podem ser obtidas com fundamento no dispositivo do § 100a StPO. Os alemães não utilizam o termo interceptação, e sim, literalmente, vigilância, Überwachung, o que talvez seja mais exato, uma vez que a palavra interceptação sugere um corte, uma interrupção – o que se amolda melhor à correspondência do que a uma conversa falada ou escrita, diante da qual se assume uma postura de observador silencioso. Optamos, ainda assim, pela naturalidade linguística do termo mais difundido e falamos em *interceptação* (e não em vigilância) *de telecomunicação* (e não telefônica, salvo no terceiro texto).

Outro termo recorrente nos textos é do *homem* ou da *pessoa de confiança* (Vertrauensmann, V-Mann, V-Person, plural: V-Männer, V-Leute),[157] que tem de ser diferenciado do *agente encoberto* (verdeckter Ermittler), legalmente previsto (§§ 110a e ss. StPO).[158] O agente encoberto, por não compor necessariamente uma organização ou associação criminosa, não pode ser traduzido como agente infiltrado (esse existe apenas na Lei de Proteção à Constituição, § 9a II 2), apesar de ser esse o termo preferido pela legislação brasileira (arts. 10 e ss. Lei 12.850/2013; arts. 190-A e ss. Lei 8.069/1990, na redação da Lei 13.441/2017). A terminologia brasileira manifesta a já criticada desconsideração de que o problema não é apenas justificar a realização de tipos penais (de organização criminosa etc.) pelo agente estatal, e sim a própria existência de um modelo de investigação inerentemente fraudulento e portanto problemático da perspectiva de uma série de direitos fundamentais.[159] O agente encoberto é definido legalmente no § 110a II StPO: trata-se de funcionários da polícia que investigam sob uma identidade falsa duradoura, a chamada legenda. Eles cometem, assim, necessariamente um delito de falsidade documental.[160]

---

156. Sobre os detalhes da medida e ulteriores dificuldades tanto materiais, quanto de tradução, remeto ao já mencionado livro de *Gleizer* (n. 10), no prelo.

157. Com essa tradução, também, *Costa Andrade* (n. 44), p. 219 e ss.; *Mendroni*, Crime organizado, 6ª ed., 2016, p. 409.

158. Sobre esses termos, em detalhe, *Jorge* (n. 59).

159. Em profundidade, *Jorge* (n. 59).

160. O policial que atua "à paisana", que não aparece nos estudos a seguir, chama-se NoeP, abreviatura que significa nicht offen ermittelnde Polizeiperson, policial que investiga de forma não aberta.

Já a pessoa de confiança é, para nos valermos da conceituação das Diretrizes do Ministério Federal da Justiça para o Processo Penal e o Processo de Contra-Ordenações (RiStBV, Richtlinien für das Strafverfahren und das Bußgeldverfahren), é alguém "que, sem formar parte de uma autoridade de persecução penal, está disposto a apoiá-la secretamente por um longo espaço de tempo no esclarecimento de delitos e cuja identidade fundamentalmente se mantém em segredo"; ou, na definição legal presente na Lei do Ofício Federal de Proteção à Constituição, em dispositivo introduzido em 2015, trata-se de "particulares que colaboram de forma planejada e permanente" (§ 9b I 1) com os serviços de inteligência ou com a polícia.[161] Noutros termos, trata-se de pessoa estranha aos quadros oficiais dessas agências, mas que com elas colabora, habitual e secretamente, na atividade de investigação. A pessoa de confiança, diferentemente do agente encoberto, não faz uso de identidade falsa. Mas justamente pelo fato de as pessoas de confiança não serem policiais e não se apresentarem como participantes de um processo de investigação, elas representam sérias dificuldades: a primeira diz respeito a se o seu uso tem de estar previsto em uma norma autorizativa específica, a qual, até a presente data, ainda não existe, ou se basta a cláusula geral de investigação, como supõe a opinião dominante;[162] a segunda é a facilidade com que esse mecanismo pode ser usado para circunvir os direitos cuja aplicabilidade foi restrita, pela jurisprudência, ao contexto de um interrogatório, isto é, o direito à instrução sobre o direito ao silêncio, de consultar advogado e de recusar testemunho. Desconheço discussão sobre a figura do homem de confiança na processualística nacional.

d) Prova e proibições de prova

Com o que chegamos em nosso próximo tópico, o da prova e das proibições de prova. Aqui, também se tornam necessários alguns esclarecimentos.

A distinção mais fundamental com base na qual se estrutura a teoria alemã das provas ilícitas é a entre os momentos da *obtenção da prova* (Beweiserhebung), de um lado, e da *valoração da prova* (Beweisverwertung), de outro. O primeiro momento diz respeito não à reprodução da medida em audiência, à introdução dos conhecimentos no processo, e sim à realização da medida investigativa (em geral, interventiva em direito fundamental). O segundo momento significa, principalmente, o uso da prova para fundamentar a convicção em uma sentença sobre o mérito.[163] Os dois momentos podem apresentar defeitos; defeitos de um, principalmente do primeiro,[164] podem ter efeito sobre o outro; mas a regra é que os dois momentos são, em princípio, independentes, de modo que não é possível

161. Cf. ademais BGHSt 41, 42 (43).

162. BGHSt 32, 115 (121 s.); 41, 42 (43) – opinião que é convincentemente criticada por *Jorge* (n. 59).

163. Por todos, *Roxin/Schünemann* (n. 22), § 24 nm. 21, 64.

164. Veremos já a possibilidade de a ilicitude da valoração posterior implicar, de forma como que retroativa, na ilicitude da obtenção, o chamado efeito prévio (Vorwirkung) da proibição de valorar a prova.

derivar, da ilicitude de um deles, de forma automática a ilicitude do outro. É sempre necessário um argumento adicional, que, em quase todos os casos, que não se encontram expressamente regulados pela lei, será fornecido pelas diversas *teorias das proibições de valorar a prova*: favorecida pela jurisprudência é a chamada *teoria da ponderação* (Abwägungslehre),[165] a qual afirma uma proibição de valorar a prova apenas após uma ampla ponderação do defeito cometido no momento da obtenção, ponderação essa que leva em conta fatores como a gravidade da suspeita e do delito perseguido, se a norma tinha por finalidade proteger a esfera do imputado ou apenas a esfera de um terceiro (ideia originária da chamada *teoria da esfera jurídica*, Rechtskreistheorie), a gravidade objetiva e subjetiva do defeito, em especial, se ele foi praticado de forma intencional ou grosseiramente culposa (nesses dois últimos casos, em princípio incidirá uma proibição de valorar a prova), se a prova poderia ter sido obtido de forma lícita (a chamada *intervenção substitutiva hipotética lícita*, hypothetischer rechtmäßiger Ersatzeingriff).

Distingue-se, assim, entre *proibições de valorar a prova autônomas e não-autônomas ou independentes e dependentes* (selbständige und unselbständige Beweisverwertungsverbote), a depender de se a proibição de valoração guarda nenhuma ou alguma relação com a proibição de obtenção.[166] Os critérios que acabo de apresentar se referem às proibições não-autônomas: eles pretendem conectar o defeito do primeiro momento com um possível defeito no segundo momento. Mas também ocorre que prova obtida de forma plenamente lícita não possa ser valorada, e nesse caso teremos proibições autônomas de valoração da prova: por ex., se a testemunha autorizada a recusar testemunho renuncia a esse direito na fase de inquérito, ao ser interrogada por policial, e depois, na audiência de instrução e julgamento, muda de ideia e recusa-se a falar, o policial tampouco poderá ser interrogado como testemunha sobre o conteúdo do primeiro interrogatório, por força do disposto no § 252 StPO. O dispositivo proíbe, assim, a valoração de uma prova licitamente obtida. O mesmo se diga do problema das *descobertas fortuitas* (Zufallsfund), amplamente discutido em especial no terceiro artigo: a descoberta fortuita é prova obtida de forma lícita, mas ainda assim não está nada claro se ela pode ser livremente valorada, ou se não tem de incidir uma proibição independente de valoração (especialmente quando ela diz respeito a fatos que não autorizariam a utilização da medida, por ex., não presentes no catálogo, ou a terceiros não-implicados). Creio que um dos maiores problemas do modelo brasileiro, fundado no dispositivo constitucional que ordena, de forma bastante global, a inadmissibilidade no processo de provas obtidas por meios ilícitos (art. 5º LVI CF), é fechar os olhos para a possibilidade de que provas licitamente obtidas sejam inadmissíveis.

---

165. Para uma exposição detalhada dessa jurisprudência, em seus concretos resultados, com as referências correspondentes, *Eisenberg*, Beweisrecht der StPO, 10ª ed., 2017, nm. 367, 372 e ss.

166. Pioneiro, aqui, *Rogall*, Gegenwärtiger Stand und Entwicklungstendenzen der Lehre von den strafprozessualen Beweisverboten, ZStW 91 (1979), p. 1 e ss. (3).

Considero necessárias algumas palavras sobre o termo *valoração da prova* (Beweisverwertung). Os alemães não manejam o conceito de nulidade da prova, corrente entre nós, que confesso não conseguir compreender, e sim o de valorabilidade (Verwertbarkeit).[167] Como dito, tecnicamente, valorar a prova é usá-la para fundamentação da convicção do juízo na prolatação de sentença de mérito. Não é tão claro se o uso da prova para fundamentar outras decisões, por ex., a decisão de impor uma medida interventiva, é valoração, nesse sentido. O termo valoração tem, assim, conteúdo bastante restrito (quiçá se possa dizer: demasiado restrito). Há, contudo, outro termo, oriundo do direito de proteção de dados, de amplo alcance, que compreende qualquer uso que se faça da informação obtida: o termo *utilização*[168] (Verwendung). Toda valoração é uma utilização; o contrário não procede, porque, principalmente, o uso da prova como *pista criminalística* (Spurenansatz) em busca de outras provas, o que ocorre principalmente na fase de investigação preliminar, é utilização, e não valoração. As proibições de utilização (Verwendungsverbote) proíbem, assim, muito mais do que as proibições de valoração. Dito com base em um exemplo: se alguém, sob maus-tratos ou soros de verdade, isto, em violação ao § 136a I StPO, confessa, a confissão não é, já por força de um dos poucos dispositivos legais sobre proibições dependentes de valorar prova (o § 136a III 2 StPO), valorável. Isso significa, contudo, que outras provas do crime, a que a confissão conduza enquanto pista criminalística, poderão ser obtidas. Se elas poderão ou não ser valoradas, discute-se sob a rubrica dos possíveis *efeitos indiretos ou à distância* (Fernwirkung) das proibições de prova – aquilo que, no Brasil, se chama de prova ilícita por derivação.[169] Adianto apenas que a jurisprudência é extremamente restritiva nesse ponto, rechaçando-os em regra.[170] Já uma proibição de utilização tem efeito bem mais amplo. Ela está legalmente prevista não para o caso dos maus-tratos, e sim para intervenções investigativas dirigidas contra pessoas autorizadas a recusar testemunha por razões profissionais, principalmente o advogado (§ 160a I 2 StPO): se se intercepta conversa entre advogado e cliente, em que o primeiro menciona o local em que se encontram importantes provas do crime, essa informação, além de inutilizável, terá de ser imediatamente apagada, registrando-se nos autos o apagamento (§ 160a I 3 StPO).

---

167. Na doutrina brasileira, esse conceito começa a ganhar espaço, cf. bem próximo *Badaró*, Processo Penal, 5ª ed., 2017, p. 414 (que propõe o termo "utilizabilidade"). Em Portugal, defende-se perspectiva bastante próxima da alemã, cf. *Costa Andrade* (n. 44), p. 90 e ss., com considerações – pouco compreensíveis – sobre a difícil relação entre o modelo das nulidades e o modelo da valorabilidade (p. 194 e ss.); *Sousa Mendes*, Lições de direito processual penal, 2017, p. 182 e ss. Uma comparação entre os dois modelos seria uma ótima tarefa para uma tese de doutorado.

168. *Roxin/Schünemann* (n. 22), § 24 nm. 63; BVerfGE 109, 279 (331 e s.).

169. Por todos, *Badaró* (n. 168), p. 416 e ss. Falando em efeito-à-distância *Costa Andrade* (n. 44), p. 169 e ss.

170. BGHSt 27, 355 (358); 51, 1 (7 e ss.); 55, 314 (318 e s.); BGH NStZ 1996, 200 (201).

Por fim, algumas palavras sobre o chamado *efeito prévio* (Vorwirkung ou Vorauswirkung) da proibição de valoração:[171] como dito, os dois momentos, da obtenção e da valoração, são independentes, mas não dissociados. Provas ilicitamente obtidas serão, em muitos casos, ainda que não sempre, impassíveis de valoração. Mas o inverso também ocorre: por vezes, o segundo momento, mais precisamente, a sua previsão, influi sobre o primeiro. Uma prova que se sabe impassível de valoração não pode ser obtida. Por ex., se se entender que a valoração dos diários interviria no núcleo de privacidade, que é intocável, ter-se-á de considerar proibida também a obtenção dos diários por meio de uma medida de apreensão, ou a ordenação de uma medida de busca para encontrá-los.

e) Recursos

Não pretendo esboçar a totalidade do sistema de recursos, e sim, em primeiro lugar, explicar os termos de que nos valemos. Os dois recursos ordinários contra sentenças são a *apelação* (Berufung) e o *recurso especial* (Revision). O primeiro é um recurso de fato e de direito, com efeito devolutivo amplo, o que, num processo de conhece uma regra de oralidade bastante estrita (cf. supra, a], sobre o § 261 StPO), implica uma repetição completa da audiência (§§ 324 e ss. StPO). O segundo é um recurso que versa, em princípio, apenas sobre questões de direito. Nossa tradução priorizou a compreensibilidade em detrimento da fidelidade linguística, uma vez que, em português, seguindo a terminologia de tradição francesa, revisão é o mecanismo de ataque à coisa julgada.

O fundamento do recurso especial alemão é sempre, primeiramente, a *violação à lei* e, em segundo lugar, uma relação de *possível influência* entre essa violação e o resultado da decisão recorrida. Esse segundo requisito, Beruhen, significa, literalmente, como que um descansar, um apoiar-se: ele é de afirmar-se, quando não se puder excluir a possibilidade de que a decisão fosse outra, caso a lei não tivesse sido violada. A StPO diferencia duas classes de violação à lei. A primeira delas é a dos chamados fundamentos absolutos de recurso especial (absolute Revisionsgründe): aqui, a lei presume, de forma irrefutável, a influência da violação sobre o resultado da decisão. Trata-se de defeitos especialmente graves, expressamente arrolados, como a participação na sentença de juiz legalmente impedido, a incompetência do órgão judicial, a violação das regras sobre a publicidade do processo (§ 338 StPO). Os demais defeitos, não presentes nesse catálogo, são fundamentos relativos de recurso especial (relative Revisionsgründe). Para reexplicar a situação com base em uma terminologia difundida no Brasil que, confesso, tenho dificuldade de manejar, no primeiro caso não vale o princípio do "pas de nullité sans grief", no segundo sim.

---

171. Cf., unicamente, *Kudlich*, MüKo-StPO, vol. 1, 2014, Einl. nm. 486 e s.

C. Anexo: catálogo de julgados e de leis referidas nos textos

Todos os trabalhos traduzidos citam leis alemãs; o segundo deles menciona, de forma especialmente detalhada, decisões do BGH, que são discutidas (e criticadas) em detalhe. Essas leis e decisões são dadas por conhecidas, de forma que me parece, mais do que útil, necessário fornecer ao leitor um pequeno glossário a esse respeito. O presente tópico se chama "Anexo", porque ele foi pensado, primariamente, como instrumento de consulta, e não de leitura corrida. Ainda assim, talvez seja possível obter algum ganho com a leitura da parte I.

I. Decisões importantes referidas nos textos

Antes de adentrar no conteúdo das decisões, algumas palavras sobre a organização judiciária da justiça penal alemã. O *Bundesgerichtshof*, abreviado como *BGH*, e que se traduziria literalmente como Corte Judiciária Federal, é, dito grosseiramente, o tribunal equivalente ao nosso STJ. O BGH tem uma ala civil e uma ala penal (§ 130 I 1 GVG); a justiça administrativa está confiada ao Bundesverwaltungsgericht. Cada uma destas alas está subdivida em chamados *Senados* (Senate), o equivalente às nossas Turmas, os quais, no penal, são em número de cinco (cada qual composto de nove juízes; os senados decidem, contudo, com a participação de cinco, § 139 I GV). A uniformidade da jurisprudência, base de qualquer Estado de Direito que se leve a sério, é garantida não apenas pela autoridade do tribunal, que decide e fundamenta como instituição, sem votos individuais (e sem votos vencidos), como também pelo dispositivo do § 132 II, III GVG: se um dos senados quiser discrepar de decisão já tomada por outro senado, ele tem de iniciar um longo processo, que se inicia com uma *decisão de consulta* (Anfragebeschluss) dirigida ao senado de que se quer discordar. O senado consultado pode responder renunciando ao conteúdo de sua decisão anterior ou pode nele insistir; na segunda hipótese, o senado consultor terá de tomar uma *decisão de remissão* (Vorlagebeschluss), isto é, remeter a questão ao chamado Grande Senado (Großer Senat), instituição próxima ao nosso chamado Órgão Especial, que é composta de dois membros de cada senado (§ 132 V 1 GVG). O Grande Senado decidirá a questão, que se tornará, então, vinculante para os senados individuais (que não poderão decidir em sentido contrário sem ativar o Grande Senado). Inexiste o instituto da Súmula. Outro tribunal de enorme importância para o direito processual penal é o *Bundesverfassungsgericht*, abreviado: *BVerfG*, o Tribunal Constitucional Federal. As decisões dos tribunais são publicadas nos mais diversos veículos. As que os próprios tribunais consideram importantes são selecionados para o repertório oficial: no caso do BGH, no BGHSt (Entscheidungen des Bundesgerichtshofs in Strafsachen), no caso do BVerfG, no BVerfGE (Entscheidungen des Bundesverfassungsgerichts). Essas decisões são citadas por volume, página inicial e, muitas vezes, mas nem sempre, entre parênteses, página concreta em que se encontra a passagem referida.

Passemos, agora, às decisões individuais. Muitas são conhecidas por nomes próprios, que serão também aqui utilizados. Por vezes, a denominação utilizada é mais crítica do que a aqui utilizada, que é relativamente neutra: o próprio Wolter refere-se a várias das decisões como "caso da armadilha de...". Mencionaremos, além do nome, a referência e a data da decisão; além disso, mencionarei o senado, pelo fato de que Wolter também o faz no segundo estudo. O normal é citá-las apenas por volume, página inicial, página específica. Elas serão expostas em ordem cronológica. No geral, me limitarei a descrever, ainda que por vezes, teça algum comentário, a fim de tornar a decisão mais compreensível.

Primeira decisão do diário, *BGHSt 19*, 325, de 21 de fevereiro de 1964, 4º Senado. Uma mulher havia prestado declarações como testemunha em um processo contra um terceiro, acusado de delito sexual, negando ter com ele tido quaisquer relações. Numa apreensão, contudo, feita contra o acusado, foram encontrados diários da mulher, que revelavam ter ela mentido em juízo. Em razão disso, instaurou-se processo por crime de falso testemunho contra ela. O BGH considera o diário impassível de valoração. Uma vez que ele contém informações privadas, ele diz respeito à própria dignidade humana da mulher (o que não seria de afirmar-se caso ele contivesse informações sobre delitos ou sobre negócios). Essas informações só poderiam ser utilizadas se, segundo uma ponderação entre os interesses de privacidade e sigilo e os interesses de persecução, estes preponderassem, o que não era aqui o caso. Tal seria de afirmar-se, contudo, se se tratasse de processo por grave delito contra a vida ou outros bens relevantes, como o Estado ou a ordem jurídica. Vê-se, assim, que a decisão, apesar de situar o diário no âmbito de proteção da dignidade humana, procedeu a uma ponderação, o que não se coaduna com a ideia de intocabilidade acima exposta (supra, I. 1.).

Decisão da conversa ambiental (Raumgespräch), *BGHSt 31, 296*, de 16 de março de 1983, 2º Senado. O imputado, investigado pelo delito de tráfico de entorpecentes, tinha o seu telefone interceptado na forma do dispositivo pertinente (§ 100a StPO). Em algumas situações, ele não desligou o telefone de forma correta, de forma que continuava possível escutar conversas entre ele e a esposa. Numa dessas conversas, procedeu ele a um balanço de seus negócios com heroína. O BGH considera a prova não valorável. O § 100a StPO, dispositivo sobre a interceptação de telecomunicações, não compreende a escuta ambiental. Daí deriva o BGH, como que de forma automática, a impossibilidade de valorar a prova (ilicitamente obtida). Em seguida, o BGH afirma que o registro da conversa ambiental entre marido e mulher teria tangenciado o núcleo de privacidade e que, por essa razão, não seria de proceder-se a qualquer ponderação com os interesses de persecução penal. Tampouco o dispositivo sobre as descobertas fortuitas em buscas (§ 108 StPO) seria aplicável de forma analógica, uma vez que a situação seria diversa e incomparável: sempre seria possível repetir, imediatamente, a busca e obter o objeto encontrado fortuitamente, o que não seria, aqui, o caso. Por fim, nega o BGH a possibilidade de recorrer ao dispositivo do estado de necessidade justificante (§ 34 StGB) para justificar a valoração da prova. Observe-se que, à época, inexistia um dispositivo específico sobre a escuta domiciliar, que foi introduzido apenas em 1998.

BGHSt 31, 304, de 17 de março de 1983, 4º Senado. O tema da decisão é um **homem de confiança que envolveu o imputado em conversas autoincriminatórias**. Um traficante de drogas havia se aproximado do homem de confiança, pedindo-lhe ajuda para trazer uma grande quantidade de entorpecentes da Turquia para a Alemanha e para vender a droga. O homem de confiança comunicou o fato à polícia, que lhe deu a tarefa de fingir-se cúmplice do traficante. O homem de confiança ligou da própria delegacia de polícia para a casa do traficante e conversou sobre detalhes do negócio relativo às drogas. A conversa foi escutada e registrada em fita de áudio pela polícia. Houve outra conversa, realizada nas mesmas condições. O BGH considerou inadmissível a introdução da prova na audiência e a sua valoração na sentença. Em primeiro lugar, a prova teria sido criminosamente obtida, uma vez que a gravação (e também a divulgação) de conversa não-pública sem o consentimento do afetado é um delito (§ 201 StGB). Os pressupostos legais para uma escuta, que permitiria essa conduta típica, estariam ausentes: faltaria uma ordem judicial (ou do ministério público, possível em situações de perigo na demora) para impor a escuta. O estado de necessidade justificante seria inaplicável em situação já expressamente regulada pelo legislador. Dessa ilegalidade deriva o BGH uma proibição de valorar a prova em desfavor do acusado: após deixar em aberto se toda prova ilicitamente obtida é impassível de valoração, menciona o BGH a ideia de Estado de Direito, o princípio do *nemo-tenetur* e a proibição de fraude (§ 136a StPO), e afirma que, no caso concreto, teria havido uma circunvenção da reserva de jurisdição, uma traição da relação de confiança com o acusado, bem como uma provocação fraudulenta de que este se autoincriminasse. Esses fatores comporiam uma violação processual tamanhamente grave a ponto de tornar a prova impassível de valoração.

Caso Weimar, *BGH NStZ 1989, 375*, 2º Senado. O caso Weimar chocou a opinião pública à época e deu azo a várias decisões. Uma mãe levou as duas filhas, de 7 e de 5 anos, no carro a um lugar ermo, onde as matou por asfixia, escondendo em seguida os dois cadáveres entre arbustos. O caso colocou duas questões, uma relativa à publicidade do processo e o recurso especial, outra relativa à proibição da valorar prova. Interessa-nos apenas o segundo problema, de valoração da prova, que derivava do fato de que a convicção sobre a autoria da acusada se fundamentou em perícia criminalística que, por sua vez, se baseou em material (roupas da acusada) apreendido numa medida de busca ilegal.[172] Havia

172. O primeiro problema fica para o rodapé: A visitação de vários lugares realizada pelo juízo como parte da audiência foi televisionada, o que viola a proibição do § 169 2ª frase GVG, que proíbe qualquer gravação de áudio ou vídeo de julgamentos para fins de transmissão pública ou publicação. A violação das normas sobre a publicidade dos processos está arrolada entre os fundamentos absolutos de recurso especial (§ 338 n. 6 StPO); o BGH considera, porém, que apenas a restrição da publicidade, e

mandado de busca para um dia determinado, que foi cumprido; três dias depois, a polícia retornou ao local, em momento em que a acusada estava na delegacia a ser interrogada, e fez nova busca, se bem que com o consentimento dela. O BGH considera a prova valorável, com o argumento de que, a uma, não estaria claro se se trataria de uma segunda busca, ou apenas da continuação da primeira, que havia sido autorizada; a duas, porque o juízo competente poderia ter autorizado a segunda busca, isto é, reportando-se à ideia da intervenção substitutiva hipotética lícita.

Caso da amostra de fala (Sprechprobe), *BGHSt 34, 39*, de 9 de abril de 1986, 3º Senado. Trata-se de uma das muitas decisões contra membros da Facção do Exército Vermelho, grupo terrorista de esquerda que, na década de 1970, praticou vários atos de violência contra protagonistas do cenário político e empresarial. O objeto da decisão foi o sequestro e assassinato do empresário Hanns Martin Schleyer. O imputado fora condenado por sentença que se convenceu da autoria com base em perícia realizada sobre uma amostra de fala, que fora obtida por meio de gravação secreta de uma conversa travada entre o acusado e o diretor da prisão em que se encontrava. O BGH considerava essa prova impassível de valoração. Ela foi obtida de forma ilícita, por meio de violação do direito geral de personalidade do acusado, sob o aspecto do direito à própria palavra falada. O único fundamento legal para gravar a fala de alguém é a interceptação de telecomunicação (§ 100a StPO), que aqui, contudo, era incabível, uma vez que esse dispositivo se refere apenas a intervenções que cuidam do conteúdo da conversa, compreendida no âmbito de proteção do direito ao sigilo das telecomunicações (Art. 10 GG). No caso, o que se queria obter não era um conteúdo e sim uma amostra do timbre da fala, compreendida pelo âmbito de proteção de outro direito fundamental. O § 81b StPO, que permite medidas de identificação, como tomada de fotografias e impressões digitais ou medições, se refere apenas a elementos de identificação exteriores e corporais. Tampouco seria cabível uma legitimação da medida por meio do estado de necessidade justificante. Por fim, o BGH fundamenta a passagem da ilicitude da obtenção, de que ele até então cuidara, para a ilicitude da valoração, afirmando que ela não ocorre de forma automática e recorrendo à importância do direito sobre a palavra falada, protegido por tipo penal (§ 201 StGB).

Homem de confiança como companheiro de cela, *BGHSt 34, 362*, de 28 de abril de 1987, 5º Senado. O acusado (por roubo) encontrava-se em prisão preventiva. A polícia introduziu em sua cela um colega, que foi instruído no sentido de extrair informações do acusado sobre o fato. Aos poucos o colega de cela foi ganhando a confiança do acusado, principalmente por conversar sobre

não a sua extensão, é compreendida pelo dispositivo, de maneira que, no caso concreto, haveria apenas um fundamento relativo de recurso especial, sendo necessário ainda avaliar se o erro possivelmente influenciou o resultado da decisão. O BGH dá resposta negativa a essa pergunta.

planos de fuga, propor o cometimento de novos roubos em conjunto e prometer assumir a responsabilidade pelo fato atribuído ao acusado. Este acabou, assim, por contar-lhe detalhes do fato. O BGH considera inadmissível a introdução e a valoração do testemunho do colega de cela na audiência: estaria violado o dispositivo que proíbe o uso de coação em interrogatórios (§ 136a I StPO). Ainda que o dispositivo só se aplique de forma direta a interrogatórios (sobre o conceito, cf. supra, II. 2. b]), ele pode ser aplicado "de forma correspondente" (o que, aparentemente, significa de forma analógica) ao caso em questão, uma vez que a introdução de colega de cela foi um meio ilícito de obtenção de informações usado pela polícia: a ilicitude decorre de se ter abusado da prisão preventiva, cuja finalidade é garantir a realização regular do processo e a posterior execução da pena, e não a obtenção de informações. A decisão é bastante discutida, entre outras razões porque a tônica do caso parece ser menos a coação do que a fraude, outro dos meios proibidos arrolados no § 136a I StPO, que o BGH, contudo, nem menciona na decisão. Em seguida, afirma o BGH a necessidade de ter introduzido na audiência outra testemunha, que fora mencionada pelo acusado em conversa com seu colega de cela, porque a proibição de valorar a conversa com o colega não teria efeito indireto ou à distância.

Segunda decisão do diário, *BGHSt 34, 397*, de 9 de julho de 1987, 4º Senado. O acusado havia matado a machadadas uma mulher por ele de todo desconhecida, que adormecera tomando um banho de sol. O convencimento do juízo sobre a autoria, por ele sempre negada pelo acusado, baseou-se na valoração de registros pessoais do acusado, encontrados em uma busca em seu quarto, na casa dos pais. Nesses registros, o acusado se revelava uma pessoa neurótica, que sofria por não conseguir encontrar aceitação entre mulheres e refletia sobre cometer crimes contra elas. O BGH afirma a possibilidade de valorar os registros. Considerações de criminosos sobre crimes e suas vítimas não pertenceriam ao núcleo da personalidade. Além disso, seria necessário ponderar os interesses do acusado com exigências relativas à capacidade de funcionamento da justiça penal, o que, levando em conta que se tratava de um homicídio qualificado, conduz a que se considere valorável a prova.

Decisão do BVerfG sobre o segundo caso do diário, *BVerfGE 80, 367*, de 14 de setembro de 1989, 2º Senado. O acusado interpôs reclamação constitucional (supra, B. I. 5.) contra a decisão que acabo de descrever, o que levou a uma manifestação do BVerfG sobre o problema. A decisão terminou empatada, 4 votos contra 4, o que significa que não se declara violação da constituição. O voto "vencedor" argumenta como o BGH: não estaria atingido o núcleo intocável da personalidade, principalmente porque os registros tratavam de crimes e porque quem faz uso da forma escrita renuncia a um total controle sobre os conteúdos correspondentes. O voto "vencido" situa os registros na zona do núcleo intocável e o considera, portanto, impassível de valoração.

Decisão da instrução sobre o direito ao silêncio, *BGHSt 38, 214*, de 27 de fevereiro de 1992, 5º Senado. Uma das mais aguardadas e festejadas decisões do BGH, que se distanciou da jurisprudência até então sustentada e reconheceu que o descumprimento do dever previsto no § 136 I 2 StPO, de, em interrogatórios, instruir o imputado a respeito do seu direito ao silêncio, tem como consequência a proibição de valorar as declarações do imputado em seu desfavor. O BGH não deriva a conclusão de forma automática da violação do dispositivo legal sobre a obtenção da prova, mas de uma ponderação que leva em conta a relevância dessa regra como suporte do *nemo-tenetur*, do direito ao silêncio e de um processo equitativo. O fim do esclarecimento é dissipar a falsa, mas difundida suposição de que existiria um dever de prestar declarações diante das instâncias de persecução. O BGH restringe a consequência jurídica da proibição de valorar a prova apenas nos casos em que o direito ao silêncio já era de conhecimento do imputado ou – o que é bastante controvertido – nos casos em que o imputado que dispõe de advogado não formula, na audiência, objeção à valoração (chamada solução de objeção, Widerspruchslösung).

Caso da amostra de voz, *BGHSt 40, 66*, de 24 de fevereiro de 1994, 4º Senado (também chamada por alguns, como Wolter, de armadilha da voz, Stimmenfalle). O caso é similar ao já exposto caso da amostra de fala. Uma mulher havia sido estuprada por um homem mascarado. Ela se crê capaz de reconhecer o criminoso com base em sua voz. O suspeito é chamado para um interrogatório na delegacia, o qual os policiais permitem seja escutado pela vítima, a partir da sala adjacente. Após escutar a conversa por um minuto, declara a vítima estar 100% segura de que essa voz seria do criminoso. O BGH considera a prova inaceitável, uma vez que não se teriam tomado as cautelas necessárias para reduzir os riscos desse procedimento de identificação (principalmente a de colocar o imputado ao lado de outros candidatos). O BGH cassa, assim, a decisão recorrida e a devolve ao juízo a quo, com considerações importantes: a de que, afora essas reservas relativas à veracidade da prova, não haveria óbice jurídico à sua valoração. Tampouco haveria uma fraude, uma vez que, diversamente do caso da amostra de fala, não houve gravação, e o risco de ser reconhecido por sua voz é um risco geral do qual as instâncias de persecução não têm de proteger o imputado. As instâncias de persecução não teriam cometido uma fraude, induzindo o imputado a erro, mas apenas se aproveitado de um erro pré-existente, o que não seria ilícito.

Caso Sedlmayr, *BGHSt 40, 211*, de 21 de julho de 1994, 1º Senado. O problema, neste caso, é a circunvenção dos direitos de recusar testemunho por meio do emprego de homens de confiança, que, como visto, não submetem nem o imputado, nem testemunhas a interrogatório, com o que não incidem os deveres de esclarecimento legalmente previstos tanto sobre o direito ao silêncio (§ 136 I 2 StPO), quanto sobre o direito de parentes e de outras pessoas próximas de recusar testemunho (§ 52 III 1 StPO). Os acusados haviam matado a vítima a facadas e marteladas, após amarrá-la e torturá-la. Como o esclarecimento dos fatos se revelara dificultoso, a polícia decidiu fazer uso de dois homens de confiança, que conseguiram se aproximar de um dos acusados (então suspeito) e de sua noiva. A noiva contou, de iniciativa própria, a um dos homens de confiança, que o martelo que ela vira em jornal que noticiava o crime pertencia ao suspeito. O homem de confiança fez com ela descrevesse o martelo em mais detalhes, e isso foi posteriormente repetido. Na audiência, a noiva se reportou ao seu direito de recusar testemunho (§ 52 I n. 1 StPO), de modo que a única maneira de introduzir o conteúdo de suas declarações em um processo oral como o alemão (cf. supra, B. II. 2. a]) seria interrogar as pessoas de confiança como testemunha de ouvir-dizer. Se a declaração da noiva na fase de investigação preliminar tivesse sido obtida por meio de interrogatório, isto é, em situação em que as instâncias de persecução, nessa qualidade, requerem, de forma aberta, informações, o dispositivo do § 252 StPO impediria que se recorresse à testemunha de ouvir-dizer na fase da audiência. O BGH, contudo, considera esse dispositivo inaplicável à situação de pessoas de confiança, que seriam testemunhas como outras quaisquer. O sentido do dispositivo se esgotaria em poupar a testemunha do conflito entre o seu dever de falar a verdade enquanto testemunha e seus deveres familiares. Além disso, o BGH toma partido em favor da licitude do uso de pessoas de confiança para esclarecer delitos graves, como um homicídio qualificado, e recorda em favor da valorabilidade da prova que os dispositivos afetados, quando muito, dizem respeito à esfera jurídica da testemunha, e não dos acusados.

Armadilha do segundo telefone (Hörfalle), *BGHSt 42, 139*, de 13 de maio de 1996, Grande Senado. A testemunha havia contado à polícia que o acusado (por roubo) havia admitido a ela, por telefone, a autoria do crime. A polícia provocou, assim, que se realizasse um segundo telefonema, que foi escutado por um tradutor da polícia em segundo telefone. O acusado foi condenado fazendo-se uso do conteúdo dessa segunda conversa. O Grande Senado considera permitida a valoração da prova. Primeiramente, não incidiriam os dispositivos referidos a interrogatórios, isto é, nem o § 136 StPO, com seus deveres de instrução sobre o direito ao silêncio e de consultar advogado, nem o § 136a StPO, que proíbe métodos incompatíveis com a liberdade de declarar do imputado, uma vez que inexiste situação de interrogatório. Tampouco haveria uma circunvenção do primeiro desses dispositivos, uma vez que o fim do esclarecimento sobre o direito ao silêncio é, como já assentado em decisões anteriores, desfazer a difundida ideia de que também ao imputado assistiria dever de prestar declarações às instâncias de persecução. Não haveria fraude, no sentido do § 136a StPO, porque esse termo tem de ser interpretado restritivamente. Tampouco estaria atingido o *nemo-tenetur*, uma vez que esse princípio protege apenas contra coações, e não contra erros. Além de afirmar não estarem lesionados os direitos fundamentais da liberdade de telecomunicação (art. 10 GG) (porque um dos envolvidos no processo de comunicação estaria de acordo com a escuta), e de autodeterminação informacional (art. 2 I c/c 1 I GG), o Grande Senado afirma a licitude do uso de particulares para o esclarecimento de delitos, segundo um juízo de proporcionalidade, o que significa que, diante de crimes graves, como o roubo, não haveria empecilhos para tanto. De novo aparece o argumento de que o risco de ser condenado com base em declarações feitas a particulares é um risco de que o direito processual penal não tem de proteger o imputado.

Caso da vidente (Wahrsagerin-Fall), BGHSt 44, 129, de 21 de julho de 1998, 5º Senado. O caso é bastante similar ao caso do homem de confiança como companheiro de cela, acima exposto. Uma vidente, que estava condenada a vários anos de prisão por delitos de tóxicos, prometia às suas companheiras de cela fazer uso de suas forças mágicas para influenciar as instâncias de persecução no sentido de uma absolvição ou de penas mitigadas. Para tanto, ela exigia, contudo, uma confissão. Depois, ela comunicava o conteúdo dessa confissão à polícia, à espera de favores. O BGH considera inaceitável a valoração desses testemunhos nos processos contra uma companheira de cela. Reportando-se à decisão do Grande Senado que acabamos de expor, o BGH reconhece que inexistia interrogatório. Da mesma forma que no caso do companheiro de cela, o BGH recorre ao dispositivo que proíbe a coação em interrogatórios (§ 136a I StPO), que é aplicado de forma correspondente a situação de pessoas presas. Além disso, a atuação da vidente pode ser imputada ao Estado, uma vez que a polícia sabia da atuação da vidente e há vários anos se aproveitava disso.

BGHSt 44, 243, de 11 de novembro de 1998 (3º Senado). A decisão é de menor relevância; explico-a apenas porque Wolter a discute em detalhe. Simplificadamente, uma **interceptação telefônica**, licitamente ordenada pelo prazo de três meses, prosseguiu além desse prazo. O BGH nega a incidência de proibição de valorar a prova obtida pela medida extemporânea, reafirmando e aplicando as teses de que nem toda proibição de obtenção gera uma proibição de valoração e a teoria da ponderação, fundando essa ponderação em circunstâncias do caso, como a de ter havido um engano e não arbítrio de parte das instâncias de persecução.

II. Dispositivos legais relevantes

O autor pressupõe no seu público leitor uma certa familiaridade com as principais leis alemães pertinentes. Muitas vezes, essas leis são mencionadas de passagem, sem qualquer explicação, o que não raro nos levou a reformular a frase, inserindo nela essa explicação (cf. supra, A. III.). Os dispositivos presentes em leis alemãs são chamados apenas em alguns casos, como o da Lei Fundamental, de artigos (Artikel); o mais comum é que contenham parágrafos (Paragraphen), simbolizados por §. Optamos por não traduzir as ulteriores componentes de um dispositivo, para contornar a confusão que poderia advir do fato de que a componente imediatamente abaixo do parágrafo (§) chama-se Absatz, o que, em português, é difícil traduzir de outra forma que não por parágrafo. Evitaremos, na medida do possível, a nomenclatura alemã, preferindo usar apenas a simbologia:

assim, onde se leria em voz alta (de forma traduzida) "parágrafo 100a parágrafo um primeira frase número um" escreveremos "§ 100a I 1 n. 1". Um número arábico posto entre parênteses significa o mesmo que um número itálico: § 100a I equivale a § 100a (1). A primeira notação é mais difundida, a segunda encontra-se, entretanto, nos textos legais (e também nas nossas traduções desses textos).

Uma dificuldade adicional que tivemos ao traduzir os textos e que nos confronta no presente momento diz respeito às várias mudanças pelas quais passou a lei alemã nas últimas décadas, também por consequência do fortalecimento da ideia de reserva de lei. O leitor interessado em tomar conhecimento da redação exata de algum dispositivo em determinado momento – ao tempo de um ou de outro dos três artigos, ou mesmo atualmente – pode consultar o site lexetius.com, de que fizemos uso. Não é minha intenção, na presente introdução, fornecer um código de processo penal traduzido, e sim apenas uma ideia para evitar que o leitor tenha de guardar na cabeça dispositivos repetidamente citados. Por vezes, quando curtos, irei traduzi-los literalmente; quando longos, vou explicá-los brevemente. Esse anexo, ainda mais que o anterior, com lista de decisões, não foi pensado para leitura corrida, e sim exclusivamente para fins de consulta.

A leis serão citadas pela abreviatura alemã (cf. a lista de abreviaturas, supra). O gênero das leis será o gênero da tradução literal para o português (ex.: a GG, porque a Lei Fundamental; a StPO, porque a Ordenação Processual Penal). Leis menos importantes só serão aqui referidas. Algumas mais locais ou circunstanciais foram citadas pelo seu nome traduzido, para não impor ao leitor o ônus de memorizar uma tradução alemã. A lista se encontra no presente rodapé.[173]

1. Lei Fundamental (Grundgesetz, GG)

art. 1 I: "A dignidade do ser humano é intocável. Respeitá-la e protegê-la é obrigação de todo poder estatal."

---

173. Lei Bávara das Tarefas de Polícia = Gesetz über die Aufgaben und Befugnisse der Bayerischen Staatlichen Polizei (BayPAG); Lei Nacional de Proteção de Dados = Bundesdatenschutzgesetz (BDSG); Lei do Serviço Nacional de Inteligência = Gesetz über den Bundesnachrichtendienst (BNDG); Lei do Ofício Criminal Federal = Gesetz über das Bundeskriminalamt und die Zusammenarbeit des Bundes und der Länder in kriminalpolizeilichen Angelegenheiten (BKAG); Lei do Ofício Federal de Proteção à Constituição = Gesetz über die Zusammenarbeit des Bundes und der Länder in Angelegenheiten des Verfassungsschutzes und über das Bundesamt für Verfassungsschutz (BVerfSchG); Lei de Introdução à Lei de Organização Judiciária = Einführungsgesetz zum Gerichtsverfassungsgesetz (EGGVG); Lei sobre o Art. 10 = Gesetz zur Beschränkung des Brief-, Post- und Fernmeldegeheimnisses (Artikel 10-Gesetz – G 10); Lei de Hesse de Segurança e Ordem Pública = Hessisches Gesetz über die öffentliche Sicherheit und Ordnung (HSOG); Lei de Polícia da Renânia do Norte-Vestfália = Polizeigesetz des Landes Nordrhein-Westfalen (PolGNRW); Lei de Polícia da Saxônia = Polizeigesetz des Freistaates Sachsen (SächsPolG); Lei de Combate à Criminalidade Organizada = Gesetz zur Bekämpfung des illegalen Rauschgifthandels und anderer Erscheinungsformen der Organisierten Kriminalität (OrgKG); Lei de Polícia da Renânia-Palatinado = Polizei- und Ordnungsbehördengesetz Rheinland-Pfalz (POG-RP).

art. 1 III: "Os seguintes direitos fundamentais vinculam legislação, poder executivo e jurisprudência enquanto direito imediatamente vigente."

art. 2 I: "Todos têm o direito ao livre desenvolvimento de sua personalidade, desde que não lesionem os direitos de outros e não violem a ordem constitucional ou a lei moral".

art. 2 II: "Todos têm o direito à vida e à integridade corporal. A liberdade da pessoa é inviolável. Nesses direitos só é permitido intervir com base em uma lei."

art. 3 I: "Todos os seres humanos são iguais perante a lei."

art. 19 II: "Em nenhuma hipótese pode um direito fundamental ser tocado em seu conteúdo essencial".

art. 19 IV: "É garantido o acesso à justiça a quem tiver seus direitos violados pelo poder público. ..." (literalmente: ihm steht der Rechtsweg offen; o dispositivo equivale, assim, ao nosso art. 5º XXXV CF).

art. 79 III: "Não é permitida mudança nessa Lei Fundamental que toque na estruturação da federação em Länder, nos princípios relativos à participação dos Länder na legislação ou nos princípios que descansam nos arts. 1 e 20."

art. 103 I: "Em juízo, todos têm o direito de ser ouvido." O dispositivo é de tradução especialmente delicada: ele fala em rechtliches Gehör, que, grosseiramente, corresponde àquilo que nós chamamos de contraditório, de modo que o dispositivo se assemelha fortemente ao nosso art. 5º LV CF, uma vez que o conteúdo desse direito é também o de não ter a esfera afetada por uma decisão a respeito da qual não se teve oportunidade de manifestar-se.[174] Fizemos, assim, uso do termo contraditório.

art. 104 I: "A liberdade da pessoa só pode ser restringida com base em uma lei formal e só respeitando as formalidades ali prescritas. ..."

2. Código de Processo Penal alemão (Strafprozessordnung, StPO)

Os dispositivos da StPO, diferentemente dos da GG, têm títulos oficiais. Minha recomendação de leitura é no sentido de que o leitor cultive uma certa despreocupação com o teor concreto de cada dispositivo.

§ 52. "Direito de recusar testemunho de parentes do imputado.

(1). Têm o direito de recusar o testemunho:

1. O noivo do imputado ou a pessoa, diante da qual o imputado assumiu o compromisso de fundar uma parceria de vida;

2. o cônjuge do imputado, ainda que o matrimônio não mais subsista;

---

174. *Remmert*, in: Maunz/Dürig, Grundgesetz-Kommentar, 81. EL September 2017, Art. 103 I nm. 20 e ss., 61 e ss.

2a. o parceiro de vida do imputado, ainda que a parceria de vida não mais subsista;

3. quem é ou era parente do imputado em linha direta, seu cunhado, ou parente colateral até o terceiro grau ou cunhado até o segundo grau."

(2) ...

(3) As pessoas a quem assiste o direito de recusar o testemunho ... têm de ser instruídas desse direito antes de todo interrogatório. ..."

§ 53: "Direito de recusar testemunho de portadores de segredo profissional". O dispositivo menciona, entre outros, o sacerdote, o advogado, parlamentares, jornalistas, e não prevê (diferentemente do dispositivo anterior) um dever de esclarecimento.

§ 55. "Direito de recusar informação.

(1) Toda testemunha pode recusar a informação diante de perguntas, cuja resposta levaria ela mesma ou um dos parentes mencionados no § 52 I ao perigo de ser perseguido por crime[175] ou por contraordenação.

(2) A testemunha tem de ser informada desse direito a recusar informação."

§ 68a. "Restrições ao direito de perguntas por razões de proteção à personalidade.

(1) Perguntas sobre fatos que podem levar à desonra da testemunha ou de pessoa que é seu parente no sentido do § 52 I, ou digam respeito à vida pessoal delas, só devem ser feitas, quando tal for indispensável.

§ 97. "Proibição de apreensão.

(1) Não estão submetidos à apreensão:

1. comunicação escrita entre o imputado e pessoas que estão autorizadas a recusar testemunho segundo os § 52 ou § 53 I n. 1 a n. 3b;

2. registros feitos pelas pessoas mencionadas no § 53 I n. 1 a n. 3b sobre a comunicação que lhes foi confiada pelo imputado ou sobre outras circunstâncias compreendidas pelo seu direito de recusar testemunho;

3. outros objetos, inclusive os resultados de exame médico, compreendidos pelo direito de recusar testemunho do § 53 I n. 1 a n. 3b.

(2) Essas restrições valem apenas quando os objetos se encontram na guarda da pessoa autorizada a recusar testemunho (...). As restrições à apreensão não valem quando fatos determinados fundamentam a suspeita de que a pessoa autorizada a recusar testemunho concorre para o fato ou para uma receptação de dados, um favorecimento pessoal, um favorecimento real ou uma receptação, ou de que

175. Sobre o conceito de crime aqui utilizado cf. supra B. II. 2. c).

se trate de objetos que foram produzidos por um crime ou que foram utilizados para a comissão de um crime ou a tanto se destinam, ou que provêm de um crime.

§§ 98a. "Busca padronizada computadorizada (Rasterfahndung).

(1) Se existirem pontos de apoio fáticos suficientes no sentido de que foi cometido um crime de considerável importância

1. no âmbito do comércio ilegal de entorpecentes ou de armas, de falsificação de moeda ou assimilados,

2. no âmbito da proteção do Estado (§§ 74a, 120 GVG)

3. no âmbito dos delitos de perigo comum,

4. contra o corpo ou a vida, a integridade física ou a liberdade pessoal,

5. profissional ou habitualmente,

6. por membro de um bando ou organizado de outra forma,

é permitido, sem prejuízo no disposto nos §§ 94, 110, 161, comparar, por meio de máquina, dados referidos a pessoas de pessoas que realizam características supostamente comuns ao autor, com outros dados, para excluir não-suspeitos ou encontrar pessoas que realizam outras características relevantes para as investigações. A medida só pode ser imposta se o esclarecimento do fato ou o descobrimento do local em que se encontra o autor fossem, de outro modo, seriam consideravelmente menos promissores ou se veria fundamentalmente dificultados.

(2) ..."

§§ 100a e ss.: A StPO regula aqui boa parte dos métodos secretos de investigação, em dispositivos bastante extensos e detalhados, que, ademais, sofreram várias modificações entre um e outro estudo (e os dias de hoje).

§ 108. "Apreensão de outros objetos.

(1) Se, por ocasião de uma busca, forem encontrados objetos que, apesar de não apresentarem relação com investigação, apontam para o cometimento de outro crime, esses objetos são de apreender-se provisoriamente. ...

(2) Se forem encontrados com um médico objetos no sentido do Abs. 1 S. 1, que digam respeito a uma interrupção da gravidez por uma paciente, é ilícito valorá-los para fins probatórios em um processo penal contra a paciente por um delito segundo o § 218 do Código Penal.[176]

(3) ..."

§ 110a. "Agente encoberto.

---

176. Trata-se do delito de aborto.

(1) Agentes encobertos podem ser utilizados para o esclarecimento de crimes, quando existirem pontos de apoio fáticos suficientes no sentido de que foi cometido um crime de considerável importância

1. no âmbito do comércio ilegal de entorpecentes ou de armas, de falsificação de moeda ou assimilados,

2. no âmbito da proteção do Estado (§§ 74a, 120 GVG)

3. profissional ou habitualmente,

4. por membro de um bando ou organizado de outra forma.

Agentes encobertos podem também ser utilizados para o esclarecimento de crimes em sentido estrito, desde que subsista perigo de repetição, fundado em fatos de determinados. A utilização só é permitida se o esclarecimento for, de outro modo, impossibilitado (aussichtslos) ou fundamentalmente dificultado. Agentes encobertos podem ser utilizados para o esclarecimento de crimes em sentido estrito também quando a especial relevância do fato demanda essa utilização e outras medidas fossem inócuas (aussichtlos).

(2) Agentes encobertos são funcionários públicos da polícia, que investigam sob uma identidade modificada que lhes é concedida de forma duradoura (legenda). Eles podem participar do comércio jurídico sob a legenda.

(3) Na medida em que isso se fizer indispensável para o estabelecimento ou a manutenção da legenda, os documentos correspondentes poderão ser produzidos, modificados e utilizados."

§ 136. "Primeiro interrogatório.

(1) Ao início do primeiro interrogatório, é de esclarecer-se ao imputado sobre o fato que lhe é atribuído e sobre os dispositivos penais possivelmente aplicáveis. É de se lhe apontar que, segundo a lei, ele está livre para prestar declarações sobre a imputação ou para nada declarar sobre a causa, e para, a todo momento, também já antes do interrogatório, formular perguntas a um advogado de sua escolha. ..."

136a. "Métodos proibidos de interrogatório. Proibições de valoração da prova.

(1) A liberdade da determinação e da atuação da vontade do imputado não pode ser prejudicada por maus tratos, cansaço, intervenções corporais, ministração de substâncias, imposição de sofrimento, fraude ou hipnose. Coação só pode ser imposta, na medida em que o permite o direito processual penal. A ameaça de uma medida não permitida segundo esses dispositivos e a promessa de uma vantagem não prevista legalmente são proibidas.

(2) Não são permitidas medidas que prejudicam a memória ou a capacidade de conhecimento do imputado.

(3) A proibição dos Abs. 1 e 2 vale independentemente de um consentimento do imputado. Declarações que surjam sob violação dessa proibição não podem ser valoradas, nem mesmo se o imputado concordar com a valoração."

§§ 153, 153a e ss.: Dispositivos que preveem o princípio da oportunidade, grosso modo, autorizando, na fase de investigação preliminar, o ministério público, e, após a propositura da denúncia, o juízo, a "arquivar" (einstellen), isto é, a extinguir o processo sem julgamento do mérito se presentes certas condições – entre as quais, em regra, que a imputação se refira a delito em sentido estrito.

§ 160. "Dever de esclarecimento do fato.

(1) Tão logo o ministério público obtenha, por meio de uma notícia ou por outra via, conhecimento da suspeita de um crime, tem ele de investigar o fato para tomar sua decisão sobre a propositura da ação penal pública.

(2) ..."

§ 161. "Faculdade geral de investigação do ministério público.

(1) Para o fim designado no § 160 Abs. 1 a 3, é facultado ao ministério público demandar informações de todos os órgãos públicos e realizar investigações de toda sorte, ou por atuação própria, ou por meio dos órgãos e funcionários da polícia, desde que outros dispositivos legais não regulem essas faculdades de forma especial. Os órgãos e funcionários da polícia estão obrigados a cumprir os requerimentos ou a incumbência do ministério público e, nesse caso, lhes é facultado demandar informações de todos os órgãos públicos.

(2) ..."

§ 163. "Tarefas da polícia na investigação preliminar.

(1) Os órgãos e funcionários da polícia têm de investigar delitos e tomar as medidas inadiáveis para impedir um obscurecimento dos fatos. Para esse fim, é-lhes facultado requerer informações de todos os órgãos públicos e, havendo perigo na demora, de demandar essas informações, bem como realizar investigações de toda sorte, desde que outros dispositivos legais não regulem essas faculdades de forma especial.

(2) ..."

§ 168c. "Direito de presença em interrogatórios judiciais.

...

(5) As pessoas com direito de presença têm de ser anteriormente notificadas da hora e local do interrogatório. Não se procederá à notificação se ela pusesse em risco o êxito das investigações. ..."

§ 244. ... "Princípio da investigação; ...

...

(2) O juízo tem, para investigar a verdade, de estender de ofício a produção da prova a todos os fatos e meios de prova relevantes para a decisão.

..."

§ 252. "Proibição de leitura de protocolo após recusa a testemunhar.

Não pode ser lida a declaração de uma testemunha interrogada na audiência que apenas então faz uso de seu direito de recusar testemunho." Para uma explicação do dispositivo, que é entendido não apenas como proibição de que se leiam em voz alta na audiência os protocolos oriundos da investigação preliminar, mas também que se interrogue, como testemunha de ouvir-dizer, o investigador que colheu esse depoimento, com base em um caso, cf. acima, I., Caso Sedlmayr.

§ 261. "Princípio da livre apreciação judicial da prova.

"O juízo decide sobre o resultado da produção da prova segundo a sua convicção livremente construída a partir do conjunto da audiência."

§§ 474 e ss.: O 8º (e último) Livro da StPO é todo ele dedicado à Proteção e Utilização de Dados, para atender aos princípios delineados nos itens B. I. 2., 3. acima.

DIGNIDADE HUMANA E LIBERDADE NO PROCESSO PENAL*

O ano de 1989 ofereceu farto ensejo para uma reflexão sobre dignidade humana e liberdade no processo penal. Quarenta anos da Lei Fundamental e de uma jurisprudência constitucional protetora dos direitos fundamentais[1] – 200 anos da Revolução Francesa e da Declaração dos Direitos do Homem e do Cidadão[2] – aproximadamente 200 anos da Constituição dos Estados Unidos da América com o Bill of Rights na forma das primeiras emendas:[3] 1789 – 1787/91 – 1949 são os três pilares históricos para uma reflexão.

A julgar pela situação da jurisprudência, da ciência e do planejamento legislativo alemães para o começo da década de noventa, não se pode divisar um quadro animador. A dignidade humana e a liberdade no processo penal experimentam retrocesso.[4] Os seus respectivos alcances permanecem, tal como antes, por esclarecer. Elas cedem, muitas vezes, diante da capacidade de funcionamento da administração da justiça penal, dos anseios por segurança por parte da popu-

---

* Tradução: Alaor Leite.

1. Este artigo reflete em parte a minha aula inaugural como professor na Universidade de Regensburg, em 13.07.1989, sobre os "40 anos da Lei Fundamental – Jurisprudência constitucional e direito processual penal"; vejam-se ainda *Grimm,* NJW 1989, 1305; *Kirchhof,* JZ 1989, 453; *Schenke,* JZ 1989, 653.

2. A esse respeito, *Hofmannn,* JuS 1988, 841; *idem,* NJW 1989, 3177; *Starck,* JZ 1989, 601.

3. *Brugger,* Grundrechte und Verfassungsgerichtsbarkeit in den Vereinigten Staaten von Amerika, 1987, 104 e ss., 302 e ss., 454 e ss. (textos); *Steinberger,* 200 Jahre amerikanische Bundesverfassung, 1987.

4. Sobre o fato de a garantia da dignidade humana abranger tanto um direito de liberdade quanto um *direito de igualdade,* compare-se *Richter/Schuppert,* Casebook Verfassungsrecht, 1987, 71, 75; ver ainda os dispositivos centrais dos arts. 2 I e 3 I GG.

lação e também do chamado "direito fundamental à segurança".[5] O processo penal não se entende mais apenas como Magna Charta destinada a defender o afetado dos perigos para sua liberdade ou a prevenir esses mesmos perigos; converteu-se, antes, em um instrumento para arrostar os perigos para a administração da justiça penal – mais do que isso: em um instrumento orientado a exercitar a prevenção, no sentido de evitação de fatos puníveis. O direito processual penal encontra-se, no mais tardar a partir do Projeto de Lei de Reforma do Processo Penal de 1989, em um ponto de inflexão. Dignidade humana e liberdade, a despeito de sua intocabilidade, são ponderados com os interesses da administração da justiça penal e de prevenção. Com a ajuda do princípio da proporcionalidade, a dignidade humana e a liberdade são, ao fim e ao cabo, anuladas. Afinal, sempre haverá formas graves de criminalidade, situações que revelem uma suspeita de grandes proporções ou interesses de prevenção que façam a efetividade da administração da justiça penal e a segurança dos cidadãos como um interesse do bem comum parecerem mais substanciais do que a garantia da dignidade humana do indivíduo em um processo penal fundado na ideia de liberdade.[6]

I. Alcance da dignidade humana no processo penal

1. Função garantidora dos direitos fundamentais do direito processual e a ordem objetiva de valores subjacente ao capítulo dos direitos fundamentais

Não devem ser diminuídos, a partir dessa avaliação pessimista, os grandes méritos do Tribunal Constitucional (BVerfG) – em parte passíveis de atribuição também ao Bundesgerichsthof e à ciência do processo penal – na determinação e no reconhecimento das indisponíveis dignidade humana e liberdade no processo penal. Inúmeros impulsos para a consolidação da inviolabilidade da dignidade das pessoas no processo penal são devidos ao BVerfG, por levar em consideração tanto a função (negativa) de defesa (Abwehrfunktion) e o imperativo de respeito (Achtungsanspruch), quanto a função (positiva) de proteção (Schutzfunktion) dos direitos fundamentais.[7] Nos termos do art. 1 I 2 GG, constitui obrigação de todos os poderes estatais não apenas observar, como proteger a inviolável dignidade humana. Em razão disso, o BVerfG reconheceu a *função do direito processual*

---

5. (N.E.) Cf. Introdução, B. I. 4.

6. Com maiores detalhes a esse respeito *Hassemer,* Maihofer-Festschr., 1988, 184, 204; ver também *Krauß,* StV 1989, 315; *Schoreit,* DRiZ 1989, 259; *idem,* StV 1989, 449; *Strate,* DuR 1989, 245; *idem,* StV 1989, 406; *Wolter,* StV 1989, 358, 371 com referências ao do Projeto de Lei de Reforma do Processo Penal 1988 (estado: 3.11.1988), que encontrou no Projeto de Lei de Reforma do Processo Penal 1989 (data de consulta: 26.6.1989) um sucessor (p. 359, 371 com referências à guinada da repressão à prevenção).

7. (N.E.). Cf., sobre o significado de todos esses termos na teoria dos direitos fundamentais, a Introdução, B. I. 1.

de garantir os direitos fundamentais,[8] originada na teoria do Estado, também para a audiência de instrução e julgamento[9] e para o processo de execução.[10] A extensão dessa função protetora da dignidade e da liberdade também para a investigação preliminar e para o processo intermediário (Zwischenverfahren)[11] seria o passo consequente,[12] tendo em vista o *caráter objetivo da ordem de valores* subjacente ao capítulo dos direitos fundamentais da Lei Fundamental, em cujo cerne encontram-se a dignidade da pessoa e o livre desenvolvimento de sua personalidade.[13] Em sua função objetiva, os direitos fundamentais são resistentes, ao menos no âmbito nuclear dos espaços de liberdade que representam, ao poder do Estado e garantem *proteção contra perigos.*[14] Nos casos concretos, os direitos fundamentais instauram, com o seu núcleo fincado na dignidade humana, *direitos de participação*[15] do afetado no processo penal, dirigidos contra o Estado, bem como outras garantias processuais.[16] Dignidade humana e liberdade no processo penal não significam apenas negativamente ausência de coação, mas positivamente a chance, garantida pelos direitos fundamentais, de desenvolvimento da personalidade e de autodeterminação.[17]

---

8. *Niemöller/Schuppert,* AöR 107 (1982), 403.

9. BVerfGE 57, 274 e s.; 74, 371; mais referências em *Niebler,* Kleinknecht-Festschr., 1985, 303 e ss.

10. BVerfGE 70, 307 e s.

11. (N.E.). Cf. a Introdução, B. II. 1.

12. *Wolter,* SK-StPO, 1986 e ss., vor § 151 nm. 22.

13. BVerfGE 6, 40; 7, 205; 12, 53; 30, 39; 35, 225; 49, 56, 142; BGHSt 31, 299; *Alexy,* Theorie der Grundrechte, 1986, 18, 138 e ss.; *Hofmann,* NJW 1989, 3185 e s.; *Paeffgen,* Vorüberlegungen zu einer Dogmatik des Untersuchungshaftrechts, 1986, 71; compare-se ainda *Krauß,* SchwJT-Festg., 1985, 185; crítico, *Grabitz,* AöR 98 (1973), 609; *Schenke,* JZ 1989, 657; *Scholderer,* KJ 1987, 117.

14. *Hofmann,* NJW 1989, 3185; claramente nesse sentido: art. 2 CEDH; arts. 4, 11 III CADH (impressa em EuGRZ 1980, 435); arts. 6, 17 II, 23 I, 24 I, 26 PIDCP – a esse respeito, *Nowak,* CCPR-Kommentar, 1989, art. 2 nm. 20 e s., art. 17 nm. 6; sobre a interpretação dos direitos fundamentais contidos no art. 1 II GG à luz das convenções, BVerfGE 74, 370; *Jarass,* in *Jarass/Pieroth,* GG, 1989, art. 1 nm. 12; sobre a exclusão da reclamação individual nos termos do direito positivo alemão a partir do PIDCP, *Krey,* Strafverfahrensrecht, vol. 1, 1988, nm. 161.

15. (N.E.) Sobre o sentido dessa expressão cf. Introdução, B. I. 1.

16. Compare-se *Grimm,* recht (Bern) 1988, 41 e ss.; *idem,* NJW 1989, 1308 (também sobre o fato de que os deveres de proteção do Estado podem ser desenvolvidos a partir do conteúdo objetivo dos direitos fundamentais, que já *de lege lata,* no sentido de um "mínimo processual", não podem adquirir por completo uma natureza "excepcional"; ver também *Breuer,* BVerwG-Festg., 1978, 119, com outro contexto).

17. *Grabitz,* AöR 98 (1973), 608 e s.

2. *Deveres de proteção do Estado e perigos para os direitos fundamentais; medidas processuais de proteção*

Novamente afigura-se um grande mérito do BVerfG ter tornado fecunda, sob vários aspectos, a ideia dos deveres estatais de proteção no processo penal, que pode ser extraída sobretudo do art. 1 I 2, segunda alternativa GG, que enuncia, após declarar intocável a dignidade humana, que "respeitá-la e *protegê-la* é dever de todo poder estatal". O BVerfG não apenas consolidou o *princípio do processo equitativo*, que a tudo subjaz;[18] mais do que isso, no âmbito da proteção da saúde e da vida, considerou então o *perigo concreto* para esses direitos fundamentais (no caso de prosseguimento de um processo criminal) como *violação em sentido amplo de direito fundamental.*[19] Assim, para além dos limites do § 53 StPO[20] e com recurso direto à Constituição a partir do dever processual de assistência (prozessuale Fürsorgepflicht),[21] a uma testemunha poderia ser garantido o direito de recusa a depor, desde que doutro modo a sua esfera de intimidade estivesse concretamente ameaçada.[22] Em consequência do reconhecimento do "*direito à autodeterminação informacional*", o BVerfG antecipou ainda mais essa proteção ao exigir *mecanismos processuais de proteção.*[23-24] Isso não significa, naturalmente, que os perigos (abstratos) decorrentes da obtenção de informação e do processamento (automatizado) de dados conduzidos pelo Estado devam ser considerados como violação de um direito fundamental em sentido amplo. De todo modo, esses mecanismos processuais de proteção devem conduzir, como medidas de preparação de asseguramento do direito ao contraditório (rechtliches Gehör)[25] e manifestações de um controle judicial prévio (vorgezogener Rechtsschutz),[26] sobretudo como diretivas de ação ao legislador, a um fortalecimento do controle do juiz de garantias[27] e à criação de regras sobre a vinculação das informações

---

18. BVerfGE 38, 111; 57, 275 e s.; 70, 307 e s.; *Roxin,* Strafverfahrensrecht, 21ª ed. 1989, § 11 V; *Hassemer,* Maihofer-Festschr., 198; *Rogall,* SK-StPO, vor § 133 nm. 101 e ss.; relativizando, *Wolter,* SK-StPO, vor § 151 nm. 54.

19. BVerfGE 51, 346 e s.

20. (N.E.). O dispositivo prevê direitos de recusar-se a testemunhar por razões profissionais, cf. Introdução, C. II. 2.

21. (N.E.). Sobre o dever processual de assistência cf. Introdução, B. II. 2. b).

22. BVerfGE 53, 374.

23. BVerfGE 63, 143; 65, 46; 67, 142; compare-se ainda BVerfGE 49, 142; 53, 57; em detalhes, *Wolter*, SKStPO, vor § 150 nm. 90 e s.; sobre o desenvolvimento ulterior, também para além da obtenção automatizada de informação e da análise dos dados, BVerfGE 78, 84; BVerfG NJW 1988, 3009; crítico, *Rogall*, GA 1989, 319.

24. (N.E.) Sobre a autodeterminação informacional cf. Introdução, B. I. 3.

25. (N.E.) Optamos por traduzir "rechtliches Gehör", insculpido no art. 103 I GG, mais literalmente algo como o direito a ser ouvido em um processo jurídico, como direito ao contraditório, cf. Introdução, C. II. 1.

26. BVerfGE 65, 46; *Rogall,* SK-StPO, vor § 133 nm. 113.

27. BVerfG StV 1990, 2; *Rudolphi,* SK-StPO, § 100 nm. 9, § 110 nm. 1; *Welp,* JZ 1972, 423 e ss.; *Wolter,* Armin Kaufmann-Gedächtnisschr., 1989, 780; ver também *Amelung,* NJW 1988, 1006.

a uma determinada finalidade, sobre o apagamento de dados, sobre a valoração de provas encontradas fortuitamente e, ainda, sobre a notificação do afetado a respeito do levantamento ou uso de seus dados.[28] Por fim, esses mecanismos devem conduzir, em geral, à prevenção, tanto antes quanto possível, de perigos aos direitos fundamentais, bem como de que estes se vejam esvaziados em seu conteúdo.

3. Objeto do processo e "esfera intocável da vida privada"[29]

No que se refere à determinação da dignidade humana e do real núcleo e conteúdo ligado à dignidade humana dos direitos de liberdade,[30-31] a jurisprudência e a ciência ainda não prosperaram na tarefa de desenvolver critérios vinculantes.[32] Nesse mister, costuma-se remeter amiúde às especificidades do caso concreto.[33] É verdade que, com a doutrina oriunda do liberalismo, no sentido de que o afetado não pode ser *degradado a objeto do processo* ("fórmula da objetificação"; Objektsformel)[34] e de que não é permitido o ingresso no seu *intoc*ável âmbito *da vida privada* ("teoria das esferas"),[35] adquiriu-se uma primeira (vaga[36]) diretriz.[37] A

---

28. Com mais detalhes, *Rudolphi,* SK-StPO, vor § 94 nm. 51; *Wolter,* GA 1988, 88e s., 140 e s.; *idem,* StV 1989, 369 e ss.

29. (N.E.) Sobre essa esfera nuclear da vida privada e sobre o conceito de intocabilidade, cf. Introdução, B. I. 1.

30. Sobre o conteúdo de dignidade humana dos arts. 2 e ss. GG, inerente, em regra, a qualquer direito fundamental nos termos dos arts. 1 I, 79 III GG (nm. 154) – mesmo àqueles direitos fundamentais submetidos à reserva de lei –, cf. *Pieroth/Schlink,* Grundrechte, Staatsrecht II, 5ª. ed. 1989, nm. 377 e ss.; *Wolter,* StV 1989, 364; BK-*Zippelius,* Drittbearb. 1989, art. 1 I e II nm. 13, 19, 97.

31. (N.E.) Sobre o conteúdo de dignidade (Menschenwürdegehalt) dos específicos direitos fundamentais, cf. Introdução, B. I. 1.

32. Sobre a crítica de que essa tarefa talvez não seja mesmo realizável, *Plagemann,* NStZ 1987, 570; *Pieroth/Schlink* (n. 30), nm. 435; vejam-se também *Geppert,* JR 1988, 474; *Gössel,* JZ 1984, 362; BK-*Zippelius* (n. 30), nm. 38.

33. BVerfGE 30, 25; 34, 248; BVerfG StV 1990, 1; comparar também *Peters,* DJT 1966, 157; *Richter/Schuppert* (n. 4), 68.

34. BVerfGE 5, 204; 7,205; 9, 95; 38,114; 57, 275; 63, 143; LG Hannover StV 1986, 522; *Krauß,* SchwJT-Festg., 198.

35. BVerfGE 6, 41,433; 27, 6, 350 e s.; 34, 248; 35, 220; 38, 320; 67, 144; 75,380; BVerfGStV 1990, 1; JZ 1987, 1119; BGH (Z) NJW 1988, 1017; BGHSt 5, 332 e s.; 31, 299 e s.; BGH StV 1989, 390; BayObLG StV 1989, 523; OLG Hamm NStZ 1988, 515; KG NJW 1980, 894; LG Saarbrücken NStZ 1988, 424 e s.; *A. Arndt,* NJW 1961, 900; *Dalakouras,* Beweisverbote bezüglich der Achtung der Intimsphäre, 1988, 86 e ss., 268 e ss.; *Geppert,* JR 1988, 473; *Gössel,* NJW 1981, 656; *Herrmann,* Jescheck-Festschr., 1985, 1294; KK-*Pelchen,* StPO, 2ª ed. 1987, vor § 48 nm. 37; *Rohlf,* Der grundrechtliche Schutz der Privatsphäre, 1980, p. 225 e ss.; *Rüping,* ZStW 91 (1979), 359; LR-*Schäfer,* StPO, 24ª ed. 1988, § 97 nm. 9, § 100a nm. 44. Sobre as "teorias das esferas" cf. a n. 138.

36. *Benda,* ARSP Beih. 22 (1985), 27; *Vitzthum,* JZ 1985, 206; ver também BVerfGE 30, 25.

37. Nesse sentido, seria criticável limitar a "despersonalização" da pessoa a um tratamento "desprezível" (assim contudo, BVerfGE 30, 25 e s., com ulterior e duvidosa argumentação; em sentido contrário, o voto divergente em 30, 39 e s.; ver também BVerfGE 38,114; *Elles,* RuP 1988, 176, n. 32).

jurisprudência do BVerfG e do BGH, por sua vez, concretizou de várias maneiras essas diretrizes em casos específicos, a saber: o da construção de um perfil completo de personalidade;[38] de obtenção de dados íntimos ou de autoincriminações no âmbito do processamento de informações;[39] a de uma degradante violação à honra;[40] de instalação e utilização de aparelhos de escuta em residências;[41] do aproveitamento de possibilidades técnicas de escuta no interior de uma residência familiar ("conversa ambiental"[42]);[43] provocação de autoincriminação ao telefone causada pelo aproveitamento de uma relação de confiança e com circunvenção aos §§ 100a, b StPO;[44] a extração de informações de um preso provisório por um pessoa de confiança (V-Mann);[45-46] segundo uma controvertida posição, também a utilização de um detector de mentiras,[47] bem como a valoração de um diário ou de apontamentos similares.[48]

38. BVerfGE 27, 6 e s.; 65, 42; 67, 144; *Benda,* Geiger-Festschr., 1974, 36 e s.; *Rogall,* GA 1985, 26; *v. Mangoldt/Klein/Starck,* GG, 3ª ed. 1985, art. 1 I nm. 63, 72; *Wolter,* GA 1988, 141; BK-*Zippelius* (n. 30), Art. 1 I e II nm. 98.

39. BVerfGE 65, 46; 67, 144.

40. BVerfGE 75, 380; compare-se ainda *Maunz/Dürig,* GG, Art. 1 I nm. 41; *v. Mangoldt/Klein/Starck* (n. 38), art. 1 I nm. 70, 2 I nm. 117; *Pieroth/Schlink,* nm. 408.

41. BVerfGE 65, 40; veja-se ainda *Benda,* Gefährdungen der Menschenwürde, 1975, p. 17 e ss.; ARSP Beih. 22 (1985), 31; *idem,* Geiger-Festschr., p. 29 e ss.; *Hassemer,* Maihofer-Festschr., p. 200 e ss.; *idem,* Rechtsstaat und menschliche Würde, 1968, p. 127; *Rohlf* (n. 35), p. 161; § 163e s. III do projeto de trabalho BMJ 1986 (impresso em *Bull,* Sicherheit durch Gesetze?, 1987, p. 238 e s.); contudo, ver também AK-*Podlech,* GG, 2ª ed. 1989, art. 1 I nm. 39; *v. Mangoldt/Klein/Starck,* art. 2 I nm. 68, 70; de forma mais restritiva, LR-*Rieß,* § 163 nm. 45. Ver ainda n. 115.

42. (N.E.) Cf. sobre a decisão no caso da chamada conversa ambiental (Raumgespräch), Introdução, C. I.; ali também sobre as principais decisões citadas nas notas seguintes.

43. BGHSt 31, 299.

44. BGHSt 31, 308, remetendo à conformidade do processo ao Estado de Direito; *Fezer,* Strafprozeßrecht, 1986, caso 16 nm. 22; crítico, *Gössel,* JZ 1984, 364; ver (no entanto) OLG Hamm NStZ 1988, 515 com o comentário de *Krehl,* StV 1988, 376 e s. (além disso, também *Amelung,* NStZ 1988, 516 e s.; *J. Meyer,* NStZ 1983, 468).

45. BGHSt 34, 363 (malversação da prisão preventiva como método de coação para uma finalidade estranha à ordem jurídica processual no sentido dos §§ 136a, 163a IV 2; veja-se também KK-*Boujong,* § 136a nm. 29; *Geppert,* JK § 136a nm. 3; LR-*Hanack,* § 136a nm. 47); com outra fundamentação, LG Hannover StV 1986, 522; *Reichert/Hammer,* JuS 1989, 448; *Strate,* DuR 1989, 246 e s.; *Wagner,* NStZ 1989, 34 (fraude no sentido do § 136a; de forma diversa, *I. Roxin,* Die Rechtsfolgen schwerwiegender Rechtsstaatsverstöße in der Strafrechtspflege, 1988, p. 123 e s.; *Wolter,* SK-StPO, vor § 151 nm. 124 e s., com referências e proposta de solução comparável; ademais, *Fezer,* JZ 1987, 998; *Grünwald,* StV 1987, 471; *Kramer,* Jura 1988, 523; *Rogall* SK-StPO, § 136a nm. 55).

46. (N.E.) Sobre os termos "circunvenção" e "extração de informações" cf. Introdução, A. III.; sobre o homem de confiança, Introdução, B. II. 2. c).

47. BGHSt 5, 335; deixado em aberto em BVerfG NJW 1982, 375; *Maunz/Dürig,* art. 2 I nm. 35; *Rogall* SK-StPO, § 136a nm. 76.

48. LG Saarbrücken NStZ 1988, 424; *Dahs, Herdegen, Widmaier* in: DAV, Wahrheitsfindung und ihre Schranken, 1989, p. 130, 110, 37; *Dalakouras* (n. 35), p. 204, 212 e ss.; *Gössel,* NJW 1981, 656; *Herrmann,* Jescheck-Festschr., p. 1294; *Rohlf* (n. 35), 227 n. 188; *Wolter,* Armin Kaufmann-Gedächtnisschr., p. 769; (sobre a incidência do art. 4 GG *Amelung* NJW 1988, 1002; contrário, *Roxin* [n. 18], § 24D III 2d); contrário, BVerfG StV 1990, com comentário em sentido contrário de *Wolter,* StV 1990,

De resto, repousa amplo consenso sobre a natureza violadora da indisponível dignidade humana[49] das seguintes condutas: violações às proibições de tortura e de tratamento degradante segundo o art. 104 I 2 GG e § 136a StPO,[50] bem como da utilização de outros métodos de investigação proibidos pelo § 136a StPO, dispositivo que – com exceção de alguns casos de fraude[51] – deve ser compreendido como uma expressão da ideia de dignidade humana; além disso, violações à presunção de inocência,[52] que se extrai do direito geral de personalidade (art. 1 I, 2 I GG), ou ao princípio do *nemo tenetur*.[53] O mesmo deveria valer caso se revelasse o programa genético a partir de uma análise do genoma humano ("impressão digital genética"), com o auxílio de minissatélites decodificadores,[54] ou caso se impusesse uma proibição de contato com o advogado que extrapolasse em muito os limites dos §§ 31 e ss., 34 da Lei de Introdução à Lei de Organização Judiciária,[55-56] ou caso se submetesse o afetado a insuportáveis condições carcerárias.[57]

175; BayObLG NJW 1979, 2626; *v. Mangoldt/Klein/Starck*, art. 1 I nm. 43; *BK-Zippelius*, art. 1 I e II nm. 89; ver também *Geppert*, JR 1988, 474.

49. *Lammer*, ZRP 1989, 248; sobre a intensidade mais fraca, se comparada à tortura, do tratamento (extremamente) desumano, cruel e degradante e igualmente violador do art. 1 I GG, ver os arts. 3 CEDH, 5 II CADH, 7 PIDCP (n. 14); *Nowak* (n. 14), art. 7 nm. 5 e ss.; abaixo, III. 3.

50. Sobre o estado da discussão, LR-*Hanack*, § 136a nm. 4, 16, 33, 35 e ss.; *Rogall*, SK-StPO, § 136a nm. 54e ss.; *Wolter*, SK-StPO, nm. 123, vor § 151.

51. *Hassemer*, Maihofer-Festschr., 203; *Grünwald*, StV 1987, 457; *Wolter* SK-StP0, nm. 26, 142, vor § 151, com referências; veja-se também Art. 6 II CEDH, 8 II CADH, 14 II PIDCP.

52. *Hassemer*, *Wolter*, citado acima; compare-se ainda Art. 14 III g PIDCP; sobre a liberdade de depor, *Grünwald* citado acima.

53. *Grünwald* e *Hassemer*, citados acima, incluem aqui também o princípio do *ne bis in idem* nos termos do art. 103 III GG (compare-se ainda art. 8 IV CADH, 14 VII PIDCP). O art. 1 I GG estaria certamente violado caso, nos termos da 5ª emenda da Constituição americana, alguém fosse submetido pela segunda vez pelo mesmo fato, por meio de um processo, a perigo à sua vida ou à sua integridade física; sobre o núcleo do art. 103 III GG *Pieroth* in *Jarass/Pieroth*, art. 103 nm. 30; BK-*Rüping*, Art. 103 III nm. 21.

54. *Keller*, NJW 1989, 2269; *Rademacher*, StV 1989, 549; compare-se também *Jung*, MSchrKrim 72 (1989), 103; *Sternberg/Lieben*, NJW 1987, 1246; *Steinke*, NJW 1987, 2914; próximo, BK*Zippelius*, art. 1 I e II nm. 98.

55. A esse respeito, BVerfGE 49, 24; *v. Mangoldt/Klein/Starck*, art. 1 I nm. 46; *Jarass* in *Jarass/Pieroth*, art. 104 nm. 5; BK-*Zippelius* citado acima, nm. 58.

56. (N.E.) A proibição ou bloqueio de contato ("Kontaktsperre") tem por conteúdo proibir o contato entre imputado e advogado. Essa excepcionalíssima medida foi introduzida em 1977, quando se suspeitava de que os terroristas da Rote Armee Fraktion, apesar de presos e isolados um dos outros, coordenassem seus ataques por meio dos advogados que a eles tinham acesso. A medida, que teve a sua constitucionalidade confirmada pelo Tribunal Constitucional (BVerfG 49, 24), permanece controvertida (negando a constitucionalidade *Roxin/Schünemann*, Strafverfahrensrecht, 29ª ed., 2017, § 19 nm. 78, de onde retiro as demais informações constantes da presente nota).

57. Exemplos em OLG Hamm MDR 1967, 1024 (três detentos em uma cela de 23 m^3 com banheiro, sem separação ou ventilação); *Pieroth/Schlink*, nm. 410; ulteriores referências em *Novak* (n. 14), art. 10 nm. 7e ss.; *v. Mangoldt/Klein/Starck*, art. 1 I nm. 41 (acusado enfurecido em uma jaula para animais ferozes).

De outro lado, há controvérsias sobre o alcance da garantia da dignidade humana, as quais serão esclarecidas ao longo deste estudo. O holofote concentra-se atualmente no empate por 4 a 4 na decisão do BVerfG sobre a apreciação de apontamentos similares a um diário, empate esse que espelha igualmente o panorama das opiniões na jurisprudência penal e na literatura.[58] Outras divergências podem ser encontradas em torno da utilização de detectores de mentira, na duração extremamente longa de prisões provisórias e do próprio processo penal como violações ao princípio do processo equitativo[59] ou na devassa secreta[60] em residências com câmeras ou gravadores.

II. Persecução penal apesar de violação à dignidade humana

A despeito dessas controvérsias sobre a extensão da garantia da dignidade humana, verificam-se atualmente – de forma até mesmo majoritária – inúmeras tentativas de permitir a persecução penal com base no critério da proporcionalidade, ainda que assim se ingresse conscientemente na inviolável garantia da dignidade humana ou na igualmente intocável esfera da vida privada.[61] Dessa forma, a dignidade humana é relativizada, apesar de seu caráter inquebrantável. A jurisprudência do BVerfG sobre a esfera nuclear da vida privada é desacreditada.[62] O imutável conteúdo da dignidade que orienta os direitos fundamentais nos termos do art. 2 e ss. GG e que está previsto no art. 79 III GG, dispositivo que prevê cláusulas pétreas, é modificado. Esse fenômeno nada menos que espantoso[63] revela o outro lado da moeda, que desde logo pode ser descortinado como um processo de distanciamento em relação ao processo penal liberal: verifica-se

---

58. (N.E.) Em casos de empate, não se declara a inconstitucionalidade da medida examinada, § 15 IV 3 BVerfGG (Lei do Tribunal Constitucional). Sobre essa decisão, Introdução, C. I.

59. Sobre a violação ao art. 1 I GG, *Wolter* SK-StPO vor § 151 nm. 45; de forma diversa, BVerfGE 53, 158, sobre uma ordem de prisão (Haftbefehl) mantida por mais de doze anos – na maior parte, não executada em presídio .

60. (N.E.) Sobre a tradução do termo original "Ausforschung", cf. Introdução, A. III.

61. BGHSt 19, 331; 29, 25; 34, 401; KG NJW 1979, 1669; ver também BGHSt 14, 361e s.; BGHZ 27, 289 e s.; BGH (Z) NJW 1970, 1848; BayObLG JR 1980, 434; LG Aschaffenburg StV 1989, 244 e s.; *Beier,* Geheime Überwachungsmaßnahmen zu Staatssicherheitszwecken..., 1988, 57 n. 133; *Heinitz,* JR 1964, 444; *Krauß,* Gallas-Festschr., 1973, 388; *Pieroth/Schlink,* nm. 435; *Plagemann,* NStZ 1987, 570; *Schünemann,* ZStW 90 (1978), 19, n. 30 e s.; *Sternberg/Lieben,* NJW 1987, 1245; *Klöhn,* Der Schutz der Intimsphare im Strafprozeß, Diss. Göttingen 1984, 106 e ss., 274 e s., 402.

62. De se destacar especialmente é que os Senados em matéria penal do BGH, o KG e o BayObLG divergem entre si (ver referências em n. 35 e 61); o 2º Senado do BGH produziu além disso decisões contraditórias em BGHSt 29, 25 e 31, 299 – "conversa ambiental" – (o fato de que as duas decisões tenham tomado como pontos de partida, de um lado, a liberdade de telecomunicação, art. 10 GG, de outro, a inviolabilidade do domicílio, art. 13 GG, e a família, art. 6 GG, não pode ser determinantes: de toda forma, na *valoração* das informações entra em cena o art. 2 I GG – *Dalakaouras* [n. 35], 91 e s.; *Rohlf* [n. 35], 91 e s.; *Wolter,* StV 1989, 364; trata-se sobretudo e na mesma medida do conteúdo de dignidade humana desses direitos fundamentais, nos termos dos arts. 1 I, 79 III GG).

63. Comparar também *Geppert,* JR 1988, 473; *idem,* JK 1988, § 261 nm. 7; *Gramse,* AnwBI. 1980, 437; *Plagemann,* NStZ 1987, 570; *Roxin* (n. 18), § 24 D III 2.

uma virada no sentido da capacidade de funcionamento da justiça penal nos casos de criminalidade grave, da profilaxia de delitos, da prevenção, das necessidades de segurança da população. Para tanto, cunha-se um "direito fundamental à segurança", recorre-se a um enraizamento do imputado na comunidade ou ainda se põe a tônica no seu direito a uma sentença justa, eventualmente absolutória.[64]

1. Exemplos da jurisprudência e dos projetos legislativos

As intenções dos tribunais e do legislador a esse respeito apresentam, em parte, relevância que deve ser reconhecida. Trata-se, por exemplo, do combate à criminalidade organizada (terrorismo e drogas), cujo enfrentamento, acredita-se, apenas poderia dar-se com métodos ocultos de investigação, apoiados pela tecnologia da computação, com uma base de dados comum entre a polícia repressiva, a polícia preventiva e os serviços de proteção à constituição,[65] com medidas preventivas tais como o compartilhamento de informação sem qualquer vinculação a uma finalidade específica ou ainda com a utilização de agentes provocadores.[66] Contudo, a contenção dos perigos para a liberdade dos cidadãos – ao menos no processo penal[67] – não pode ocorrer sob a bandeira da precaução contra riscos e da assistência existencial (Risiko- und Daseinvorsorge),[68] bem como de difuso e onicompreensivo combate contra o crime, às expensas de violação da dignidade humana e da liberdade do indivíduo afetado pela persecução penal.

Ainda assim e em sentido contrário, repetem-se decisões judiciais e prosperam iniciativas legislativas simplesmente incompatíveis com a garantia da dignidade humana e com o pétreo (art. 79 III GG) conteúdo de dignidade humana dos direitos fundamentais insculpidos nos arts. 2 e ss. GG. É de se recordar a decisão do Kammergericht (Tribunal de Justiça de Berlim), segundo a qual a colocação e manutenção, passível de causar lesões corporais, de correntes imobilizadoras nos pulsos do imputado, com o fim de submetê-lo a uma medida de reconhecimento e impedi-lo de alterar a sua real expressão facial, atenderia às exigências do princípio da proporcionalidade.[69] É verdade que, no caso concreto, não foi utilizada mais coação do que aquela estritamente necessária à consecução do fim processual – em situação de suspeita bastante fundada de delitos graves

---

64. (N.E.) Sobre essas diversas figuras limitadores de direitos fundamentais, cf. abaixo II. 2, 3 e minha Introdução, B. I. 4.

65. (N.E.) Sobre a distinção entre polícia repressiva, preventiva e serviços de inteligência, cf. Introdução, B. II. 1.

66. Detalhes em *Wolter*, StV 1989, 358 e ss., com referências.

67. Algo diverso deve valer em relação aos perigos para o meio ambiente e para as gerações futuras, bem como aos perigos que decorrerem da tecnologia genética situados fora do processo penal, que apenas podem ser enfrentados com agudas limitações à liberdade (*Stratenwerth*, Maihofer-Festschr., p. 584).

68. (N.E.) Sobre esses termos, cf. Introdução, B. II. 1. b).

69. KG NJW 1979, 1669; contrário, *Grünwald*, JZ 1981, 428.

e de considerável estado de necessidade probatório. Ainda assim, a imposição de dores consideráveis e de ferimentos à pele, bem como a imposição de um comportamento ativo do indiciado[70] lesionam tanto as invioláveis garantias dos arts. 1 I, 104 I 2 GG quanto o princípio do *nemo tenetur*.

Deve ser referido, ainda, o § 163g II do Projeto de Reforma da Lei Processual Penal de 1988/89, que permite a escuta secreta de conversas não públicas no interior de um domicílio (na presença de um agente estatal encoberto) ou ainda registros fotográficos de meios de prova expostos – incluídos aqui cartas pessoais e apontamentos similares a um diário –, também no interior de um domicílio; tudo isso a despeito de o dispositivo sobre a inviolabilidade do domicílio, art. 13 II GG, permitir, no campo repressivo, apenas a medida aberta de busca.[71]

Do mesmo modo, produzir de forma oculta fotos de relações sexuais de duas pessoas nuas, não-suspeitas, que se encontram em um *separée*, com o fim de condenação de um terceiro por exploração da prostituição, é simplesmente incompatível com a dignidade humana e a intocável esfera da vida privada, esfera essa que vale também fora do domicílio.[72]

Causa estranheza, igualmente, que a gravação oculta destinada à obtenção de uma amostra da voz para a posterior comparação no processo seja considerada pelo 3º Senado do BGH uma circunvenção ao (intocável) princípio do *nemo tenetur*, mas uma novela legislativa não descarte, ao mesmo tempo, a previsão desse exato método de investigação.[73-74]

E chega a provocar sobressalto que o 4º Senado do BGH, na sua decisão do diário, da qual posteriormente se ocupou o BVerfG, de um lado reconheça o caráter personalíssimo e intocável (à luz da dignidade humana, art. 1 I GG, bem como da teoria das esferas do BVerfG) do âmbito em que se circunscrevem os apontamentos similares a diários, e admita, ainda assim, a sua valoração sem o consentimento do indiciado em razão de superiores interesses da persecução penal.[75]

Nessa linha também se situa a decisão do 2º Senado do BGH no sentido de que, em função do interesse público na investigação completa da verdade no processo penal e da necessidade de manutenção da capacidade de funcionamento da justiça penal, é permitida a valoração dos elementos obtidos por meio de uma interceptação (de telecomunicação autorizada), muito embora a medida tenha

---

70. Compare-se também LG Hannover NJW 1977, 1111 sobre o chamado "detector de mentiras sexuais"; em geral, *K. Meyer*, JR 1987, 216.

71. Com mais detalhes, *Wolter*, StV 1989, 363 e s.

72. Ver contudo *Bonarens*, Dünnebier-Festschr., 1982, p. 224 e s.

73. BGHSt 34, 50; contrário, com razão, *K. Meyer*, JR 1987, 216 e s.; ver também *Wolfslast*, NStZ 1987, 105; além disso, ver os comentários de *Bottke*, Jura 1987, 361; *Kühne*, EuGRZ 1986, 488.

74. (N.E.) Sobre essa decisão do BGH, cf. Introdução, C. I.

75. BGHSt 34, 401; ver também BGHSt 19, 331 (mais referências na n. 61).

"atingido o núcleo da vida privada, de resto protegido", violado a privacidade sigilosa da esposa do acusado e, dessa forma, lesionado a esfera de intimidade de uma pessoa que não era nem implicada no fato, nem intermediadora de informações para o imputado.[76-77] Essa decisão, em grande medida, vai de encontro ao voto do próprio 2º Senado na posterior decisão sobre a "conversa ambiental".

O que se verifica a partir desse amplo pano de fundo factual é o rompimento das barreiras dogmáticas à persecução penal, ao preço da violação da dignidade humana e da liberdade.

2. *Ponderação da "capacidade de funcionamento da justiça penal" com a proteção da dignidade humana à luz dos parâmetros do princípio da proporcionalidade*

Como primeiro ponto de apoio dogmático para as restrições a direitos fundamentais surge a "*capacidade de funcionamento da justiça penal*". Essa ideia, decorrente do princípio do Estado de Direito, funciona como contrainteresse limitador da liberdade no interior de um processo que deve respeitar os direitos fundamentais.[78] Esse interesse da persecução penal, que possui estatura constitucional e obriga fundamentalmente a uma ponderação com os direitos fundamentais nos parâmetros do princípio da proporcionalidade,[79] deve ser, como ponto de partida, reconhecido.[80] Afinal, sem a eficiente administração da justiça penal as normas de comportamento do direito penal material e também os interesses preventivo-gerais não podem ser garantidos, não se consegue restabelecer a paz jurídica e nem se consegue domesticar o perigo da justiça privada. Enfim, sem uma justiça penal que funcione, a justiça, elemento essencial do proceder conforme ao Estado

---

76. (N.E.) Traduzimos o original "Nachrichtenmittler" como pessoa intermediadora de informações ou de mensagens para o imputado (próximo *Costa Andrade*, Sobre as proibições de prova em processo penal, reimpr. 2013, p. 292: "mediador de notícias"). A figura é expressamente prevista no dispositivo legal sobre a vigilância de telecomunicação (§ 100a III Var. 2 StPO), o qual determina que a medida pode ser imposta contra o imputado e contra aquele sobre o qual fatos concretos autorizam a supor que receba ou transmita mensagens para/do imputado (cf. a respeito *Wolter/Greco*, SK-StPO 5ª ed., 2015, § 100a nm. 51). Sobre as várias categorias de terceiros cf. Introdução, B. II. 2. c).

77. BGHSt 29, 25; contrário *Herrmann*, Jescheck-Festschr., 1294; *Wolter*, Armin Kaufmann-Gedächtnisschr., 767 e ss.; veja-se ainda *Bottke*, JA 1980, 748; *Prittwitz*, StV 1984, 308 e s.; *Welp*, Jura 1981, 483 e s.

78. BVerfGE 19, 347; 20, 49, 147; 32, 381; 33, 383; 34, 248; 38, 115 e s., 321; 39, 163; 41, 250; 46, 222 e s.; 49, 54; 51, 343 e s.; 64, 116; 77, 76; BVerfG NStZ 1987, 276, 419; NJW 1988, 1075; StV 1990, 1; BGHSt 31, 299; *Rudolphi* SK-StPO, vor § 94 nm. 1.

79. De forma geral, BVerfGE 41, 108 e s.; *Hesse*, Grundzüge des Verfassungsrechts der Bundesrepublik Deutschland, 16ª ed., 1988, nm. 72, 317 e ss.; semelhante, *Alexy* (n. 13), p. 143 e ss., 152; em detalhes *Wolter* SK-StPO, vor § 151 e ss. nm. 27 e ss. (ali também sobre o princípio do in dubio pro libertate).

80. Em outro sentido, *Grünwald*, JZ 1976, 772 e s., que quer aceitar a intervenção do princípio do Estado de Direito apenas em favor dos direitos (positivos) de defesa dos afetados; contra essa posição, *Vogel*, NJW 1978, 1217; *Zeidler*, 53. DJT 1980, I 23.

de Direito, não pode ser alcançada. No entanto, é preciso enfrentar o sério perigo de que o princípio constitucional de uma eficiente administração da justiça penal sirva para desmontar os direitos do imputado.[81] Para tanto, primeiramente, tem de se fazer a ponderação entre interesses da persecução penal e os direitos de liberdade pender de forma clara no sentido dos direitos fundamentais;[82] além disso, é necessário fixar de forma igualmente clara o âmbito intocável da dignidade humana, no qual não se pode ingressar nem mesmo para a busca da verdade (em detalhes, III.). Nos termos dos arts. 1 I, 79 III GG, que preveem o conteúdo pétreo da Lei Fundamental, não pode haver busca pela verdade ao preço de violação à dignidade humana ou ao conteúdo de dignidade humana dos direitos fundamentais dos arts. 2 e ss. GG.[83] Nesse âmbito intocável (arts. 1 I, 79 III GG) não pode ocorrer ponderação do direito fundamental à liberdade do afetado com a capacidade de funcionamento da justiça penal ou com a direito à prestação jurisdicional (Justizgewährungsanspruch) da vítima do fato punível (ver 3.). Aqui, saem de cena as regras processuais reitoras – princípio da instrução, princípio da obrigatoriedade, princípio da culpabilidade, realização do direito penal material.

Caso se ignorem posições indisponíveis dos portadores de direitos fundamentais e a garantia intocável e imutável prevista nos arts. 1 I, 79 III GG, o afetado transformar-se-ia em objeto do processo. A ele seria transmitida a impressão de estar entregue ao arbítrio estatal.[84] O processo penal não estaria mais em condições de garantir de forma confiável as normas do direito penal material. O processo perderia a sua dignidade, seu cultivo jurídico e a sua legitimidade.[85] Em épocas de crise ou de crescente criminalidade, o cidadão, suspeito ou não-suspeito, acabaria por ter de temer a devassa tecnológica de sua residência com a finalidade da própria condenação ou da de terceiros, a espionagem de sua esfera íntima por agentes encobertos ou pessoas de confiança, a leitura e valoração de suas cartas pessoais e diários, a decodificação de seu programa genético ou, por fim, a obtenção oculta de amostras de sua voz. Ele teria de viver em permanente

---

81. *Hassemer,* StV 1982, 275; *Roxin* (n. 18), § 1 B II.

82. Com mais detalhes, *Wolter*, SK-StPO, vor § 151 nm. 34 e ss.; sobre a "teoria do efeito recíproco" (Wechselwirkungstheorie) ver BVerfGE 7, 208 e s.; 12, 124 e s.; 13, 325; 17, 117; 66, 150; 71, 214; BGHSt 26, 304; BayObLG JR 1980, 433 ([N.E.] uma sintética explicação da teoria do efeito recíproco encontra-se na Introdução, B. I. 4.); a respeito da incondicional necessidade como requisito de qualquer de restrição ao direito à tutela jurisdicional a direito fundamental, BVerGE 30, 30; BGHSt 31, 298.

83. BVerfG NStZ 1984, 82; BGHSt 31, 309; LR-*Hanack*, § 136a nm. 3, com ulteriores referências; *K. Meyer*, JR 1987, 216, *Rieß*, Schäfer-Festschr., 1979, 170; em outro sentido, BGHSt 14, 364 e s. O BVerfG, na decisão do diário, remete adicionalmente à garantia do conteúdo essencial dos direitos fundamentais nos termos do art. 19 II GG (StV 1990, 1; noutro sentido, BGHSt 31, 299; com mais detalhes ver abaixo III. 7.).

84. *v. Münch*, GG, 3ª ed. 1985, Art. 1 nm. 15; *Maunz/Dürig*, Art. 1 I nm. 28; em outro sentido, art. 11 II, III CADH.

85. *Geppert*, JR 1988, 474; *Grünwald*, StV 1987, 456 e s.; *Hassemer*, Maihofer-Festschr., p. 203; *idem*, KritV 1988, 343; *E. Müller*, NJW 1981, 1804; *Rudolphi*, SK-StPO, vor § 94 nm. 3; LR-*Schäfer*, Einl, cap. 6 nm. 7.

medo de vigilância estatal de seus sentimentos, impressões e ações, de invasão em seu direito ao silêncio e em sua liberdade de pensamento.[86] O imputado não estaria resguardado contra maus-tratos destinados ao reconhecimento pessoal ou à condenação nem tampouco de condições carcerárias degradantes, de violação à presunção de inocência, de coação à autoincriminação ou de dupla punição pelo mesmo fato.

O cidadão não estaria em condições de tomar medidas protetivas sobretudo contra as tecnologias de que se valem os novos métodos ocultos de devassa. Ou então poderia, caso soubesse da medida oculta – por exemplo, da coleta de amostra de voz ou da tentativa de extração de informações por parte de uma pessoa de confiança dentro de uma cela –, simplesmente deixar de emitir qualquer palavra e deixar de estabelecer qualquer diálogo particular. O direito à privacidade – isto é, o direito de ser deixado em paz para encontrar a si mesmo e de estar livre das exigências do mundo exterior[87] – estaria violado, bem como o direito à comunicação e à autoapresentação pessoal.[88] Esse direito à autodeterminação e à autoapresentação social é sobretudo afetado pelas tecnologias de controle da vida privada. As informações obtidas podem ser armazenadas por longos períodos e reproduzidas descontextualizadas e, por essa razão, de forma falseada; além disso, essas informações podem ser compartilhadas de maneira que dificilmente poderão ser compreendidas pelo indivíduo.[89] A palavra, fugidia e "dinâmica", pode ser igualmente falseada (verfremdet) em uma gravação.[90] Em razão disso, o direito não pode curvar-se ao desenvolvimento tecnológico.[91]

Apesar de tudo quanto foi dito, não se pode ignorar que a mera busca de autoincriminação sobre delitos cometidos– por exemplo, no bojo de uma interceptação telefônica autorizada – não pode ser considerada como violação da garantia da dignidade humana.[92] O mesmo se diga da exposição de informações íntimas em alguns casos (§§ 68a StPO, 171b GVG).[93] É necessário que estejam presentes coação ou fraude em relação ao dever de depor (apesar do dever de

---

86. Sobre a cláusula que garante ao sujeito "estar livre de qualquer medo" ver o preâmbulo da CADH; *A. Arndt*, NJW 1961, 898; *Stratc*, StV 1989, 410.

87. Ver n. 41; compare-se *Amelung*, NJW 1988, 1005; *Marcic*, Voegelin-Festschr., 1962, p. 393; *Benda*, Hand. des Verfassungsrechts, 1984, p. 119, com referências ao direito americano; *Süss*, Lehmann-Festschr., 1956, p. 189 (setor da privada que também a amigos próximos está em regra cerrado); *v. Mangold/Klein/Starck*, Art. 2 I nm. 64, 116; BK-*Zippelius*, Art. 1 I e II nm. 97.

88. (N.E.) Sobre a tradução do original Selbstdarstellung cf. Introdução, B. I. 3.

89. Compare-se BGHSt 31, 308; *A. Arndt*, NJW 1961, 902; *Bökelmann*, JR 1971, 68; *Dalakouras* (n. 35), p. 31; *Kühl*, StV 1986, 118; *Wagner*, AK-PolG NRW, 1987, introdução a nm. 40 e s.

90. BGHZ 27, 288; 73, 123 e s.; BGHSt 14, 360.

91. BVerfGE 35, 227; BGH NJW 1966, 2354.

92. Veja-se BGHSt 33, 223; *Rogall*, SK-StPO, § 136a nm. 50; *Roxin* (n. 18), § 25 IV 2c; *Welp*, Die strafprozessuale Überwachung des Post- und Fernmeldeverkehrs, 1974, p. 60; em outro sentido, *Kühl*, StV 1986, 190 e s.

93. (N.E.) O primeiro dos dispositivos determina que somente em caso de necessidade devem ser dirigidas à testemunha perguntas sobre fatos desonrosos ou privados; o segundo prevê as hipóteses em

esclarecimento sobre o direito ao silêncio) para que se possa falar em violação do princípio do *nemo tenetur*.[94] Independentemente disso, o conteúdo de dignidade humana dos direitos à liberdade de locomoção, ao sigilo das comunicações e à inviolabilidade do domicílio (arts. 2 I, 10 ou 13 GG) estará atingido quando e em razão da clandestinidade ou fraude dos órgãos de persecução penal, da utilização de meios tecnológicos[95] ou de agentes encobertos como "aparelhos de escuta humanos", do ingresso na residência ou na esfera íntima ainda que fora da residência, da anulação da liberdade de comunicação ou do perigo de valoração de dados personalíssimos. Impedir qualquer início de ponderação de bens e soluções de compromisso com os interesses da persecução penal é a finalidade dos arts. 1 I, 79 III GG.[96]

3. "Direito fundamental à segurança" e "direito a uma sentença justa"; limites constitucionais imanentes aos direitos fundamentais e enraizamento do indivíduo na comunidade

Um segundo ponto de apoio dogmático para restringir direitos humanos é a artificial tese segundo a qual aos direitos fundamentais do afetado pelo processo penal – incluída a dignidade humana (art. 1 I GG[97]) – deve ser contraposto o "direito fundamental à segurança da população" ou a pretensão da coletividade e do próprio autor a um julgamento justo, "exigida pelo princípio material da culpabilidade, por sua vez, igualmente fundado no art. 1 I GG".[98] O sentido desses dois argumentos independentes é, em ambos os casos, contrapor ao núcleo dos direitos fundamentais do afetado pelo processo penal não apenas o princípio do Estado de Direito – incolor, ambíguo[99] e eventualmente de menor peso –, em sua concreta expressão "capacidade de funcionamento da justiça penal". Mais do que isso, o que se quer é, com base na *unidade da Constituição*, na *ordem global de valores* por ela protegida, na *imagem de pessoa* (Menschenbild) subjacente à Lei Fundamental e no enraizamento do indivíduo na comunidade, postular limitação a

que a publicidade da audiência de instrução e julgamento pode ser limitada por razões de respeito aos direitos de personalidade dos envolvidos.

94. LR-*Hanack*, § 136a nm. 35 e ss.; *idem*, JR 1980, 434; *Rogall*, Der Beschuldigte als Beweismittel gegen sich selbst, 1977, 181, 186; ver, de forma diversa, BVerfGE 65, 46.

95. As intervenções genéticas são também mais graves do que as interceptações telefônicas, que limitam o art. 10 GG (*Beier* [n. 61], 36 n. 52).

96. Posição diversa em BVerfGE 30, 47; voto dos quatro juízes vencidos no julgamento do caso do Diário decidido pelo BVerfG (StV 1990, 3 e s.).

97. Sobre a natureza de direito fundamental do art. 1 GG – não apenas com referência no título do parágrafo e sem prejuízo do art. 1 III GG – BVerfGE 1, 334; BGHZ 13, 338; BAGE 4, 28; *Benda*, Handb. (n. 87), 111; *Pieroth/Schlink*, nm. 398; AK-*Podlech*, art. 1 I nm. 61; *v. Münch* (n. 84), art. 1 nm. 27, 60; BK-*Zippelius*, art. 1 I e II nm. 26; outra posição em *Maunz/Dürig*, art. 1 I nm. 4 e ss.

98. BVerfG StV 1990, 2 e s. (votos dos quatro juízes vencedores na decisão do diário).

99. BVerfG MDR 1985, 817; NStZ 1987, 276.

direito fundamental imanente à Constituição,[100] fundada em direitos fundamentais de igual ou superior hierarquia em comparação com os direitos de liberdade do afetado. Em todo caso, a proteção da dignidade humana, apesar de sua intocabilidade, passa a ser relativizada e, ao fim, mesmo suspensa.

Esses esforços devem ser enfaticamente rechaçados. Em primeiro lugar, não se pode extrair do catálogo de direitos fundamentais dos arts. 2 e ss. GG, nem do dever de proteção que incumbe ao Estado nos termos do art. 1 I 2 GG, um direito fundamental à segurança da população que possa ser contraposto aos direitos fundamentais daquele que, a rigor, é o verdadeiro afetado pelo processo penal.[101] Nos últimos tempos, o BVerfG tem estimulado essa visão securitária de forma surpreendente, ao postular no âmbito repressivo do processo penal, ao lado da "garantia de uma persecução penal eficiente e conforme ao Estado de Direito", um dever do Estado de proteger "a *segurança de seus cidadãos* e a sua confiança no regular funcionamento das instituições estatais".[102] Essa posição, em todo caso, possui algum fundamento quando se trata de *arrostar um perigo concreto* – como ocorre, por exemplo, na proibição de contato[103] –, ou seja, quando se trata da segurança pública. Ao contrário, quando se trata de persecução penal repressiva, essa ampliação estranha ao sistema do processo penal, sancionada pelo § 163d V StPO,[104-105] mina a proteção da dignidade humana e da liberdade no processo penal. Afinal, nos casos de combate à criminalidade grave (organizada) – por exemplo, nos casos de utilização de um agente encoberto – sempre se encontrão interesses de segurança da população que possam ser contrapostos aos elementares direitos de liberdade do afetado pelo processo penal.

---

100. Fundamental, BVerfGE 32, 107 e s., sobre o art. 4 I GG; *v. Münch* (n. 84), vor art. 1 nm. 56 e s.

101. Nesse sentido, contudo, *Scholz/Pitschas*, Informationelle Selbstbestimmung und staatl. Informationsverantwortung, 1984, p, 111 e ss., 123, 175 e ss.; *Sternberg-Lieben*, NJW 1987, 1246; nesse sentido também *Isensee*, Das Grundrecht auf Sicherheit, 1983, p. 33 e ss.; *Robbers*, Sicherheit als Menschenrecht, 1987, p. 231; *Zeidler*, 53. DJT 1980, I 24; em sentido contrário, *Backes*, KritV 1986, 329 e s.; *Denninger*, KJ 1985, 217; 1988, 2, 13 e ss.; *idem*, KritV 1986, 294 e ss.; *Lisken*, ZRP 1990, 16; *Wolter*, StV 1989, 369, 371.

102. BVerfGE 51, 343; BVerfG NStZ 1987, 419; *Zeidler* (n. 101); veja-se, em outro sentido, BVerfGE 26, 222 e s.; n. I. 2. II Anexo B RiStBV referente à busca de pessoas através de meios de comunicação (Medienfahndung).

103. BVerfGE 49, 54 (N.E.). Sobre a Kontaktsperre, cf. a N.E.

104. Da mesma forma as regras do Projeto de Lei de Reforma do Processo Penal 1988/89; diversamente, ainda, o § 101 StPO. Sobre o problema da *prevenção a delitos* como princípio processual penal, *Wolter*, SK-StPO, vor § 151 nm. 37.

105. (N.E.) O (revogado) dispositivo determinava o dever de notificar os afetados sobre o armazenamento e a utilização de dados obtidos pela polícia por meio de controles de fronteira ou de pessoas (medida que aqui traduziremos como busca-rede de arrastão, cf. terceiro estudo, p. 168, n. 47) notificação essa que se tornaria dispensável não apenas no caso de perigo para a investigação (o que é uma consideração de natureza repressiva), como também de perigo para a segurança pública. No dispositivo atualmente em vigor (§ 101 StPO), ainda há exceções ao dever de notificar (§ 101 IV 1 n. 10 StPO, para o dever; § 101 IV 3, 4 e também V StPO, para as exceções), mas não se recorre mais à segurança pública.

Ainda mais "radicais" são as considerações do BVerfG na parte "vencedora" da decisão sobre a *valoração de apontamentos similares a um diário.*[106] Como esses apontamentos também poderiam revelar circunstâncias capazes de exonerar de responsabilidade (o autor ou terceiros) e também poderiam conter pontos de vista relevantes para a determinação da culpabilidade e para a medição da pena, bem como para a análise da vida pregressa do autor nos termos do § 46 II StGB,[107] e como haveria ligação estreita entre o conteúdo dos apontamentos e a suspeita de prática de um delito, seria inaceitável entender as anotações como integrantes do âmbito de privacidade protegido de forma absoluta. Além disso, o restante direito do afetado ao livre desenvolvimento de sua personalidade (art. 2 I c/c art. 1 I GG) é limitado pela sua "pretensão a um julgamento adequado à culpabilidade no sentido do exigido pela dignidade humana, art. 1 I GG". A tensão entre direito à personalidade e direito a julgamento justo seria de resolver no caso concreto segundo os parâmetros do princípio da proporcionalidade em favor dos interesses da persecução penal.

Essas teses não convencem, como expuseram os quatro juízes "vencidos". Em primeiro lugar, é extraordinariamente problemático contentar-se com a "*presumida relação do suspeito com um delito*"[108] ou com a "*ligação entre o conteúdo dos apontamentos no diário com a suspeita de uma ação punível* (praticada vários meses após)"[109] para construir a tal figura da *vinculação ou pertencimento do afetado à comunidade*,[110] figura que deveria possibilitar um balanceamento entre os interesses individuais e aqueles que atinem à persecução penal. A garantia da dignidade humana é, assim, abandonada, muito embora as informações pertencentes ao âmbito interior da vida de uma pessoa – no caso, os apontamentos similares a um diário realizados pelo afetado sobre os torturantes problemas que o assolavam, revelados sem qualquer receio em "solilóquio" (Selbstgespräch) – não tratem de um *delito cometido ou por cometer*, mas apenas deixem transparecer "as raízes do fato" ou o "tenso estado espiritual do autor".[111]

---

106. (N.E.) Como visto, a decisão terminou empatada, o que significa a impossibilidade de declarar violação à constituição, cf. acima, n. 58.

107. (N.T.) O dispositivo em questão, de natureza similar ao nosso art. 59 CP, enuncia as considerações relevantes para a determinação da pena, entre essas a vida pregressa do condenado.

108. Assim *Sternberg-Lieben*, NJW 1987, 1245, sobre a análise do genoma.

109. Da mesma forma, BVerfG StV 1990, 2 e s. (n. 98).

110. Fundamental, BVerfGE 4, 15; 8, 329; 27, 7, 351 e s.; 30, 20; 32, 379; 33, 334, 376 e s.; 35, 39; 38, 115, 320; 50, 353; 56, 49; 65, 44; BVerfG NStZ 1982, 253; *Schnapp*, JuS 1983, 853; crítico, AK-*Podlech*, art. 2 I nm. 54.

111. O BVerfG acaba por ignorar, com seu recurso aos "precedentes" BVerfGE 16, 201 e 17, 117, que também nessas decisões houve demarcação enfática dos limites intransponíveis da garantia do conteúdo essencial e do núcleo dos direitos fundamentais. De outro lado, deve-se reconhecer que o caso concreto descrito em StV 1990, 1 não está livre de *considerações preventivas* ("perigo de ulteriores fatos puníveis") e, nesse particular, merece um olhar diferenciado (a esse respeito abaixo III. 2; veja-se ainda *Wolter*, StV 1990, 179 e s.; ali também a respeito da consideração de que a inviolabilidade dos diários

Nesse sentido, não é então possível impor ao direito fundamental à dignidade humana – direito não sujeito a reserva de lei[112] – limites constitucionais imanentes tais como a unidade da Constituição e a ordem global de valores por ela protegida e a imagem de pessoa subjacente à Carta Magna. Afinal, a *vinculação do indivíduo à comunidade* reconhecida pela Lei Fundamental, que submete também os direitos fundamentais não sujeitos à reserva de lei a "determinados limites externos" inerentes à própria Constituição, não pode se referir, de forma fundamentadora de limites, à garantia da dignidade humana, a qual se constitui valor supremo de todo o sistema valorativo dos direitos fundamentais. Também o princípio do Estado de Direito previsto no art. 20 III GG – igualmente protegido pelo art. 79 III GG – está referido à dignidade humana. A dignidade humana apenas pode ser limitada em razão da garantia da dignidade de outra pessoa.[113]

De resto, um imputado não pode ser coagido – nem por conduta ativa, nem (como aqui) por um *passivo dever de suportar* – a abrir mão de informações de seu âmbito mais íntimo, nem mesmo no caso em que as informações o *exonerem*. O afetado deve gozar em seu âmbito personalíssimo compreendido pela garantia da dignidade humana, com base no dever estatal de proteção que decorre do art. 1 I 2 GG, de proteção contra toda e qualquer intervenção, seja essa coativa ou não. De outra forma estariam a liberdade de falar sozinho e a liberdade de pensamento anuladas pelo simples fato de o afetado ter exposto por escrito os seus sentimentos, as suas reflexões e dilemas espirituais e, em razão disso, ter criado o perigo de uma apreensão estatal (nesse sentido, contudo, é a decisão do BVerfG em sua fundamentação "vencedora"). O "*espaço livre de intervenção do Estado*", que não deve ser compreendido de maneira "física" ou "objetificada", não deixa de existir apenas por ter ocorrido exposição por escrito de pensamentos em um diário ou por esse ter sido "deixado aberto" na parte privada da residência.[114] Caso se quisesse considerar o dever da justiça de obter conhecimentos sobre a estrutura da personalidade de um suspeito para fins de determinação de sua culpabilidade e para medição da pena como fundamento suficiente para um ingresso no âmbito personalíssimo da pessoa, ter-se-ia que concluir que a distinção entre um núcleo intangível com conteúdo de dignidade humana e um âmbito dos direitos fundamentais sujeito a ponderações estaria a rigor abandonada. Não se pode determinar o âmbito intocável da vida privada e a extensão da garantia da dignidade humana

---

deve ser mantida quando esses noticiarem "apenas" fatos puníveis cometidos). – Sobre a distinção entre diário e apontamentos similares a um diário, ver *Geppert,* JR 1988, 474.

112. (N.E.) Sobre as duas categorias de direitos fundamentais, a dos submetidos a reserva de lei e a dos não submetidos a essa reserva, e sobre as possibilidades de limitar a esses últimos, cf. Introdução, B. I. 2.

113. Veja-se também *v. Mangoldt/Klein/Starck*, art. 1 I nm. 21; *Otto*, Kleinknecht-Festschr., 1985, p. 330 e s.; *Pieroth/Schlink*, nm. 413; *Wolter*, Armin Kaufmann-Gedächtnisschr., 769; *Zeidler*, 53. DJT, I 14; sobre o art. 4 I GG ver *Amelung* NJW 1988, 1004.

114. *Dalakouras* (n. 35), p. 204; *Dünnebier*, MDR 1964, 967; em sentido contrário, BGHSt 34, 397; *Amelung*, NJW 1988, 1002; *Geppert*, JR 1988, 472.

"com vistas ao que pareça conveniente em termos de intervenções estatais na esfera privada para a avaliação da questão da culpa ou da inocência do sujeito".

Essas advertências, feitas pelos juízes Mahrenholz, Böckenförde, Graßhof e Franßen, não devem valer apenas para os casos de *coação para que se revelem informações personalíssimas*, mas também para aqueles em que se visa a *obtenção oculta desses dados sem o conhecimento do afetado*. De outra forma, nada impediria que se permitisse, a partir das razões "vencedoras" do BVerfG, a devassa da vida privada e íntima (em residências) com aparelhos gravadores de som e de imagens, com raio infravermelhos ou escutas[115] ou a filmagem de atos sexuais de pessoas não suspeitas com a finalidade da condenação de um terceiro.[116]

4. *Exclusão do efeito indireto das proibições de valorar a prova; novas investigações; encontros fortuitos; desvio da finalidade da informação*[117]

Por fim, há uma série de considerações dogmáticas que acabam por relativizar a proteção da dignidade humana e da liberdade e que devem ser aqui apenas mencionadas. Nesse sentido, no *caso da cela de prisão*,[118-119] com fundamento na violação do art. 1 I GG e ao § 136a StPO (que prevê os métodos proibidos de interrogatório), por parte dos órgãos estatais, o BGH acabou excluindo a possibilidade de valoração imediata dos conhecimentos obtidos pela pessoa de confiança. Ainda assim, o Tribunal descartou o reconhecimento de efeito indireto a essa proibição de valorar a prova, bem como a proibição de realizar ulteriores (ou novas) investigações com vistas ao "*eficiente combate ao crime*". Uma limitação à proteção da dignidade humana nesses moldes deve ser rechaçada sobretudo em razão da intocabilidade do art. 1 I GG e dos perigos de abuso que essa limitação encerra.[120] Essa barreira estrita traz, ademais, consideráveis ganhos práticos, porque estabelece desde logo em favor do afetado a impossibilidade de valorar os meios de prova, de modo que acaba por fazer surgir, já desde o início, uma proibição de obter a prova como "*efeito prévio*",[121] e não apenas a proibição de

---

115. Referências na n. 41: contra esse tipo de intervenção, igualmente, LG Saarbrücken NStZ 1988, 424 e s.; no fundamental, com o mesmo ponto de partida, também, BVerfGE 34, 248; 65, 40; de forma diversa, § 163g II 2 Projeto de Lei de Reforma do Processo Penal 1989.

116. Referências na n. 72; veja-se ainda § 163g I n. 1 Projeto de Lei de Reforma do Direito Processual Penal 1989. Sobre a obtenção não visada/intencional de informações do âmbito personalíssimo, ver os casos controvertidos BGHSt 29, 25; 31, 299 (a esse respeito ver n. 62, 76).

117. (N.E.) Sobre os termos efeito indireto, descoberta fortuita e efeito prévio (que aparecerá nas próximas linhas), cf. Introdução, B. II. 2. d); sobre a desvinculação ao fim, B. I. 3.

118. (N.E.) Para a descrição dessa decisão, cf. Introdução, C. I. 2.

119. BGHSt 34, 364; compare-se ainda BGHSt 27, 357; 32, 68, com comentário de *Wolter*, NStZ 1984, 276; em sentido contrário, BGHSt 29, 244; LG Hannover StV 1986, 522.

120. Com mais detalhes, *Wolter*, Armin Kaufmann-Gedächtnisschr., 777 e ss.; *idem*, SK-StPO, vor § 151 nm. 205, 207, com ulteriores referências; compare-se também *Rogall* SK-StPO, § 136a nm. 94.

121. Compare-se ainda *Fezer*, Caso 16 nm. 73; *idem*, JuS 1979, 37; *Geppert*, JR 1988, 474; *Paulus*, JuS 1988, 876; *Wolter* SK-StPO, vor § 151 nm. 201.

valorar a ser afirmada apenas ao fim de investigação preliminar ou de audiência de instrução e julgamento.[122]

Barreiras similares devem ser erigidas também no âmbito da valoração de provas encontradas fortuitamente, bem como no compartilhamento de dados do processo penal com outros órgãos. No âmbito da dignidade humana (art. 1 I GG), de toda forma, deve existir em matéria processual penal *proibição estrita de valoração das provas encontradas fortuitamente bem como da desvinculação das informações à sua finalidade*. O Projeto de Lei de Reforma do Direito Processual de 1988/89 não contém essas limitações. Ao contrário, acolhe a ampla jurisprudência do BGH sobre o encontro fortuito de provas em interceptações telefônicas também para a busca computadorizada padronizada, para as gravações ocultas e para investigações ocultas e possibilita, além disso, o compartilhamento das informações colhidas, com finalidades preventivas e profiláticas de persecução[123] (veja-se ainda III. 2.).

III. Sistemática do "indisponível no processo penal" nos termos dos arts. 1 e 79 III GG

As reflexões desenvolvidas até aqui pressupõem e dependem da capacidade de delimitar dogmática e sistematicamente o alcance da garantia da dignidade humana. Sem uma concretização que possibilite enunciar verdadeiras máximas processuais ou grupos de casos, nem a fórmula da objetificação, segundo a qual a dignidade humana estaria violada quando alguém é reduzido a mero objeto ou instrumento para finalidades alheias, nem a tese do "âmbito intocável de privacidade" podem indicar onde se encontram os limites dos direitos resistentes à ponderação. Assim não se poderia evitar, em casos conflituosos, o recurso à ponderação sob os parâmetros do princípio da proporcionalidade.[124] De outro lado, existe o perigo de que manifestações dogmáticas sejam confundidas com reivindicações pessoais de natureza político-jurídica.[125] Esses riscos apenas podem ser enfrentados com um *conceito de dignidade humana* decididamente *estreito*.[126]

---

122. A esse respeito ver *Dünnebier*, MDR 1964, 967; *Geppert*, citado acima; *Händel*, NJW 1964, 1139.

123. Em detalhes, *Wolter*, StV 1989, 365 e ss.; *idem*, SK-StPO vor § 151 nm. 174 e ss., 180 e ss., 193.

124. *Hassemer*, Maihofer-Festschr., p. 198.

125. BK-*Zippelius*, art. 1 I e II nm. 15 e s.

126. *v. Mandoldt/Klein/Starck*, art. 1 I nm. 11 e ss., 20; *Jarass*, in *Jarass/Pieroth*, art. 1 I nm. 10; *Richter/Schuppert* (n. 4), 68; sobre a discussão em torno do direito natural no pós-1945 ver *Kühl*, Söllner-Freundesgabe, 1990, p. 355 e ss.

1. Perigo para direito fundamental e violações extremas aos direitos humanos; obtenção de meios de prova por particulares

Também esses problemas sistemáticos podem ser, aqui, apenas esboçados.[127] Em todo caso, convém considerar, desde logo, ao lado das "normais" violações da dignidade humana "para baixo", o perigo para direito fundamental como uma verdadeira *lesão a direito fundamental em sentido amplo*. Essa lesão se apresenta em face de direito fundamentais que compreendem bens relevantíssimos (perigo de vida e risco de lesões graves à saúde – acima, I. 2.; perigo de revelação do programa genético de uma pessoa no âmbito de uma análise de genoma). "Para cima", deve-se propor a compreensão das *violações extremas a direitos humanos* como grupo autônomo de casos – isto é, não apenas para limitar o efeito indireto das proibições de valorar a prova ou a obtenção de meios de prova por pessoas privadas seguida de valoração das informações por parte dos órgãos encarregados da persecução penal.[128] Nesse sentido, toda lesão à dignidade humana e toda violação de um direito fundamental em sentido amplo, que esteja relacionado com a dignidade humana, deve acarretar proibições diretas e indiretas de valoração da prova.[129] O fundamental aqui é afirmar que a valoração consciente de provas obtidas por esses meios configura uma intervenção autônoma – até mesmo grave – em direito fundamental.[130] A inconstitucionalidade do ato estatal de valoração é constitutiva para a proibição de valorar a prova.[131] A utilização dessas provas é comparável à utilização (ilegal) de uma *prova encontrada fortuitamente*.

2. Defesa contra perigos e violações extremas de direitos humanos

A categoria da violação extrema a direitos humanos possui, antes de mais nada, relevância preventivo-policial. Em casos, por exemplo, de urgentes *perigos para a saúde ou para a vida* de terceiros – pense-se em um caso de tomada de um refém – pode-se, com fundamento na excepcional defesa contra um perigo concreto, afastar a garantia da dignidade humana do afetado. Aquilo que é peremptoriamente proibido no âmbito da persecução penal repressiva, pode estar à disposição por razões ligadas à segurança pública e à defesa de enormes perigos,

---

127. Com mais detalhes, *Wolter*, SK-StPO, vor § 151 nm. 141 e ss.

128. Compare-se, no entanto, *Kleinknecht*, NJW 1966, 1543; KK-*Boujong*, § 136a nm. 3; *Kleinknecht/Meyer*, StPO, 39a ed. 1989, § 136a nm. 3; *Nüse*, JR 1966, 285; KMR-*Paulus*, StPO, 7ª ed., 1989, § 244 nm. 535; *Roxin* (n. 18), § 24 V; no mesmo sentido do presente texto, ao revés, *Maunz/Dürig*, art. 2 I nm. 40.

129. Veja-se em relação às provas obtidas privadamente LR-*Hanack*, § 136a nm. 10; *Otto*, Kleinknecht-Festschr., 330, com referências à ideia jurídica do processo penal; *Rogall*, SK-StPO, § 136a nm. 13, com referências à prevenção geral e ao combate à justiça privada; *Wolter*, SK-StPO, vor § 151 nm. 137, com referências à eficácia entre privados da garantia da dignidade humana" (sobre isso, abaixo 7.), bem como com ulteriores referências a respeito do estado atual do debate.

130. Ver ainda BGHSt 14, 365; *Schmitt*, JuS 1967, 25.

131. *Fezer*, Caso 16 nm. 70, com referências.

nos parâmetros do princípio da proporcionalidade.[132] Exemplos: a imposição de considerável proibição de contato;[133] a *valoração de apontamentos similares a um diário*,[134] a qual diante de alguns pontos de apoio faz necessária uma *primeira análise* preferencialmente pelo *juiz de garantias*;[135] a devassa técnica.[136] Ainda assim, há que se pôr termo a partir de limites intransponíveis e imponderáveis de um "*mínimo ético*", isto é, em casos de violação extrema a direitos humanos. O Estado não pode arrogar para si a defesa contra perigos ao corpo ou à vida de outrem por meio da *tortura* – tampouco para delitos ainda não descobertos.[137]

3. Direito à vida e à liberdade, liberdade de locomoção e igualdade; direito a ser tratado conforme a dignidade humana na condição de sujeito do processo

Na sistematização da dignidade humana, com a ressalva das gradações acima mencionadas (perigo a direito fundamental; violação extrema de direitos humanos), deve-se partir em primeiro lugar dos direitos clássicos previstos nos arts. 2 II (vida, integridade física, liberdade de locomoção) e 3 I GG (igualdade), os quais possuem conteúdo de dignidade humana. Os direitos à vida e à saúde representam os bens constitucionais supremos (arts. 2 II 1 e 104 I 2 GG; § 136 a StPO; arts. 2 I CEDH, 4 I CADH, 6 I PIDCP). A violação desses direitos sob a forma da tortura, bem como do tratamento cruel, degradante e desumano (arts. 3 CEDH, 5 II CADH, 7 PIDCP) extrapolam até mesmo o umbral da violação extrema de direitos humanos. As proibições correspondentes valem nos termos das mencionadas Convenções sem quaisquer limitações e são resistentes a situações de necessidade (art. 15 II CEDH).

Um ganho sistemático pode ser alcançado a partir do estabelecimento de uma "conexão" entre o direito à identidade e integridade, tanto corporais quanto espirituais, e o direito à liberdade de locomoção nos termos do art. 2 II

---

132. De forma diversa, AK-*Podlech*, art. 1 I nm. 73; aparentemente no mesmo sentido, *Pieroth/Schlink*, nm. 418. De toda forma, nos dois lados estariam contrapostas constelações de casos do art. 1 I GG (acima II. 3.).

133. Fundamental, BVerfGE 49, 56, 58; *v. Mangoldt/Klein/Starck*, art. 1 I nm. 46.

134. *Amelung*, NJW 1988, 1005; *Geppert*, JR 1988, 472; *Otto*, Kleinknecht-Festschr., p. 330 e s.; a despeito do § 139 II StGB.

135. Compare-se também BVerfG StV 1990, 2 e s.; *Wolter*, StV 1990, 176.

136. *Otto*, citado acima; compare-se a ideia jurídica por trás do art. 13 III 1 GG; no geral, da mesma forma BGHSt 14, 361.

137. Noutro sentido, contudo, *E. Albrecht*, Der Staat – Idee und Wirklichkeit, Grundzüge einer Staatsphilosophie, 1976, 174; como aqui *Hassemer*, KritV 1988, 343; *Isensee* (n. 101), p. 46; AK-*Podlech*, art. 1 I nm. 70. – Seria de se considerar como violação extrema aos direitos humanos a revelação de todo o programa genético de uma pessoa, mas não, sem mais, o disparo mortal intencional pela polícia (gezielter Todesschuß) (em detalhes, *Wolter*, SK-StPO, vor § 151 nm. 139, 146; BK-*Zippelius*, art. 1 I e II nm. 71; comparem-se também os arts. 2 II 2 GG, 2 II a CEDH; *Frowein* in *Frowein/Peukert*, EMRK, 1985, art. 2 nm. 11).

2 GG. As seguintes violações à dignidade humana podem ser classificadas aqui em seguimento e ampliação dos arts. 5 I, II CADH e 10 I PIDCP – acima (I. 3.) mencionados com ulteriores referências –, desde que já não esteja afetado o conteúdo de dignidade humana dos direitos clássicos: condições carcerárias indignas; proibições de contato que extrapolem os §§ 31 e 34 da Lei de Introdução à Lei de Organização Judiciária; duração extremamente longa do processo como violação ao princípio do processo equitativo; imposição de fadiga ou maus-tratos nos termos do § 136a StPO; lesões degradantes à honra; violações à presunção de inocência ou ao núcleo do ne bis in idem.

4. *Direitos à privacidade e à autoapresentação pessoal (comunicação; autodeterminação informacional)*

O direito à privacidade, o qual também compreende a *liberdade do temor* de que devassas ocorram, está especialmente destacado nos arts. 8 CEDH, 11 II CADH, 17 PIDCP. A esse contexto também pertencem os direitos à liberdade de pensamento, consciência e credo (arts. 4 GG, 9 CEDH, 12 CADH, 18 PIDCP). Os arts. 1 I, 79 III GG c/c arts. 2 I, 13 GG estarão violados nos seguintes casos – igualmente mencionados com referências acima (I. 3.): devassa de residência ou de celas com o auxílio da técnica ou a utilização de pessoas de confiança; utilização de detectores de mentira ou de hipnose (métodos proibidos de interrogatório, segundo o § 136a StPO); ministração de substâncias (§ 136a StPO); valoração de diários ou de informações genéticas; eventualmente, quando houver violação do princípio do *nemo tenetur*. O direito à privacidade pode ser violado em seu conteúdo de dignidade também no espaço público ou na esfera social, não personalíssima.[138]

Elemento essencial do moderno *direito à autoapresentação,* à *comunicação e* à *autodeterminação (informacional)* repousa no fato de que constantemente os sujeitos se retiram das esferas secretas e privadas de caráter personalíssimo.[139] Nesse tópico podem ser consideradas como violadoras do conteúdo de dignidade humana dos direitos fundamentais as seguintes condutas (veja-se acima I. 3.): a obtenção secreta de amostra de voz; a provocação a autoincriminações; a produção de um completo perfil sobre a personalidade do sujeito; a anulação de seu direito ao contraditório, bem como a recusa a garantir direitos à assistência e

---

138. *Dalakouras* (n. 35), p. 39; *Frowein* in *Frowein/Peukert* (n. 137), art. 8 nm. 6; *Rohlf* (n. 35), p. 54; compare-se ainda BK-*Zippelius*, art. 1 I e II nm. 81. A partir dessas considerações é possível minorar a principal fraqueza da autêntica "teoria das esferas" (*Wolter* SK-StPO, vor § 151 nm. 134).

139. Sobre a "interação" entre os direitos à privacidade e à autoapresentação, *Evers*, Privatsphäre und Ämter für Verfassungsschutz, 1960, p. 1; *Rohlf* (n. 35), p. 55 e ss., 240; *Richter/Schuppert* (n. 4), p. 78; outras referências em *Wolter* SK-StPO, vor § 151 nm. 132, 136. As chamadas *teorias da comunicação e dos papéis* tampouco podem ser compreendidas de maneira isolada, à medida que não oferecem suporte teórico para os casos em que o afetado se retira do espaço público e não confere valor algum à exposição pessoal (*Dalakouras* [n. 35], p. 44 e ss.).

à participação e também igualdade de chances em casos extremos de processos injustos; eventualmente, a proibição de fraude nos termos do § 136a StPO. O âmbito prévio do direito à autoapresentação, sob a forma do direito à autodeterminação informacional, deve ser assegurado por meio de *mecanismos processuais de proteção* (acima I. 2.).

5. Renunciabilidade e compensação de posições jurídicas inseridas no âmbito de proteção da dignidade humana

O indisponível no processo penal nos termos do art. 1 GG é *resistente a ponderações*. Não se pode *consentir de forma válida* na violação da dignidade humana, podendo-se cogitar apenas de uma *renúncia que "minimize a intervenção"* – como, por exemplo, na utilização de um polígrafo para a exoneração de responsabilidade[140] e na entrega de um diário aos órgãos encarregados da persecução penal.[141] Algumas violações podem ser *compensadas*; mais especificamente, neutralizadas: a autoincriminação coagida pode ser compensada por meio de de uma proibição de valorar a prova,[142] a lesão ao princípio do ne bis in idem pela detração da primeira pena[143] – sem que com isso a intervenção na dignidade humana como tal desapareça.

6. Possibilidade de gradação apesar da indisponibilidade de posições jurídicas inseridas no âmbito de proteção da dignidade humana

Posições jurídicas que se inserem no âmbito de proteção da dignidade humana *não são passíveis de relativização* (acima II.) e, no mais das vezes, tampouco passíveis de gradação (exemplos: presunção de inocência, *nemo tenetur*, proibição de tortura). A despeito disso, verifica-se que em geral é possível realizar uma gradação das violações a direitos fundamentais, a depender da extensão, intensidade, localidade, grau de fraude, pessoa afetada (imputada ou não-suspeita), ou ainda da natureza repressiva ou preventiva da atuação estatal. Exemplos: tirada secreta de fotos; coleta de dados; duração do processo e outras violações ao princípio do processo equitativo; violações à honra etc. As investigações ou os seus métodos, a depender do caso, podem apresentar caráter violador da dignidade humana ou "apenas" desproporcional (e assim em regra também lesionar o *conteúdo essencial* do direito fundamental[144]) ou ser adequadas e, em

---

140. *Amelung* NStZ 1982, 38 e s.; *v. Mangoldt/Klein/Starck*, art. 1 I nm. 20; BK-*Zippelius*, art. 1 I e II nm. 39, 86; ver também, contudo, LR-*Hanack*, § 136a nm. 56; *Rogall* SK-StPO, § 136a, nm. 75 e s.

141. BGHSt 34, 400; *Amelung* NJW 1988, 1002 e s.; *Plagemann* NStZ 1987, 571; *Geppert* JK 1988, § 261 nm. 7.

142. BVerfGE 56, 50.

143. BGHSt 35, 60.

144. BVerfGE 27, 352; *Grimm*, NJW 1989, 1308, 1310; *Herbert*, EuGRZ 1985, 333; *Hesse* (n. 79), nm. 332; *Jarass* in *Jarass/Pieroth*, art. 19 nm. 7.

razão disso, permitidas. Uma intervenção em direito fundamental pode, conforme o caso, estar localizada no âmbito pétreo dos arts. 1 I, 79 III GG ou no âmbito do direito fundamental específico previsto "sob" aquela rubrica.[145] A existência de uma reserva de lei para a intervenção no direito fundamental, tal como é o caso nos direitos fundamentais à vida, integridade corporal, liberdade, segredo das telecomunicações e inviolabilidade do domicílio (arts. 2, 10 e 13 GG), não deve fazer esquecer que há casos extremos com relevância para a dignidade humana, os quais fazem com que a análise da limitação ao direito fundamental, bem como a ponderação com os interesses da persecução penal, estejam de antemão descartadas.

7. Sistemática e eficácia horizontal dos direitos fundamentais[146]

Deve-se recorrer, ao final, *apenas ao art. 1 I GG* para todo o âmbito compreendido pela garantia da dignidade humana e também para todo o âmbito em que os direitos fundamentais dos arts. 2 e ss. GG que possuem conteúdo de dignidade gozem da proteção do art. 79 III GG. O art. 1 I GG contém um *direito fundamental*.[147] Apenas assim far-se-á justiça à sua posição sistemática de destaque no capítulo dos direitos fundamentais e à sua imutabilidade nos termos do art. 79 III GG. O afetado poderá recorrer por meio de reclamação constitucional[148] contra novas leis que visem a alterações que não atendam à dignidade humana. O art. 1 I GG acaba por adquirir – ao contrário do que ocorre com os direitos fundamentais subsequentes – *completa eficácia horizontal.*[149] O Estado está obrigado a proteger a dignidade humana em toda a sua extensão também em face da relação dos cidadãos entre si, nos termos do art. 1 I, segunda frase, segunda alternativa GG.[150] Em razão disso, os órgãos de persecução penal, no âmbito de um processo penal que deve garantir direitos fundamentais (acima I. 1.), não podem basear-se em uma violação à dignidade humana ocorrida por obtenção privada de meios de prova (acima 1.).

Caso entrem em cena por ocasião de uma persecução penal, ao lado do art. 1 GG, direitos fundamentais específicos nos termos dos arts. 2 e ss. GG ou concretizações especiais do direito geral de personalidade nos termos do art. 2 I

---

145. Compare-se também *v. Mangoldt/Klein/Starck*, art. 2 I nm. 65.

146. (N.E.) Sobre o termo eficácia horizontal (Drittwirkung), cf. Introdução, B. I. 1.

147. (N.E.) Sobre essa controvérsia, a respeito de configurar a dignidade humana direito fundamental, cf. Introdução, B. I. 1.

148. (N.E.) Sobre o conteúdo essencial dos direitos fundamentais, mencionado no art. 19 II GG, cf. Introdução, B. I. 1 e 4.

149. *v. Mangoldt/Klein/Starck*, art. 1 I nm. 16 e ss., com referências; BK-*Zippelius*, art. 1 I e II nm. 35; ver também BVerfGE 30, 16 e s.; *v. Münch*, art. 1 I nm. 33; outra posição em *Jarass* in *Jarass/Pieroth*, art. 1 nm. 9.

150. De forma ainda mais extensa, o PIDCP; compare-se *Novak* (n. 14), art. 2 nm. 20 e s., art. 17 nm. 6

GG (exemplos: direito à privacidade, compreendidos aqui os direitos à própria imagem e à palavra não proferida em público; direito ao próprio timbre de voz; direito à autoapresentação e à autodeterminação informacional), estar-se-á diante de *direitos fundamentais gêmeos.*[151] A partir do momento em que esteja afetado o conteúdo de dignidade humana desses direitos fundamentais, nos termos do art. 79 III GG, tornam-se supérfluas e equivocadas considerações em torno de reservas de lei ou outras limitações a esses direitos fundamentais. Na exata medida em que participem da proteção conferida pelo art. 79 III GG, os direitos fundamentais devem permanecer resistentes a ponderações e indisponíveis (acima II.). É verdade que, nesses casos de direitos fundamentais a rigor passíveis de limitação, como por exemplo os arts. 2 e 13 GG, está violado também o chamado *conteúdo essencial.*[152-153] Ocorre que esse recurso ao art. 19 II GG, que prevê a intocabilidade do conteúdo essencial, é contraditório, porque nem todos os direitos fundamentais podem ser deduzidos da dignidade humana.[154] A garantia do conteúdo essencial tampouco é alcançada pelo art. 79 III GG.[155] Nesse sentido, os arts. 13, 2 II ou 2 I GG, apesar de sua "especialidade", operam apenas de forma secundária, excepcionalmente não sujeitos a reserva de lei, enfim, como *direitos fundamentais acessórios concretizadores da dignidade humana (art. 1 GG).* A *verdadeira lex specialis*, aqui, é o direito fundamental à *dignidade humana.*

A situação é diversa caso a lesão esteja "abaixo" da real garantia da dignidade humana, a exemplo de quando o direito geral de personalidade nos termos do art. 2 I GG é tangenciado.[156] O direito fundamental em questão aqui é *apenas o art. 2 I GG.*[157] O art. 1 GG, do qual em regra também adicionalmente se lança mão, obriga, na condição de diretriz jurídica objetiva no capítulo dos direitos fundamentais, a que os amplos limites do art. 2 I GG sejam substituídos ou limitados pelo princípio da proporcionalidade.[158] Caso se conclua que a ponderação do direito fundamental do art. 2 I GG com os interesses da persecução penal, sob os parâmetros do princípio da proporcionalidade c/c art. 1 I GG, pela inadequação do proceder estatal, então certamente deverá ser afirmada lesão ao art. 2 I GG e,

---

151. *v. Mangoldt/Klein/Starck*, art. 2 I nm. 11, 39 e s., 65.

152. Compare-se ainda BVerfG StV 1990, 1; BGHSt 31, 299; *Pieroth/Schlink*, nm. 350; BK-*Zippelius*, art. 1I e II nm. 13, 20, 114.

153. (N.E.) Sobre as duas categorias de direitos fundamentais, a dos submetidos a reserva de lei e a dos não submetidos a essa reserva, cf. Introdução, B. I. 2.

154. *v. Mangoldt/Klein/Starck*, art. 1 I nm. 20; *v. Münch*, art. 1 nm. 37, 61; BK-*Zippelius*, art. 1 I e II nm. 114; outra posição em *Maunz/Dürig*, art. 1 I comentário 8, art. 2 I, comentário 34.

155. *Benda*, Handb. (n. 87), 112.

156. Pouco claro do ponto de vista sistemático, BGSt 31, 299.

157. (N.E.) Nisso, *Wolter* discrepa da opinião dominante exposta na Introdução, B. I. 1., que deriva o direito geral de personalidade de uma leitura conjunta de dois dispositivos, o art. 2 I e o art. 1 I GG.

158. Compare-se ainda BVerfGE 47, 357, sobre o recurso ao art. 1 GG para a concretização da garantia de conteúdo essencial; ver ainda por exemplo BVerfGE 65, 44, sobre o estreitamento dos limites do art. 2 I GG com o auxílio do princípio da proporcionalidade – que seria de se deduzir dos arts. 1 e ss. GG.

em geral, igualmente violação de seu conteúdo essencial (acima 6.), não contudo violação à dignidade humana nos termos do art. 1 I GG. A garantia do art. 1 I GG deve ser reservada fundamentalmente para os casos de especial gravidade.

IV. Conclusão

De tudo quanto foi dito, vê-se que há ampla coincidência com Karlheinz Meyer. A sua clara tomada de posição sobre o controvertido caso julgado pelo BGH sobre a obtenção oculta de uma amostra de voz por meio de um gravador tem o seguinte conteúdo: "A complementação à lei considerada permitida pelo BGH e já demandada por setores interessados obriga o imputado ao silêncio completo. Sua dignidade humana é, assim, diretamente violada".[159]

159. JR 1987, 217.

PROIBIÇÕES DE PROVA E PROIBIÇÕES DE CIRCUNVENÇÃO: ENTRE A BUSCA DA VERDADE E A PROIBIÇÃO DE DEVASSAMENTO*

I. A mudança na jurisprudência do BGH

1. 50 anos de Tribunal do Império – 50 anos do Bundesgerichtshof (BGH) em matéria penal

No prefácio do quinto tomo do volume de "Estudos em comemoração aos 50 anos de existência do Tribunal do Império", escrevem os co-organizadores: "Jurisprudência e ciência têm de permanecer uma unidade; não pode existir oposição de princípio entre teoria útil e prática útil".[1] No estudo paralelo "Cinquenta anos de Tribunal do Império em 1º de outubro de 1929", destaca *Schneidewin* que "a jurisprudência do Tribunal do Império em matéria penal é um espelho de seu tempo" e aponta quatro grandes teorias da parte geral do direito penal, "que se tornaram, por assim dizer, colunas mestras, nas quais se sustenta a jurisprudência".[2]

Em sua retrospectiva, por ocasião dos 40 anos de jurisprudência do Bundesgerichtshof em matéria penal, publicada em 1990, *C. Roxin* desenha, apesar de todas as nuances, um quadro positivo dos esforços do BGH para "encontrar um equilíbrio entre o interesse de persecução estatal e o interesse de liberdade dos cidadãos",[3] entre busca da verdade e proteção de direitos fundamentais, entre

---

* Tradução: Luís Greco.

1. Em: *Schreiber* (coord.), Die Reichsgerichtspraxis im deutschen Rechtsleben (em colaboração com *Anschütz, Heymann, Kipp, Kisch, Schulze, Siber*), 1929, p. III.
2. Em: *Lobe* (coord.), Fünfzig Jahre Reichsgericht am 1. Oktober 1929, 1929, p. 270 e s.
3. Em: *Jauernig/Roxin*, 40 Jahre Bundesgerichtshof, 1991, p. 67, 68 e ss.

obtenção de prova e proibição de prova em um processo equitativo. "O BGH possui o grande mérito de, em colaboração com o BVerfG, ter erigido um baluarte da proteção da personalidade do imputado contra intervenções excessivas por ocasião da persecução penal".[4] "Não há qualquer princípio do Código de Processo Penal que imponha a descoberta da verdade a qualquer preço".[5] Em 1996, por fim, *Fezer* concluiu de sua análise do conteúdo processual-penal dos volumes 30 a 40 do repertório de jurisprudência oficial do BGH, que, na tarefa de "mediar entre proteção dos cidadãos e poderes estatais", esse tribunal teria tomado quase que excessiva posição em favor do primeiro, "claramente influenciado pela atmosfera político-jurídica mais geral".[6]

Isso foi dito pouco depois da decisão BGHSt 38, 214,[7] na qual o 5º Senado do BGH dera o passo definitivo no sentido de efetivar o direito do imputado de permanecer em silêncio diante de interrogatórios *abertos*[8] – mas também em um contexto caracterizado por intensos esforços do legislador e da jurisprudência no enfrentamento da criminalidade organizada e grave, em que o caso Sedlmayer ("armadilha de testemunha")[9] e a decisão sobre a comparação de voz ("armadilha de voz"), que levava adiante a decisão sobre a amostra clandestina de fala[10] davam sinal da *possibilidade de circunvir* o direito da testemunha e do imputado de permanecer em silêncio, e em que, por fim, o 5º Senado decidiu levar para o Grande Senado em Matéria Penal o problema da chamada "armadilha do segundo telefone".[11]

2. *Valoração da prova apesar da lesão ao direito ao silêncio?*

Hoje – poucos anos depois – a situação parece bem diversa. Isso é verdade, ao menos, para a teoria das proibições de prova, a qual representa apenas uma parte da totalidade do direito processual penal de um Estado de Direito. O BGH, de forma meritória, realizou notáveis avanços também no setor dos direitos dos sujeitos processuais.[12] Entretanto, a teoria das proibições de prova e as regras

4. *Roxin* (n. 4), p. 78 com remissão a BGHSt 14, 358; 31, 296; 31, 304; 34, 39; 34, 397.
5. BGHSt 14, 358 (365).
6. JZ 1996, p. 68; impressionante exposição geral em LR-*Gössel*, 25ª ed., 1999, Einleitung K nm. 17 e ss., 140 e ss.
7. (N.E.) Síntese dessa decisão e das demais citadas no presente parágrafo na Introdução, C. I.
8. (N.E.) Sobre o conceito de interrogatório manejado pela jurisprudência alemã, que compreende apenas perguntas formuladas de forma aberta pela autoridade, cf. Introdução, II. 2. b).
9. BGHSt 40, 211 (1º Senado do BGH).
10. BGHSt 40, 66 (4º Senado do BGH); sobre a amostra de fala BGHSt 34, 39 (3º Senado).
11. BGHSt 42, 139.
12. Cf., de forma representativa, a respeito de setores adjacentes à temática do presente estudo, *Roxin* (n. 5), com referências à p. 75: o silêncio justificado do imputado é excluído da valoração probatória (com referência a BGHSt 20, 281; 22, 113; 32, 140; 34, 324); p. 87, com referência parcialmente crítica a BGHSt 33, 347 sobre a inviolabilidade da comunicação entre advogado criminal e imputado, diversamente do disposto na letra do § 100a S. 2 StPO, o dispositivo que prevê a interceptação de

sobre a prisão preventiva representam o capítulo mais obscuro do processo penal, e um capítulo que, por sua vez, é o mais relevante para a liberdade dos cidadãos. Essa teoria é o teste de fogo dos direitos fundamentais que se encontram na Constituição e na Convenção Europeia de Direitos Humanos. A verdade é que, em matéria de proibições e de faculdades de prova, a eficiência da persecução penal, derivada do próprio princípio do Estado de Direito, na grande maioria das decisões, parece ter se sobreposto de forma definitiva à proteção da personalidade do imputado.[13]

Convém, aqui esclarecer qual o *caminho a ser percorrido* no presente estudo. Em um primeiro passo, após essa introdução sobre a mudança na jurisprudência do BGH (I.), cuidaremos, em correspondência com a temática do trabalho, do alcance das proibições de devassamento e de circunvenção em um processo equitativo (II.). Em seguida, cuidaremos do real fundamento da proibição de valorar

telecomunicação; (2º Senado; cf. ainda *Dittrich*, NStZ 1998, 336; sobre a extensão dessa decisão a outros setores da atividade do advogado, levando em conta o direito à privacidade (art. 8 II na Convenção Europeia de Direitos Humanos = CEDH), *Kühne*, StV 1998, 686 com ulteriores referências); p. 76, com correta crítica à jurisprudência sobre a proibição de valoração constante no § 252 StPO (N.E.: Para o teor desse dispositivo, com algumas explicações, C. II. 2.) em BGHSt 2, 99, e BGHSt 32, 123 (Grande Senado); cf. também as referências no presente estudo, entre outros BGHSt 43, 300 (303 e s.) (4º Senado): proibição de apreensão, derivada de direito fundamental, no caso de separação de processos para circunvir as proibições do § 97 I StPO, dispositivo que prevê a proibição de apreensão de objetos em posse das pessoas com direito a recusar testemunho, como o cônjuge, o médico etc. (N.E.: cf. Introdução, C. II. 2.); proibição de apreensão e de valoração de prova a respeito de documentos de defesa do acusado (com fundamento no direito ao processo equitativo, art. 6 III CEDH, e com aplicação analógica do § 97 I StPO, à luz do direito geral de personalidade e do princípio do Estado de Direito, arts. 2 I, 20 III GG; cf. ademais, de forma geral, Tribunal Europeu de Direitos Humanos = TEDH NStZ 1998, 429 com comentário de *Deumeland* sobre o direito de consulta aos autos do inquérito pelo próprio imputado, quando este não estiver assistido por advogado criminal, o que não está previsto no § 147; BGH StV 1997, 357 e s. sobre a proibição de valoração de prova no caso de violação do § 168c V 2 StPO, norma que impõe que se comunique ao advogado criminal e ao imputado sobre a inquirição de testemunha também em fase de inquérito, em situação que tenham direito de comparecer a essa inquirição; sobre a proibição de obtenção de prova em razão de inexistir fundamento legal BGH (juiz de garantias) NStZ 1998, 157 (jardim de casa como domicílio protegido – anterior à introdução do dispositivo sobre a vigilância acústica domiciliar [§ 100c I n. 2 StPO]; não se menciona o art. 8 da CEDH, que prevê o direito à privacidade) e NStZ 1998, 157 e s. (transporte secreto de automóvel a uma oficina para instalação de mecanismo segundo o § 100c I n. 2 StPO, que autoriza a medida de vigilância acústica de conversas não-públicas realizadas fora de domicílios; de acordo, *Gössel*, NStZ 1998, 127; crítico *Martensen*, Jus 1999, 433; *Schairer/Krombacher*, Kriminalistik 1998, 120); BGH (juiz de garantias), StV 1997, 399, sobre a interpretação restritiva do § 100a II StPO, dispositivo que regula a interceptação de telecomunicação, e sobre a reserva jurisdicional para acessar dados armazenados em uma caixa de e-mail; BGHSt 42, 372 com comentário crítico de *Scholz*, NStZ 1997, 197 (escritório de uma associação como domicílio); mencionem-se ainda, entre outras, BGHSt 38, 302 (5º Senado; abaixo n. 14); BGHSt 42, 15 (5º Senado) "contra" BGHSt 42, 170 (1º Senado) sobre o direito à consulta a advogado; BGH NStZ 1999, 147 (5º Senado; proibição de valoração de prova em caso de devassamento, imputável ao Estado, ocorrido em cela de prisão).

13. Sobre a chamada "capacidade de funcionamento da justiça penal" BGHSt 38, 214 (220) (abaixo n. 20) ([N.E.] Cf. também a Introdução, B. I. 4.).

prova, em especial após uma obtenção antijurídica dessa prova, e da reserva de lei, levando em conta as teorias do BGH, a chamada teoria da esfera jurídica e a teoria da ponderação (abaixo III.). Em primeiro plano estará o "setor referido a direitos fundamentais" da teoria da proibição de valorar prova.[14] Em seguida, procede-se a algumas observações sobre a falta de unidade dos senados do BGH e sobre as diferenças entre esse tribunal e o BVerfG e o TEDH, bem como entre o BGH e ciência e legislação (levando em conta também a lei sobre os documentos da Stasi) (IV.). Na última parte do trabalho, formulam-se as conclusões em forma de "Linhas mestras para uma teoria (europeia) das proibições de prova". O leitor mais interessado pode, de antemão, recorrer a esse resumo para obter uma ideia do percurso e das dimensões da presente investigação.

De qualquer forma, o Grande Senado permitiu, em um ato de criação livre do direito, a armadilha do segundo telefone (e a valoração da prova dessa decorrente), isto é, uma forma de devassamento, de maneira extensa e pouco clara – sem dar espaço decisivo para o legislador ou para os direitos fundamentais (abaixo II. 2.). Por sua vez, no que diz respeito a proibições de obtenção e de valoração da prova, o legislador seguiu caminho similar com a introdução da vigilância acústica de domicílio (§ 100d III 1-3 StPO). No lugar de regras unitárias (comparem-se apenas os §§ 97 e 100a StPO com o § 100d III StPO[15]) e de decisões fundamentadas sobre o alcance dos direitos de recusa a testemunhar ou a prestar declarações, têm-se nuances e ponderações cujo resultado é quase sempre favorável à eficiência da persecução penal.

Pode-se negar que, nos casos das armadilhas da testemunha, da voz e do segundo telefone (perdoe-se o uso de conceitos nada neutros), o BGH tenha

---

14. Dele se distingue a problemática, por ex., dos §§ 54, 96 StPO ([N.E.] Normas que subtraem da cognição judicial testemunhas e coisas que são objetos de segredos estatais, cf. Introdução, C. III. 2.); também o § 55 II StPO (a respeito BGHSt 38, 214, 220) ([N.E.] Trata-se do dispositivo que impõe o dever de esclarecer a testemunha sobre o seu direito de, grosso modo, negar-se a responder a perguntas em situações de perigo de autoincriminação, cf. Introdução, C. III. 2.) ultrapassa os limites do presente estudo (pelo menos a decisão BGHSt 38, 302 [5º Senado] oferece importante aprofundamento do direito ao silêncio desenvolvido em BGHSt 38, 214). Abstrairemos dos âmbitos dos acordos, das descobertas fortuitas e da assistência judiciária (BGHSt 38, 263, 265) e de paralelos com o direito civil e administrativo. A "perspectiva referida a direitos fundamentais" compreende, entretanto, também os direitos de consulta, presença e participação do imputado (*Grünwald*, Das Beweisrecht der Strafprozeßordnung, 1993, p. 152) em razão dos direitos de ser ouvido, defender-se e de confrontar testemunhas; compreende também os §§ 52, 53 StPO (N.E.: Dispositivos que preveem os direitos de recusa a testemunhar, por razões de vínculo familiar [§ 52] ou por razões profissionais [§ 53], cf. Introdução, C. II. 2.), em razão das especiais relações de confiança entre testemunha e imputado, como direitos garantidos em um processo equitativo; além disso, integram essa perspectiva as regras de competência para ordenar as intervenções para obtenção de informação (controle jurisdicional preventivo) e a reserva de lei, por serem posições constitucionalmente garantidas.

15. (N.E.) Os três dispositivos continham regras sobre a apreensão, a escuta de telecomunicação e a escuta domiciliar, relativas aos direitos de pessoas autorizadas a recusar testemunho. Em razão dessa falta de unidade, em 2008 foi introduzido o novo dispositivo § 160a, que proíbe, de forma geral, a imposição dessas medidas a essas pessoas, sem, contudo, resolver todos os problemas.

declarado a *obtenção* da prova sempre algo lícito. Por vezes, questiona-se a qualidade de testemunha das pessoas de confiança ou se aponta para as regras de competência ou de faculdades gerais das cláusulas gerais de investigação (§§ 161, 163 StPO).[16-17] O BVerfG a isso se opôs com razão no caso Sedlmayer – ao afirmar, entre outras coisas, que as perguntas efetuadas de forma dissimulada a um parente do imputado por pessoas de confiança seriam, "ao menos à falta de um fundamento legal específico", ilícitas, por violarem a relação de confiança entre o imputado e seus parentes, em primeiro lugar, e o princípio do processo equitativo, em segundo lugar.[18] Ocorre que o BVerfG também fez alusão a uma afirmativa adicional do BGH, controversa também dentro desse tribunal,[19] de que a ilicitude de obtenção de prova em razão de desrespeito ao princípio do processo equitativo não permite que se conclua automaticamente pela proibição de valorar essa prova.[20]

16. Sobre os §§ 161, 163 StPO BGHSt 42, 139 (GS) = StV 1996, 465 (467); BGH NJW 2000, 1123; a respeito do (questionável) depoimento do homem de confiança e sobre a geral permissibilidade de um procedimento secreto BGHSt 40, 211 (213, 215 e s.); por outro lado, ademais, *Renzikowski*, JZ 1999, 715 e s. É de reconhecer-se, contudo, que, na fase de inquérito, não se podem de todo excluir investigações secretas (cf. TEDH EuGRZ 1979, 278; BGHSt 40, 211, 216; 39, 335, 346; cf. ademais *Dencker*, StV 1994, 674 e s.; *Renzikowski*, JZ 1999, 716). A atuação estatal tem de permanecer previsível, e isso não apenas em razão do art. 19 IV GG.

17. (N.E.) Sobre essas faculdades gerais, cf. Introdução, B. I. 2., II. 2. c).

18. 3ª. Câmara do 2º Senado, Decisão de 1.3.2000 (2 BvR 2017/94, 2039/94).

19. No sentido de que uma obtenção ilícita de prova tem por consequência a proibição de valorar a prova, por ex., BGHSt 40, 66 (70) (4º Senado) – ainda que a conclusão do BGH, aqui, seja uma obtenção lícita de prova; no mesmo sentido *Achenbach/Perschke*, StV 1994, 579 (comentário a BGHSt 40, 66); *Bottke*, Jura 1987, 366 (comentário a BGHSt 34, 39); diversamente, contudo, BGHSt 38, 372 (373) (4º Senado); cf. também BGHSt 34, 39 (52) (3º Senado); 38, 214 (219) (5º Senado); 42, 15 (21) (5º. Senado); 42, 170 (174) (1º Senado); 42, 372 (377 e s.) (3º Senado), 44, 243 (3º Senado). "A decisão em favor ou contra uma proibição de valorar a prova deve ser tomada com base em uma ampla ponderação (BGHSt 19, 325, 329; 27, 355, 357; 31, 304, 307; 35, 32, 34; 37, 30, 32 ...). Nessa ponderação, têm importância a gravidade da violação processual e seu relevo para a esfera juridicamente protegida do imputado, além da consideração de que a verdade não tem de ser descoberta a qualquer preço ... Por outro lado é de levar-se em conta que uma proibição de valorar a prova prejudica as possibilidades de descoberta da verdade (BGHSt 28, 118, 122; 37, 30, 32), e que o Estado, segundo a jurisprudência do BVerfG, é constitucionalmente obrigado a assegurar a capacidade de funcionamento da justiça penal, sem a qual a justiça não pode realizar-se ... Uma proibição de valorar a prova será muito provavelmente de afirmar-se, quando a norma processual violada tem por objetivo assegurar ... os fundamentos do status jurídico-processual do imputado" (BGHSt 38, 214, 220).

20. As reclamações constitucionais ([N.E.] Cf. Introdução, B. I. 5.) foram, ao final, julgadas inadmissíveis sem apreciação do mérito, em razão de que lhes faltaria a suficiente exposição das razões para a proibição de valorar prova/da eventual violação a norma processual; cf. também decisão de 27.4.2000 (2 BvR 1990/96, 75/94), sobre a armadilha do segundo telefone.

3. *Eficiência da justiça penal apesar de devassamento e de violação ao princípio do processo equitativo?*

É nessa linha que prossegue a mais nova decisão do 1º Senado do BGH sobre uma provocação (imputável ao Estado) de um não-suspeito para que esse cometesse um crime.[21] A pergunta formulada pelo BVerfG é respondida sem cerimônias no sentido da possibilidade de valorar a prova. O BGH afirma, em consonância com a jurisprudência do TEDH em caso similar,[22] uma violação ao princípio do processo equitativo (art. 6 III CEDH), mas ainda assim faz uso da prova e conclui no sentido de uma punição (mitigada).[23] A não-punição, consequência exigida pelo TEDH, o qual reconhece ao provocado indenização completa em razão de processo *ab initio* não-equitativo, torna-se nas mãos do BGH punição eficiente, que apenas confere ao provocado a diminuição de pena.

A resumida seleção de recentes decisões do BGH sobre a utilização de pessoas de confiança e sobre a obtenção secreta de provas pode ser sintetizada da seguinte maneira, ainda que grosseiramente e sem cronologia: a eficiente persecução penal, a qual depende da valoração da prova, não encontra obstáculo nem na obtenção de prova por meio de circunvenção oculta dos direitos de recusa a testemunhar, nem na falta de autorização legal específica para a obtenção de prova, nem, por fim, na falta do pressuposto fundamental de qualquer processo penal, a suspeita inicial[24] – e isso nem mesmo quando a obtenção da prova por meio dos métodos que acabamos de mencionar, segundo a própria avaliação do TEDH (provocação) e também do BVerfG (violação ao § 52 StPO) violem o princípio do processo equitativo. Em síntese ainda mais apertada: busca da verdade por meio de devassamento da verdade, eficiência do processo penal por meio da iniquidade do processo penal.

4. *Limites da reserva de lei?*

Ainda assim: a jurisprudência do BGH somente poderá ser atacada quando se tiver conseguido esclarecer de forma ampla se os mencionados métodos de devassamento, desde a armadilha do segundo telefone até a armadilha da voz, são intervenções consideráveis em direitos fundamentais, as quais, portanto, ou neces-

---

21. BGH NJW 2000, 1123, com comentário crítico de *Roxin*, JZ 2000, 369; *Sinner/Kreuzer*, StV 2000, 114.

22. TEDH StV 1999, 127 (Castro vs. Portugal), com comentário de *Kempf*, StV 1999, 128; *Kinzig*, StV 1999, 288; *Sommer*, NStZ 1999, 48.

23. Cf., em sentido contrário, *Fischer/Maul*, NStZ 1992, 13: inconstitucional degradação do cidadão a objeto de política criminal estatal, com a consequência de ampla proibição de valorar a prova (derivada imediatamente do direito geral de personalidade, arts. 2 I, 1 I GG).

24. (N.E.) Sobre o sentido do Anfangsverdacht, aqui traduzido como "suspeita inicial", algo similar à nossa *notitia criminis*, cf. Introdução, B. II. 1.

sitam de fundamento autorizativo específico,[25] ou representam já em si mesmas violação de direitos fundamentais, uma vez que razões constitucionais relativas à dignidade humana (art. 1 I GG[26]) obstariam a uma previsão legal (abaixo II.). Pelo menos no caso da circunvenção dos direitos de recusa a testemunhar, o BGH ofereceu, com a sua abordagem fundada no conceito de interrogatório, importantes fundamentações para o porquê de não se estar no campo de aplicação dos §§ 136, 136a, 252 StPO.[27] Independentemente disso, colocam-se as demais questões quanto à razão decisiva para a proibição de valorar a prova após obtenção ilícita de prova e quanto a se, no caso de possível utilização, essa valoração necessitaria de fundamento legal (abaixo III.). O BGH sempre entendeu, de forma diametralmente oposta, a proibição de valorar a prova ilicitamente obtida como uma limitação,[28] depois mesmo como uma exceção[29] ao dever dos órgãos da justiça penal de buscar a verdade, limitação ou exceção "que só pode ser admitida em razão de uma disposição legal expressa ou de razões superiores presentes no caso concreto".[30] A mais recente decisão sobre o caso de provocação é um exemplo paradigmático em que tais razões superiores são entendidas como inexistentes.

II. Proibições de devassamento e de circunvenção

1. Circunvenção dos direitos de recusa a testemunhar

Comecemos com o caso Sedlmayer. Sua solução é extremamente difícil, uma vez que o 1º Senado, em BGHSt 40, 211,[31] com razão, releva a existência de diferença de hierarquia entre o direito do imputado ao silêncio, o qual deriva da dignidade humana (art. 1 I GG), conjuntamente com o direito geral de personalidade (art. 2 I GG) e o princípio do *nemo-tenetur* (BGHSt 38, 214), e os direitos

---

25. Observe-se que, em face do acórdão do censo de 1983 (BVerfGE 65, 1), dos projetos de Projeto de Lei de Reforma do Direito Processual Penal (1986-1999) e da decisão parcial constante no § 100d III 1-3 StPO, não há mais que falar em qualquer "bônus de transição" ([N.E.] Sobre o acórdão do censo e a figura do bônus de transição, cf. Introdução, B. I. 3.) (cf. entretanto OLG Düsseldorf NStZ 1998, 268, com comentário de *Gusy*, StV 1998, 526; *Comes*, StV 1998, 569; cf. também *Rogall*, JZ 1998, 798, em comentário a BGHSt 44, 13).

26. (N.E.) Sobre esse dispositivo da Lei Fundamental (Grundgesetz, GG), bem como sobre os demais dispositivos desse diploma legislativo citados no presente artigo, cf. Introdução, C. II. 1.

27. (N.E.) Para uma explicação desses dispositivos e dos demais aqui citados, cf. Introdução, C. II. 2.

28. Referências n. 20.

29. Por ex., BGHSt 40, 211 (217); 44, 243.

30. BGHSt 37, 30 (3º Senado) = BGH NJW 1990, 1801 com referência a BGHSt 19, 325; 31, 304; cf. também BGHSt 40, 211 (218) (1º Senado), no caso Sedlmayer: "Em razão da nova regulamentação da matéria pela Lei de Combate à Criminalidade Organizada (OrgKG) de 1992 teria sido de esperar-se que o legislador, levando em conta o caráter excepcional das proibições de valorar a prova, as regulasse legalmente."

31. De acordo, no fundamental, *Gollwitzer*, JR 1995, 469; *Schlüchter/Radbruch*, NStZ 1995, 354 e s., fazendo referência a uma ponderação; *Rogall*, JZ 1996, 951; cf. também *Gusy*, StV 1995, 449; *Weilter*, GA 1996, 101; *Widmaier*, StV 1995, 621.

de recusar-se a testemunhar. O Tribunal reconduz esses direitos à situação de conflito entre o dever da testemunha de falar a verdade e os laços familiares, "sem que determinados direitos do imputado... sejam aqui decisivos". O direito de recusa a testemunhar por razões de vínculo familiar, previsto no § 52 StPO, teria "finalidade protetiva restrita" à própria testemunha, o que tornaria possível a valoração da prova obtida na hipótese assemelhada de intercepção telefônica lícita, em que se trate de conversa com uma pessoa com direito de recusar-se a testemunhar.[32] O direito de recusa a testemunhar não permitiria, contudo, a aplicação analógica do § 252 StPO (uma aplicação direta é incabível, por inexistir situação de interrogatório[33]), uma vez que, em investigações secretas realizadas por pessoas de confiança, as quais levam a que testemunha com direito a recusa fale de forma privada e voluntária, estaria ausente a mencionada situação de conflito que fundamentaria esse direito de recusa a testemunhar. Além disso, não se poderia dizer que o direito de recusa a testemunhar tenha sido "circunvindo de forma propositada". Uma vez que a obtenção da prova seria lícita, não seria cabível derivar do princípio do processo equitativo a proibição de valorar a prova.

Nada disso convence. A abordagem "orientada segundo o conceito de interrogatório" (que exclui a aplicação analógica do § 252 StPO) não pode ser a última palavra. Uma vez que pessoas de confiança conseguem, por meio de perguntas direcionadas, guiar a declaração da testemunha em um determinado sentido, o decisivo não é a perspectiva subjetiva da testemunha, a qual não se percebe na situação de conflito prevista no § 52 StPO. O paralelo traçado com a interceptação de telecomunicação não convence, uma vez que o legislador, o mais tardar ao introduzir a vigilância acústica domiciliar e a solução de compromisso do § 100d III 3 StPO,[34] manifestou sua justificada insegurança quanto a se a proteção de pessoas com direito de recusa a testemunhar não deveria ser assegurada também no contexto da interceptação de telecomunicação do § 100a StPO (e, possivelmente, no do uso de tecnologias de observações, segundo o § 100c I n. 1 b StPO, e da gravação secreta de voz fora da residência, segundo o § 100c I n. 2 StPO).[35] Isso é o que também indica o dispositivo que proíbe apreensões de objetos na posse de pessoas autorizadas a testemunhar (§ 97 StPO), que protege os parentes

---

32. Cf. também BGHSt 29, 23 (25) (2º Senado); BGH NStZ 1988, 562 e s.

33. (N.E.) Cf. a N.E. de número 9.

34. (N.E.) O complexo dispositivo (já modificado, também por defeitos de constitucionalidade, cf. BVerfGE 109, 279), regulava as consequências de direitos de recusa a testemunhar para o uso da medida de vigilância acústica domiciliar e para a valoração dos conhecimentos obtidos, com várias diferenciações que aqui já não importam. O mais importante é que o dispositivo não considerava impassível de qualquer valoração a prova obtida pela vigilância de pessoas autorizadas a testemunhar por razões de parentesco, mas autorizava essa valoração com base em uma ponderação caso a caso (frase 3).

35. Quanto à demanda dirigida pela Comissão do Interior do Parlamento Federal ao Governo Federal, no sentido de entregar até abril de 1998 um relatório a esse respeito, *Jacob*, DuD 1998, 4; cf. também BT-Drucks. 13/9661, p. 7; em geral, *Kempf*, AnwBl 1998, 190; contra a aplicação analógica do § 100d III 3 StPO ao § 100c I n. 2 BGH NStZ 199, 145, 147 (3º Senado).

de forma ampla e não apenas "relativa", como a regra do § 100d III 3 StPO. No caso da interceptação de telecomunicação (§ 100a StPO), – se não se quiser excluir a interceptação telefônica como meio lícito de obtenção de prova – a proibição "absoluta" de valorar a prova é, no mínimo, merecedora de ser levada em consideração.[36] De qualquer forma, em uma interceptação de telecomunicação, não há sempre como saber antecipadamente que uma testemunha com direito de recusa será envolvida em uma "conversa investigativa".[37]

De todo diversa era a situação no caso Sedlmayer. As pessoas de confiança, após ouvirem declarações espontâneas da testemunha, atuaram de forma dirigida sobre ela. É também duvidoso que as respostas fornecidas pela testemunha aos questionamentos direcionados e secretos das pessoas de confiança (depois das declarações espontâneas sobre os instrumentos do crime) tenham ocorrido de forma "privada" e "voluntária".[38] As insistências das pessoas de confiança são, no mínimo, uma intervenção informacional,[39-40] a qual então carece de específico fundamento autorizativo legal; isso se não estiver afetado o núcleo do direito de personalidade (art. 2 I, 1 I GG), que está protegido até mesmo contra o legislador. Esse aspecto inicial – a violação da reserva de lei – é entendida pelo BVerfG, corretamente, como uma violação do princípio do processo equitativo,[41] ainda que o tribunal deixe em aberto a ulterior questão quanto a se ao legislador sequer seria possível criar o fundamento legal correspondente. Porque aqui se trata menos da situação de conflito para a testemunha (o que, como diz o BGH,[42] levaria à negação de que "determinados direitos do imputado ... sejam aqui decisivos"), e mais da relação de confiança entre os parentes e o imputado. O que levou à condenação do imputado foi o desrespeito a essa relação de confiança.

É de reconhecer-se que o direito (processual-fundamental) de recusa a testemunhar é de hierarquia inferior ao direito do imputado ao silêncio. Ainda assim, aquele está no mesmo plano dos direitos processuais-fundamentais do processo equitativo arrolados no art. 6 III CEDH e do direito ao contraditório, previsto no art. 103 I GG.[43] Tal direito, diversamente do direito ao silêncio do imputado,

---

36. *Wolter*, em: Wolter/Riedel/Taupitz (coords.), Einwirkungen der Grundrechte auf das Zivilrecht, Öffentliche Recht und Strafrecht, 1999, p. 337; *idem*, GA 1999, 167 e s., 173.

37. Cf. também *Neuhaus*, Kriminalistik, 1995, 789; *Sternberg-Lieben*, JZ 1995, 847 n. 67.

38. Assim também, para o caso da armadilha do segundo telefone, a decisão de consulta (N.E.: "Anfragebeschluss", a respeito cf. Introdução, C. I.) do 5º Senado, StV 1995, 286; *Tietje*, MDR 1994, 1079; cf. também *Seitz*, NStZ 1995, 519.

39. BVerfG, como a n. 19.

40. (N.E.) Sobre esse conceito cf. Introdução, B. I. 3.

41. Cf. também a decisão de consulta do 5º Senado, StV 1996, 245.

42. Cf. também *Golltwitzer*, JR 1995, 470.

43. (N.E.) Para o dispositivo, que prevê um "direito a ser ouvido" (rechtliches Gehör) em juízo, e as dificuldades de tradução, cf. Introdução, C. II. 1.

não deriva da dignidade humana (art. 1 I GG).[44] Em razão disso, a violação do dever de esclarecimento sobre esse direito (dever previsto no § 52 III StPO) não tem, necessariamente, de conduzir à proibição (absoluta) de valorar a prova, ao contrário de o que vale no caso do não esclarecimento sobre o direito do imputado de permanecer em silêncio (esclarecimento previsto no § 136 I 2 StPO).[45] Mas a circunvenção (secreta, direcionada) ou a obstaculização consciente[46] do exercício do direito de recusar testemunho faz com que a atividade dos homens de confiança deixe de ser um caso ordinário de lesão a um direito fundamental dentro de um processo.[47] O princípio do processo equitativo está, assim, lesionado de forma qualificada; a lei está violada, por assim dizer, em seu cerne. Há, pois, boas razões para postular, com ampla corrente na jurisprudência e na literatura científica,[48] que essa violação qualificada do princípio do processo equitativo (circunvenção ou lesão consciente de importantes direitos processuais) se encontre em um plano valorativo comparável a uma lesão à dignidade humana (art. 1 I GG).[49] Nesse sentido, o devassamento que se realizou no caso Sedlmayer acaba, ao final das contas, por ter o mesmo peso de uma violação do direito do imputado ao silêncio.

A menção feita de passagem pelo BGH, no sentido de que os homens de confiança não teriam circunvindo o direito de recusar o testemunho de forma direcionada, uma vez que esse direito não tinha ainda sido exercido,[50] pode ser deixada de lado[51] – e isso também nos casos da armadilha do segundo telefone e de voz

---

44. *Wolter* (n. 37), p. 337; cf. também Alternativ-Entwurf Zeugnisverweigerungsrechte und Beschlagnahmefreiheit (Projeto Alternativo sobre Direitos de Recusa a Testemunhar e Imunidades contra Apreensão, AE-ZVR), 1996, p. 37; BGHSt 40, 211 (215).

45. É verdade que a opinião generalizada é no sentido de uma não-valoração do testemunho (cf. *Roxin*, Strafverfahrensrecht, 25ª ed., 1998, § 24 nm. 32, com referência a BGHSt 11, 216, e também a BGHSt 22, 35); é imaginável, entretanto, que considerações a respeito de um curso de investigação hipotético lícito permitam essa valoração.

46. Para a diferenciação entre circunvenção e obstaculização consciente do direito de consulta a advogado *Roxin*, JZ 1997, 345.

47. Por ex., uma violação às garantias ancoradas no art. 6 III CEDH (fora das hipóteses de lesões arbitrárias, isto é, de circunvenções ou obstaculizações conscientes).

48. Referências em *Roxin* (n. 46), § 24 nm. 37; cf. também *Beulke/Rogat*, JR 1996, 520; *Grünwald*, JZ 1966, 499; idem (n. 14), p. 154; *Jähnke*, Odersky-Festschrift, 1996, 427; *Rogall*, JZ 1996, 952 e s.; *Schroth*, JuS 1998, 970; BGHSt 38, 372 (4º Senado) com comentário de *Rieß*, JR 1993, 334; *Roxin*, JZ 1993, 425; BGHSt 42, 15 (20) (5º Senado) com comentário de *Beulke*, NStZ 1996, 257; *Müller*, StV 1996, 358; *Roxin*, JZ 1997, 342; *Venske*, StV 1996, 524 sobre a lesão consciente do direito de consulta a advogado independentemente de um engano ou de uma "circunvenção propositada" – a respeito, também, BGHSt 40, 211 (214); 40, 66 (72) e a continuidade do texto; contra BGHSt 42, 15 cf. BGHSt 42, 170 (1º Senado) com comentário crítico de *Roxin*, JZ 1997, 342; cf., por fim, BGHSt 43, 300 (303 e s.) (4º Senado) – a respeito acima, n. 13.

49. Imaginável é, também, situar o problema na norma que considera intocável o núcleo essencial dos direitos fundamentais (art. 19 II GG); *Wolter*, GA 1999, 173; cf. também BVerfG (n. 19): "núcleo fundamental; requisitos indispensáveis de um processo equitativo dentro de um Estado de Direito".

50. No mesmo sentido *Kleinknecht/Meyer-Goßner*, StPO Kommentar, 44ª ed., 1999, § 252 nm. 8; *Sternberg-Lieben*, JZ 1995, 844.

51. Ainda que aqui não se saiba se a testemunha não estaria, de qualquer modo, disposta a falar.

e da gravação clandestina. Afinal, se o comportamento das pessoas de confiança ou dos funcionários da investigação somente puder ser considerado ilícito, caso se tenha procedido ao esclarecimento sobre o direito ao silêncio e esse tiver sido então exercido, os funcionários tratarão de evitar qualquer interrogatório aberto prévio. Com isso, impossibilitar-se-á justamente aquilo que o Código de Processo Penal quer alcançar: colocar a testemunha na posição de decidir se ela quer prestar seu depoimento ou calar-se.[52] Se levarmos em consideração que a testemunha necessita, para tomar essa difícil decisão, de um advogado, do qual essa muitas vezes também dispõe (cf. também os §§ 68b, 406f StPO[53]), enxerga-se que esses direitos fundamentais são intencionalmente contornados no processo. A situação se torna ainda mais manifesta no caso do imputado: a esse assiste o amplo direito a um advogado, assegurado pelos dispositivos que preveem deveres de esclarecimento a esse respeito (§ 136 I 2, 3 StPO), dever que se reflete nos dispositivos sobre o processo equitativo (art. 6 I e III CEDH).

A primeira conclusão no mais difícil dos casos de devassamento é a seguinte: nos casos de direito de recusar-se a depor como testemunha por razões familiares (§ 52 StPO; e também por razões de segredo profissional, § 53 StPO), existe, na obtenção da prova, uma *proibição de circunvenção* aliada a uma *proibição de devassamento*. O desrespeito a essa proibição de circunvenção e de devassamento é uma lesão qualificada do princípio do processo equitativo. A proibição de circunvenção compreende também a obstaculização consciente do exercício de relevantes direitos processuais fundamentais, bem como a lesão (propositada) desses direitos, entre os quais se encontram os arrolados no art. 6 I e III CEDH, no art. 103 I GG, nos §§ 52, 53 em conexão com o § 97 StPO,[54] no § 100d III e no 252 StPO.[55] Nesses casos, há violação da lei "em seu cerne", o que importa também para um eventual recurso especial (Revision), o qual se torna merecedor de provimento ainda que a violação de lei não tenha influência sobre o resultado da sentença recorrida.[56] Essa violação tem, no que diz respeito a suas consequências jurídicas, a mesma gravidade da violação à dignidade humana. Desse modo, o legislador não tem qualquer liberdade: mais do que isso, ele está proibido constitucionalmente de introduzir lei que permita o devassamento de pessoas autorizadas a recusar testemunho no Código de Processo Penal.

---

52. Entendendo ser esse o significado do direito ao silêncio para o imputado, fundamentalmente, BGHSt 5, 332 (334); 34, 39.

53. (N.E.) Os dois dispositivos preveem, como menciona o texto anteriormente, dentro de certas condições, a possibilidade de que a testemunha e o ofendido se valham de um advogado.

54. Cf. também BGHSt 44, 46 (n. 13).

55. (N.E.) Para todos esses dispositivos, que já foram, de forma breve, explicados em anteriores notas do editor, cf. a Introdução, C. II. 11

56. (N.E.) Sobre a Revision alemã e o conceito de "Beruhen", que foi traduzido por uma paráfrase, cf. Introdução B. II. 2. e).

Permanece a pergunta quanto a se a prova ilicitamente obtida, caso essa lesão venha a ocorrer, pode ser valorada. A nova decisão do BGH sobre a provocação o admite. Deixemos, porém, a resposta para logo mais; convém que primeiro nos ocupemos dos casos semelhantes da amostra clandestina de fala, da armadilha do segundo telefone e da voz, em que possivelmente chegaremos à conclusão de lesão ao princípio do processo equitativo.

2. *Circunvenção dos direitos de permanecer em silêncio e de defesa*

Os casos da armadilha do segundo telefone, da armadilha de voz e da gravação clandestina apresentam fortes semelhanças em relação ao caso Sedlmayer.[57] Os direitos de personalidade e de silêncio afetados estão, entretanto, ancorados no art. 1 I GG conjuntamente com o art. 2 I GG (direito ao silêncio; proibição de autoincriminação), de forma que qualquer lesão ao direito de recusar uma declaração, inclusive ao direito de negar uma amostra de fala ou de voz[58] – e não apenas uma circunvenção ou lesão praticadas de forma propositada ou consciente – representa violação qualificada aos direitos do imputado e ao direito a um processo equitativo. No geral, os argumentos em favor e contra tal violação de direito fundamental apresentam clara semelhança com a discussão sobre os direitos de recusa a testemunhar, de que se tratava no caso Sedlmayer (BGHSt 40, 211). Em razão disso, cuidaremos desses argumentos em conjunto, ainda que observando certa cronologia (em especial, BGHSt 34, 39; 40, 66; 42, 139 em combinação com BGHSt 31, 304; 39, 335).

a) BGHSt 34, 39,[59] que tinha por objeto a *obtenção secreta de uma amostra de fala,* guarda certa distância do caso Sedlmayer (BGHSt 40, 211). De qualquer modo, o 3º Senado afirma que a proibição de coagir o imputado a colaborar com o esclarecimento dos fatos "careceria de eficácia, se fosse possível contorná-la, levando o imputado a falar, ao mesmo tempo em que ele é enganado, de forma expressa ou tácita, a respeito de que a sua palavra falada em contexto não público seria fixada em uma gravação de áudio, a qual serviria a uma comparação de voz".[60] Mas o tribunal dá uma guinada no sentido anteriormente visto, ao sustentar que a amostra de voz poderia ser objeto de regulação legal, da mesma forma que o foi a interceptação de telecomunicação (§ 100a StPO). Além disso, o Tribunal fundamenta a conclusão de que incide a proibição de valorar a prova no caso concreto (apesar da inexistência de fundamento legal para a coleta da amostra)

---

57. No geral, *Sternberg-Lieben*, JZ 1995, 847; *Widmaier*, StV 1995, 662.

58. Sobre o direito à própria tonalidade de voz (tonalidade da fala), derivado do art. 2 I GG, *Achenbach/Perschke*, StV 1994, 578 com referência a BVerfGE 34, 328 (246); BGHSt 14, 358 (359 ss.).

59. Com comentário de *Bottke*, Jura 1987, 356; *Kühne*, EuGRZ 1986, 493; *Meyer*, JR 1987, 215. (N.E.) Sobre a decisão, cf. também a Introdução, C. I.

60. Próxima também a decisão de consulta do 5º Senado, StV 1996, 242.

apenas em uma ponderação entre os interesses persecutórios e os relativos ao direito de personalidade do imputado.

Em consonância com o BGH, é de se reconhecer que o princípio do *nemo-tenetur* não foi violado,[61] uma vez que inexiste tanto coação quanto circunvenção da proibição de coação por meio de fraude, no sentido de que o imputado se visse na errônea crença de um dever de declarar.[62] Existe, entretanto, uma fraude ou engano tácito,[63] um ardil,[64] que viola o direito à liberdade de autoincriminação de uma terceira forma, a do devassamento. O problema pouco tem a ver com os dispositivos sobre o direito ao silêncio (§ 136 StPO) ou sobre a proibição de certos métodos de interrogatório (§ 136a StPO), ambos os quais dizem respeito apenas ao *interrogatório* do imputado, ainda que não seja decisivo que o imputado não tenha sido esclarecido de seu direito ao silêncio.[65] O decisivo, aqui, não é a circunvenção do interrogatório e da instrução a respeito do silêncio, mas sim o desrespeito direto a esse próprio direito de permanecer calado.[66]

Tampouco parece correta a tese de que o legislador poderia regular a amostra de fala de maneira paralela à interceptação de telecomunicação do § 100a StPO.[67] Aqui, permanece intacto o direito do afetado de interromper o telefonema ou de conduzi-lo a outra direção; bastaria que o afetado soubesse da medida. No caso da coleta secreta de uma amostra de voz de alguém que se encontra em prisão preventiva, a única saída para o imputado que não quiser autoincriminar-se é calar-se de forma imediata e permanente,[68] o que degrada o imputado a objeto do processo e viola o cerne de sua liberdade de comunicação, isto é, em seu conteúdo de dignidade humana.[69] E significa que nem mesmo o legislador poderia declarar lícita a amostra de fala secreta (nem a amostra de voz, nem tampouco a armadilha do segundo telefone). Isso fica ainda mais claro no caso da armadilha do segundo telefone: aqui, o imputado não é colocado em condições de exercer o seu direito de se manifestar sobre a imputação que se lhe faz (a qual não lhe é revelada) ou o

61. Assim também BGHSt 42, 139 (Grande Senado) = StV 1996, 466.

62. *Fezer*, NStZ 1996, 290; podemos também deixar de lado o alcance do art. 14 III g do Pacto Internacional de Direitos Civis e Políticos.

63. Cf. também *Dencker*, StV 1994, 672.

64. Que compreende a situação em que alguém se aproveita de um erro pré-existente; em sentido contrário, BGHSt 39, 335 = NStZ 1992, 292 no caso da armadilha do segundo telefone; BGHSt 40, 66 (72) na armadilha de voz.

65. Cf. também a decisão de consulta do 5º Senado, StV 1995, 286; *Dencker*, StV 1994, 674 e ss.; sobre a analogia com o § 136 StPO, *Roxin*, NStZ 1995, 466.

66. Convincentemente *Fezer*, NStZ 1996, 289; cf. também *Renzikowski*, JZ 1997, 713, 717.

67. Nesse sentido, entretanto, *Derksen*, JR 1997, 170; *Renzikowski*, JZ 1997, 714 para a armadilha do segundo telefone; cf. ademais *Roxin* (n. 4), p. 82.

68. Cf. também *Meyer*, JR 1987, 216. No caso BGHSt 33, 317 (223 e s.) inexistente, ao ver do 1º. Senado, um devassamento. Continuaria possível ao imputado fazer uso do telefone vigiado sem autoincriminar-se (ele poderia "enfrentar" os métodos de investigação do Estado); cf. a respeito BGHSt 40, 211 (216).

69. (N.E.) Sobre o conteúdo de dignidade de direitos fundamentais cf. Introdução, B. I. 1.

seu direito de calar-se – muito menos o de consultar um advogado ou de formular requisições de prova.[70]

Em conclusão, pleiteia-se aqui o reconhecimento de uma proibição autônoma de devassamento e de circunvenção de direitos processuais fundamentais, proibição essa derivada do dispositivo sobre a dignidade humana (art. 1 I GG) em conjunção com o dispositivo sobre o direito à liberdade de locomoção (art. 2 II GG). No caso da armadilha do segundo telefone, essa proibição se encontra prevista no dever de esclarecimento sobre o direito ao silêncio (§ 136 I 2 StPO), uma vez que por trás desse dever está o amplo direito de permanecer em silêncio.

Essa derivação autônoma da proibição de circunvenção (secreta) de direitos fundamentais no processo supera a "perspectiva referida ao interrogatório" presente na jurisprudência do BGH, cujo cerne é afirmar que, na falta de um interrogatório formal e aberto não incidiria o dever de instruir segundo o § 136 StPO, nem o dever de abster-se de um engano ou fraude (§ 136a StPO), e tampouco estaria afetado o princípio do *nemo-tenetur* que se manifestaria nesses dois dispositivos. A verdade é que existe, sim, uma conexão entre o que aqui se desenvolveu com o § 136 StPO, a qual foi ignorada pelos tribunais antes de BGHSt 38, 214.[71-72] Essa conexão é, contudo, indireta, e é a base processual-penal da perspectiva orientada segundo o interrogatório. A recusa às proibições de circunvenção e de devassamento aqui postuladas pretende impor um limite à restrição aos interesses persecutórios que decorreu de BGHSt 38, 214. "A decisão que se deseja tomar" – afirma o Grande Senado sobre a decisão de consulta do 5º Senado no caso da armadilha do segundo telefone – "abriria as porteiras para o reconhecimento de muitas proibições de valorar a prova não previstas do Código de Processo Penal, relativas a declarações do imputado ou de seus parentes fora de situações de interrogatório".[73]

b) A decisão sobre a amostra secreta de fala acabou, isso sim, por seduzir o 4º Senado a entender lícita até mesmo uma *comparação secreta de voz* (BGHSt 40, 66).[74-75] O Tribunal se vale da mencionada tese de que o princípio do *nemo-tenetur* não estaria violado nos casos da amostra de fala ou da armadilha do segundo telefone, uma vez ausentes a coação ou a fraude (que tornaria desnecessária a primeira). A fraude pressuporia, ademais, lesão à liberdade de formação ou de atuação da vontade (cf. § 136a I StPO). A proteção do imputado não poderia,

70. *Fezer*, NStZ 1996, 289 e ss.; *Renzikowski*, JZ 1997, 717.

71. *Roxin*, NStZ 1995, 467; 1997, 19.

72. (N.E.) A fundamental decisão que reconheceu a proibição de valorar a prova no caso de desrespeito ao dever de esclarecer o imputado sobre seu direito ao silêncio, cf. Introdução, C. I.

73. Cf. a decisão prévia do 1º. Senado do BGH NStZ 1995, 557.

74. A ilicitude não deriva apenas da falta de fundamento legal (assim, contudo, *Achenbach/Perschke*, StV 1994, 557).

75. (N.E.) Sobre essa decisão, cf. Introdução, C. I.

contudo, ir além do disposto no § 136a StPO.[76] O mero fato de os agentes estatais se aproveitarem de um erro preexistente não pode ser, em princípio, equiparado a uma fraude. Além disso, esse método de investigação seria justificado pelo fato de que não teria ocorrido uma gravação audiofônica[77] (argumento similar encontra-se também nas novas sentenças da armadilha do segundo telefone, em comparação com BGHSt 31, 304).[78] E o círculo se fecha, abarcando também a decisão sobre a armadilha do segundo telefone e sobre o caso Sedlmayer, com a consideração de que o imputado não teria recusado de forma expressa a amostra de voz, e que somente depois teria sido secretamente "sondado"; seu direito não teria, assim, sido "propositadamente circunvindo". Por fim, a conversa entre o imputado e a polícia não teria sido "arranjada" para o fim específico de que a vítima pudesse proceder à comparação de voz.

É de se repetir: se se exigir o prévio e expresso exercício do direito ao silêncio como pressuposto de que o uso de método de devassamento pelo Estado seja ilícito, a verdade é que os envolvidos no processo não estariam mais em condições de exercer qualquer direito. Afinal, nesse caso, as instâncias de investigação recorreriam desde o começo ao método secreto[79] – e isso sem gravador, mas com fones de ouvido e caneta e, depois, para introduzir esses conhecimentos na audiência, com a ajuda a testemunhas de ouvir-dizer.

Por outro lado, pode-se negar que as várias armadilhas que a jurisprudência dos tribunais superiores já teve de julgar sempre tenham sido "arranjadas" de forma específica? A verdade é que tais casos, de certo modo contrariamente ao que fez a decisão da armadilha de voz (BGHSt 40, 66), não fizeram com que o BGH excluísse a presença de uma armadilha nem a possibilidade de valorar a prova. O BGH somente declarou proibida a valoração da prova em casos que apresentavam circunstâncias concomitantes especiais, descritas de forma mais colorida: os meios tinham de ser "desleais",[80] como na gravação da declaração por meio de aparelhos,[81] ou no aproveitamento da situação coativa da prisão cautelar.[82] Também a impressionante decisão do BGH no caso da vidente[83] apresenta circunstâncias especiais, o que estreita o alcance da armadilha do segundo telefone que o BGH e o seu Grande Senado consideram permitida.

Se forem levadas a sério as proibições de devassamento e de circunvenção aqui defendidas, essas circunstâncias concomitantes deixam de ser relevantes. O

76. Assim também BGHSt 42, 139 (Grande Senado) = StV 1996, 467.
77. Em sentido contrário AG Freiburg StV 1998, 383; cf., contudo, BGHSt 39, 335; 40, 211 (216).
78. Por ex., BGHSt 39, 335.
79. *Nack*, in: 20. Strafverteidigertag, 1996, p. 246; *Roxin*, NStZ 1997, 20.
80. Cf. BGHSt 39, 335 (347); decisão de consulta do 5º Senado StV 1995, 285; vide também BGHSt 40, 211 (216).
81. BGHSt 31, 308; 34, 39.
82. BGHSt 34, 362 (5º Senado) ([N.E.] Sobre esse caso, cf. a Introdução, C. I.).
83. BGH NStZ 1999, 147. ([N.E.] Sobre esse caso, cf. a Introdução, C. I.).

imputado tem violados o seu direito ao silêncio e o seu direito de defesa quando o investigador se vale da caneta em lugar do gravador de áudio, quando, diversamente do caso Romeu,[84] o investigador não busca uma relação de proximidade com o imputado ou quando ele devassa o imputado preso durante as suas saídas[85] – e isso também pelo fato de que esses casos sejam especialmente qualificados, em razão de punibilidade segundo o tipo penal que protege a palavra falada em contextos não-públicos contra gravações (§ 201 StGB) e da circunvenção da reserva jurisdicional.[86]

Por fim, tampouco convencem a "perspectiva baseada na ideia de interrogatório" e a afirmação de que o imputado não pode ser protegido além do que determina o dispositivo que proíbe certos métodos de interrogatório (§ 136a StPO). Não se trata, aqui, de coação ou de métodos fraudulentos ou ardilosos, os quais seriam usados *sem* ou contra a *vontade* do imputado ou de sua errônea suposição de que estivesse obrigado a declarar, o que tornaria essas declarações, ao fim, *involuntárias*. Ninguém "se viu coagido" a prestar as declarações em questão; o problema está, pelo contrário, em que se trate de informações que as instâncias de persecução obtêm *sem o conhecimento* do imputado e por meio de um respeito aparente à "*voluntariedade*" deste, a qual, na verdade, foi *circunvinda por meio de um ardil.*[87] A liberdade de formação da vontade de quem sofre uma devassa não é lesionada porque esse desconhece a única alternativa a seu dispor, que é a de permanecer imediata e completamente calado, o que, na situação concreta, é de todo incomum. Aqui se encontra, ademais, a diferença entre o devassamento e uma escuta telefônica: o afetado não precisa, aqui, renunciar a qualquer comunicação, para deixar de autoincriminar-se. Ele não se vê guiado pelo Estado no sentido do se e do como de sua declaração.[88]

No devassamento por meio de perguntas,[89] o método secreto de investigação se vale de um ardil (no que se inclui que se aproveite um erro preexistente) ou de uma fraude (sem lesão à liberdade de formação da vontade) e obtém de forma imediata a autoincriminação. E essa violação ao princípio do processo equitativo

---

84. (N.E.) Descreve-se como "caso Romeu" a situação em que um agente encoberto ou uma pessoa de confiança inicia uma relação íntima com a pessoa vigiada; esse caso é tido como paradigma de um uso ilícito desse meio de obtenção de prova. Essa situação não é meramente hipotética, mas algo que, vez ou outra, sói ocorrer; para dois recentes exemplos em Hamburgo, cf. Hahn, Süddeutsche Zeitung, 28.08.2015, <http://www.sueddeutsche.de/politik/linksautonome-in-hamburg-enttarnung-einer-ermittlerin-1.2623704; Hahn, Süddeutsche Zeitung, 16.06.2015, http://www.sueddeutsche.de/politik/hamburg-die-legende-der-iris-p-1.2523927>; devo esses exemplos ao doutorando *Mário Jorge*, que os menciona em seu trabalho de L.L.M., mencionado na Introdução (n. 59).

85. *Roxin*, NStZ 1997, 20; cf. também *Bernsmann*, StV 1997, 119; *Rambach*, JZ 1991, 79; diversamente *Popp*, NStZ 1998, 96.

86. *Lisken*, NJW 1994, 2069.

87. Assim também *Sternberg-Lieben*, Jura 1995, 309.

88. Quanto a BGHSt 33, 217 (223 e s.), cf. acima n. 69; cf., ademais, *Fezer*, NStZ 1996, 290.

89. (N.E.) No original, Aushorchung; sobre a tradução desse termo Introdução, A. III.

existe – para fechar o primeiro círculo de reflexões – também no caso Sedlmayer, em que se desrespeitou a relação de confiança entre o imputado e seus parentes.

c) Avaliemos, ainda, os restantes argumentos do Grande Senado em sentido contrário,[90] que na *decisão da armadilha do segundo telefone* retoma os aspectos centrais das decisões do BGH que acabamos de examinar e aos quais acrescenta uma série de importantes aspectos.[91] O Grande Senado formula algumas considerações em um sentido conhecido: não haveria, aqui, um interrogatório nem uma situação a esse assemelhada; tampouco poderia ser afirmada uma violação ao princípio do *nemo tenetur* (nem mesmo no sentido de "circunvenção por meio de fraude");[92] se se proibisse a devassa, a proteção iria além do que está previsto no § 136a StPO;[93] haveria, aqui, declarações privadas de um imputado; a atividade de um agente provocador seria, em si, permitida[94] (o Grande Senado remete, entre outros, aos dispositivos que preveem a faculdade geral de investigação, §§ 161, 163 StPO e aos dispositivos que regulam o caso paralelo do agente encoberto, § 110a e ss. StPO); os limites para as pessoas de confiança seriam dados unicamente pelos meios desleais mencionados em lei. Essas considerações, presentes também nas decisões anteriores, foram anteriormente objeto das críticas acima desenvolvidas.

Mas a decisão do Grande Senado contém duas considerações adicionais. A primeira remete, de forma "negativa", o que é problemático, à ausência de uma situação de interrogatório, para com isso excluir que se tenha circunvindo o § 136 StPO: "A finalidade do § 136 I StPO, que é a de proteger o imputado da eventual errônea suposição de que, em razão do caráter oficial da situação em que se encontra, ele estaria obrigado a prestar declarações, não é circunvinda se se deixa de prestar o esclarecimento sobre o direito ao silêncio em uma situação em que o imputado não tem por que nutrir essa suposição". A segunda consideração diz respeito ao compromisso, ao início aqui mencionado, entre as proibições de prova e os critérios referidos ao caso concreto em que a jurisprudência a seu bel prazer as fundamenta. O Tribunal declara suas reservas relativas ao fato de que os investigadores obtiveram, de forma secreta, declarações desfavoráveis à situação do imputado, pela "proximidade a uma violação do princípio do *nemo-tenetur*", pela afetação ao menos indireta do direito geral de personalidade e em face do princípio do processo equitativo. A necessária ponderação entre essas conside-

90. BGHSt 42, 139; de acordo, em geral, *Kudlich*, JuS 1997, 700; *Popp*, NStZ 1998, 95; comentários críticos de *Rieß*, NStZ 1996, 505; *Renzikowski*, JZ 1997, 710; e *Roxin*, NStZ 1997, 18; cf. ademais *Bernsmann*, StV 1997, 116; *Derksen*, JR 1997, 167; *Klingst*, DRiZ 1996, 383; BVerfG (3ª. Câmara do 2º. Senado), n. 21.

91. (N.E.) Sobre essa decisão, Introdução, C. I.

92. Cf. também *Roxin*, NStZ 1995, 465 e s. (inexistência de lesão à liberdade de determinação da vontade).

93. Entendendo violado o § 136a StPO *Popp*, NStZ 1998, 95; cf. também *Derksen*, JR 1997, 169 (considerando duvidosa essa conclusão).

94. Em sentido contrário, *Renzikowski*, JZ 1997, 716.

rações e o interesse de persecução penal chega à conclusão de que o método de investigação somente será lícito e a prova a partir dele obtida apenas será valorável se puder ser afirmado um estado de necessidade probatório segundo o § 98a StPO, isto é, quando a obtenção da prova sem o uso da medida "seria consideravelmente menos promissora ou se veria fundamentalmente dificultada" (e não segundo os §§ 100a, 110a StPO, os quais exigem uma necessidade tal que a obtenção da prova seria de outro modo "impossibilitada ou fundamentalmente dificultada"[95])[96] e se se tratar de um delito de gravidade considerável (remetendo-se aos catálogos de delitos dos §§ 98a, 100a, 110a StPO).

Essas duas considerações devem ser rechaçadas. É verdade que a "teoria subjetiva" (segundo a qual inexistiria interrogatório, nem, portanto, da perspectiva do imputado, uma circunvenção de um interrogatório) pode ser coerente em seus próprios termos.[97] Uma vez, contudo, que uma pessoa que investiga de forma secreta pode imprimir à conversa com o imputado uma determinada direção,[98] não é a perspectiva do imputado, a sua opinião de não se encontrar em uma situação de interrogatório, que pode ser decisiva. A "teoria subjetiva", que, ao final, nada mais é que uma "perspectiva referida a um interrogatório", desconhece os direitos do imputado de permanecer em silêncio e de recorrer a um advogado, pressupostos pelo dever de esclarecimento do § 136 I StPO e fundados no próprio status do imputado como sujeito processual. Esses direitos são circunvindos,[99] e isso ainda mais, porque outros métodos de investigação em si lícitos, entre os quais a interceptação telefônica e a vigilância acústica domiciliar, §§ 100a, 100c StPO, seriam aqui incabíveis.[100] Sem a armadilha do segundo telefone, o que restaria às instâncias de investigação seria apenas um interrogatório formal. Sendo assim, houve, desde o início e em sua totalidade, um processo não equitativo.

A solução de compromisso do Grande Senado soa como se os direitos de personalidade do imputado e o princípio do processo equitativo tivessem sido "um pouco violados". Um "processo em sua metade não equitativo" terá ou não por consequência a proibição de valorar a prova, a depender do delito de que se trate e da urgência probatória que se afirme. Com isso, abrem-se as porteiras para o decisionismo[101] e deixam-se os investigadores às escuras quanto àquilo que lhes é lícito fazer. O fato de que o legislador tenha seguido essa perspectiva em outros

---

95. (N.E.) No original: "erheblich weniger erfolgversprechend oder wesentlich erschwert wäre"; "auf andere Weise aussichtslos oder wesentlich erschwert wäre". A primeira redação é mais generosa que a segunda.

96. É digno de nota que o BGH (cf. BGHSt 41, 30 [4º Senado], com comentário crítico de *Bernsmann*, NStZ 1995, 512; *Störmer*, StV 1995, 653; cf. também *Küpper*, JR 1996, 214) considera fluidas essas cláusulas e dificilmente possível delimitá-las uma das outras (cf. ademais *Bernsmann*, StV 1997, 116).

97. Em detalhe *Nack* (n. 80), p. 244 e ss.

98. Cf. também a decisão de consulta do 5º Senado StV 1995, 18.

99. Quanto a isso, *Bernsmann*, StV 1997, 118; *Roxin*, NStZ 1997, 18.

100. 5º Senado (n. 99).

101. A respeito, *Bernsmann*, StV 1997, 119; *Rieß*, NStZ 1996, 505.

setores, como os da vigilância domiciliar de pessoas a quem assistem direitos de recusa a testemunhar por razões de vínculo familiar (§§ 100d III 3 e 52 StPO[102]), somente contribuiu para aumentar as dúvidas.[103]

O que resta, assim, são as alternativas tradicionais: se tiverem sido violados importantes direitos de personalidade do imputado (ou da testemunha), as provas obtidas não podem ser valoradas (o que a jurisprudência do BGH cada vez menos reconhece); se esses direitos não foram violados, a prova poderá, segundo a jurisprudência, ter ampla utilização. Ambos os princípios acabam sendo postos de lado pelo Grande Senado do BGH. Uma eventual proibição de prova após obtenção lícita de prova é, abstraindo-se do disposto no § 252 StPO, uma ideia interessante (abaixo III.4.). Por outro lado, a faculdade de valorar a prova ainda que haja violação ao princípio do processo equitativo é um problema que interessa diretamente ao contexto de nossa investigação (abaixo III.2.). É nessa última linha que se move a conclusão da última decisão do 1º Senado sobre um caso de agente provocador: apesar do desrespeito ao princípio do processo equitativo na obtenção da prova, uma vez que pessoas de confiança induziram um não-suspeito ao cometimento de um delito, o Senado conclui pela valoração da prova e pela punição.

III. Razões para proibição de valorar a prova após obtenção ilícita e lícita da prova: reservas de lei

1. A abordagem pragmática do 1º Senado no caso da provocação

A decisão do 1º Senado[104] será aqui analisada apenas no que se refere ao fundamento dado para valorar a prova e, com isso, para condenar a uma pena (atenuada), apesar de a prova ter sido obtida ilicitamente. Afinal, antes se escreveu o suficiente sobre a mudança da jurisprudência do BGH, a qual começou com uma isenção de pena (causa de extinção de punibilidade; impedimento processual; arquivamento segundo o § 153 II StPO[105]) e terminou com uma solução de atenuação de pena, de que quase teve de se ocupar o Grande Senado.[106] Tampouco se fundamentará mais uma vez que, em lugar de proibição de valorar a prova ou de um impedimento processual, o mais adequado parece ser uma causa material de exclusão de punibilidade, uma vez que a faculdade estatal de punir sequer

---

102. (N.E.) Sobre o primeiro desses dispositivos cf. já a N.E. de número 35.

103. Cf. também *Roxin*, NStZ 1997, 21.

104. Referências n. 22; decisão prévia do 1º Senado: BGHSt 32, 345 com referências.

105. (N.E.) O dispositivo permite ao juízo, com a concordância do MP e do imputado, extinguir o processo sem julgamento do mérito após a propositura da denúncia, desde que a culpabilidade do autor seja reduzida e inexista interesse público na persecução.

106. BGHSt 33, 356 (362); o Tribunal do Império rechaçou por completo a provocação (sentença de 20.12.1912, citada em Kohlrausch, ZStW 33, 694 e s.); o BVerfG exige a existência de suspeita (Câmara, NStZ 1987, 276).

chegou a surgir.[107] Afinal, o Estado que induz uma pessoa de todo insuspeita ao cometimento de um delito "circunvem" a estrutura de nosso processo penal, que pressupõe suspeita inicial ou ao menos a busca de tal suspeita inicial[108] (ainda que a lei considere possível, na existência de suficientes pontos de apoio fáticos para um delito, proceder em alguns casos contra não-suspeitos). A finalidade da justiça penal, a de buscar a verdade para restabelecer a paz jurídica de forma justa (e com isso reafirmar aos cidadãos o respeito ao direito), é comprometida desde o início.

Também a "discussão" entre as soluções de um impedimento processual e de uma proibição de valorar a prova[109] parece secundária, uma vez que, à falta de suspeita inicial, para a qual não existirão outras provas, a proibição de prova opera como impedimento processual.[110] Observe-se, ademais, que a solução que mais amplamente realiza o Estado de Direito é a combinação de proibição de obter e de valorar a prova com uma causa de exclusão de punibilidade. Afinal, uma causa de exclusão de punibilidade opera no caso concreto apenas quando foram tomadas medidas no sentido de uma investigação (possivelmente em conjunto com intervenções informacionais), ou quando, no caso concreto, teve início a audiência de instrução e julgamento (com isso, arquivando-se o processo por falta de suspeita suficiente ou justa causa, § 170 II StPO,[111] ou, no segundo caso, com sentença de absolvição). A proibição de valorar a prova tem o "efeito prévio" (Vorwirkung) de operar como proibição a limine de obtenção da prova,[112] com isso impedindo-se que se dê início a investigações e se ordenem ou executem quaisquer intervenções em direitos fundamentais.

Acrescente-se que há uma mudança de perspectiva. Em uma proibição de valorar a prova, olha-se para o comportamento dos órgãos de persecução violadores das regras processuais, os quais são, assim, o "*autor processual*" (ainda que o provocador pratique um fato ilícito segundo o direito material), que é "sancionado" processualmente por meio de uma proibição de valorar a prova. Na ocorrência de causa de extinção de punibilidade, trata-se da "*vítima processual*" do comportamento violador das regras processuais (ainda que essa vítima, na perspectiva de direito material, cometa um delito), que é "indenizada" materialmente por meio de uma causa de exclusão de punibilidade (e, se houver prisão,

---

107. *Roxin*, JZ 2000, 369 e s.; *Wolter*, in: Wolter/Freund (coords.), Straftat, Strafzumessung und Strafprozeß im gesamten Strafrechtssystem, 1996, p. 8 com remissão a *I. Roxin*, Die Rechtsfolgen schwerwiegender Menschenrechtsverstöße in der Strafrechtspflege, 2ª ed., 1995, p. 195 e ss., 237; cf. também BGH, sentença de 26.2.1980, 5 StR 9/80; BGH NStZ 1983, 50 (5º Senado).

108. (N.E.) Cf. a Introdução, B. II. 1.

109. Referências n. 24; contra um impedimento processual BGHSt 33, 283 (284) (5º Senado).

110. *Kinzig*, StV 1999, 292; *Lüderssen*, Jura 1995, n. 53a.

111. (N.E.) O termo original é a suspeita suficiente, hinreichender Verdacht, cf. Introdução, B. II. 2. a).

112. Cf. ademais § 100d III 2 StPO; *Fezer*, JuS 1979, 37; *Geppert*, JR 1988, 474; *Gössel*, GA 1990, 83.

por meio de pagamento em dinheiro[113]). Também *C. Roxin* postula que, mesmo que se afirme a proibição de valorar a prova, a sentença seja de absolvição, uma vez que "a instauração de um processo *ab initio* contrário ao Estado de Direito não pode ter consequências menos graves ... do que a de um processo conforme a esses princípios".[114] Dito de outro modo: não se trata da pergunta quanto a se é possível compensar a ilicitude material do comportamento de um provocador com o ilícito processual dos órgãos de persecução.[115] Pelo contrário, trata-se de encontrar uma solução justa (e conforme ao sistema da lei) para uma situação em que há ilicitude processual cometida diante do provocado, cujo delito, contudo, não pode ser exculpado[116] (muito menos justificado) nem pode ser declarado irrelevante, e que nem sempre dará ensejo ao arquivamento segundo os §§ 153, 153a StPO.[117] No que diz respeito a esses dispositivos que contêm o princípio da oportunidade, a provocação não chega a fundamentar a culpabilidade "reduzida"[118] nem opera como sanção capaz de compensar o interesse de persecução penal.[119] O delito praticado pelo provocado tem relação imediata com a ilicitude processual e material cometida pelo provocador. Ou seja: há correspondência entre proibir a obtenção e valoração da prova (impedimento processual), em desfavor do provocador, no direito processual penal, e a exclusão de punibilidade, em favor do provocado, no direito penal material.

É também bastante claro que o BGH se opõe, aqui, ao que julgou o TEDH em situações similares.[120] O TEDH, que (por enquanto[121]) apenas decidiu contra Portugal, condenou a que se indenizasse o reclamante pela prisão que sofreu. Ocorre que, se é correto indenizar alguém por sua prisão no bojo de um "processo não-equitativo desde o início", com muito maior razão tem de ser impossível valorar a prova. Ainda que o TEDH não tenha como decidir de forma direta sobre

---

113. (N.E.) Existe uma Lei de Indenização por Medidas de Persecução Penal (Gesetz über die Entschädigung für Strafverfolgungsmaßnahmen), que prevê, principalmente, indenização àquele que se submete a certas medidas invasivas, como a prisão ou a apreensão, sem que o processo termine em condenação.

114. *Roxin*, JZ 2000, 370.

115. A respeito, *Rogall*, in: Höpfel/Huber (coords.), Beweisverboten in Ländern de EU und vergleichbare Rechtsordnungen, 1999, p. 132 e s.

116. No máximo, em alguns casos, por coação moral irresistível.

117. (N.T.) Trata-se dos dois principais dispositivos que preveem o princípio da oportunidade da persecução penal; para maiores explicações, cf. Introdução, C. II. 2.

118. *Roxin* (n. 4), p. 86.

119. Não há base para persecução penal; não se pode falar em ponderação com "interesses de persecução", também em razão da existência de lesão qualificada ao princípio do processo equitativo; de qualquer forma, os §§ 153, 153a não valem para os crimes em sentido estrito ([N.E.]Verbrechen, cf. Introdução, B. II. 2. c]).

120. Referências n. 23.

121. (N.T.) Recentemente o TEDH (Furcht contra Alemanha, reclamação n. 54648/09, de 23.10.2014) condenou a Alemanha por violar o princípio do processo equitativo em um caso de provocação, afirmando, ao que parece, que a solução de atenuação de pena, defendida pela jurisprudência e criticada também por Wolter no presente artigo, não seria compensação suficiente.

a existência de proibição de valorar a prova,[122] suas palavras são claras: "O direito a um processo equitativo..." (também "diante do aumento da criminalidade organizada") "tem lugar tão central em uma sociedade democrática que ele não pode ser sacrificado por considerações de conveniência. ... O interesse público não pode justificar a *utilização* de meios de prova, que foram *obtidos* como resultado de uma provocação pela polícia".[123]

Abstraindo de tudo mais (da resistência na doutrina, do TEDH, cuja decisão tinha, a rigor, de ser acolhida pelo BGH, tanto em razão da vigência do art. 6 CEDH na Alemanha quanto da jurisprudência do Tribunal Constitucional, que exige que a jurisprudência nacional leve em conta a do TEDH[124]), pergunta-se: qual será a razão decisiva para a faculdade de valorar a prova postulada pelo 1° Senado do BGH? A resposta foi antecipada pelo TEDH: a valoração da prova é fundamentada por considerações de conveniência em face dos perigos da criminalidade organizada. Uma vez que falta a suspeita inicial, não se pode falar de autêntico interesse de persecução penal ou de dever de investigação da verdade segundo os §§ 160 I, 244 II StPO.[125] À afirmativa do 1° Senado, constante de uma decisão anterior (BGHSt 32, 345, 356), de que "o processo penal tem de levar em conta a culpabilidade do acusado", cumpre replicar com uma outra pergunta: que culpabilidade merecedora de pena poderá ser "levada em conta" em um "processo penal" iniciado sem suspeita inicial? A tese do 1° Senado, de que "qualificar a atuação concreta do provocador como contrária ao Estado de Direito" (e também à CEDH) "não impede, de uma perspectiva ético-jurídica, necessariamente uma punição do provocado", é justificada com razões de conveniência e não com autênticos interesses de persecução. Isso fica especialmente claro em uma ulterior consideração: o Senado afirma que seria lícito que pessoas de confiança e provocadores trouxessem à luz estruturas criminosas e destroçassem latentes focos criminosos.[126] Mas isso não é tarefa do direito processual penal, o qual se limita a elucidar crimes depois da existência de suspeita inicial (§ 160 I StPO). O 1° Senado do BGH, como observou *Fezer* em 1996, "está visivelmente contaminado pela atmosfera político-jurídica mais geral". Nem mesmo se trata de busca da verdade a qualquer preço e, sim – o que é dificilmente sustentável, tanto de uma

---

122. Cf. também TEDH NJW 1999, 3545 (Pélisser e Sassi vs. França).

123. Vide também as decisões anteriores do TEDH, quanto a se "o processo como um todo", inclusive a produção da prova, foi equitativo: StV 1991 (Kostovski vs. Holanda), o qual diferencia entre a obtenção permitida (confiança em informantes anônimos) e a valoração da prova; EuGRZ 1988, 390 (Schenk), para a qual a valoração de gravação obtida de forma ilícita por particular não está excluída, se a condenação não se basear exclusivamente nas provas obtidas de forma ilícita (diversamente, o voto divergente, p. 396); para a importância da CEDH na jurisprudência, cf. a n. 13.

124. BVerfGE 74, 370; *Roxin*, JZ 2000, 369.

125. (N.T.) Sobre esses dispositivos, cf. Introdução, C. II. 2.

126. A remissão a BGHSt 32, 115, 122 (Grande Senado) é de todo fora de lugar; cf. contudo também BT-Drucks. 13/8651, p. 9 sobre a vigilância domiciliar.

perspectiva teórico-jurídica quanto ético-jurídica – de prevenção, isto é, de uma tarefa policial, em vestes de processo penal.

Algo correspondente vale também para outras hipóteses, em que se ordena ou se executa uma atividade de investigação sobre uma pessoa contra a qual não paira qualquer suspeita e que não deu qualquer ocasião para que fosse investigada (cf., entretanto, o § 163e III StPO[127]), ou quando se trata de investigações no estágio prévio,[128] as quais não se destinam nem servem ao esclarecimento de fato concreto ou de suspeita inicial segundo o § 160 I StPO.[129] Tais investigações no estágio prévio são, em princípio, tarefa dos serviços de inteligência. Da perspectiva do direito processual penal, o que existe em tais hipóteses é, mais uma vez, uma violação "qualificada" do princípio do "processo" equitativo,[130] se não for já uma violação à presunção de inocência, derivada da dignidade humana (art. 1 I GG). O afetado, apesar de insuspeito e ilibado, acaba por ver-se penalmente implicado e, além disso, sob o risco de que seus dados pessoais, ilicitamente obtidos, sejam coletados e reencaminhados.[131]

"A isso se acrescenta" – assim, outra vez, o 1º Senado – "que afirmar uma proibição de prova produz consideráveis dificuldades no que diz respeito à determinação do alcance dessa proibição. Há de se resolver, quando há vários envolvidos, se a proibição de prova aproveita aos demais, de que forma as possíveis proibições de obter prova se relacionam com a proibição de valorá-la, se há um efeito indireto de uma violação processual em relação a futuras obtenções de prova e se é aplicável o *in dubio pro reo*." Se não se quiser chamar aquilo que aqui se manifesta de uma resignação dogmática, ao menos se reconheça que se trata da preocupação – em especial desde a decisão BGHSt 38, 214[132] – de que as proibições de valorar a prova sejam demasiado estendidas em desfavor da "justiça penal".[133]

---

127. (N.E.) O § 163e StPO, que possibilita e regula a comunicação de procura de uma pessoa (Ausschreibung zur polizeilichen Beobachtung) pela polícia para situações de controle viário permite, em seu Abs. 3, que a medida se dirija também contra uma pessoa que acompanhe os destinatários primários da medida, os quais são, segundo o Abs. 1, o imputado ou pessoa que apresente vínculo com ele.

128. (N.E.). Sobre esse conceito (Vorfeldermittlungen), cf. a Introdução, B. I. 1.

129. (N.E.) A importante separação entre processo penal, polícia preventiva e atividade de inteligência, fundamental para a estrutura do processo alemão, é explicada na Introdução, B. I. 1.

130. Quanto a tudo isso *Wolter* (n. 37), p. 333, com referências.

131. Cf. também BVerfGE 65, 1 (40 e ss.); 85, 399 (402).

132. (N.E.) A decisão que afirmou a proibição de valorar a prova no caso de descumprimento do dever de esclarecer sobre o direito ao silêncio; a respeito, Introdução, C. I.

133. Quanto a isso, outra vez, o 1º Senado, à altura da n. 74.

2. *A teoria da ponderação (e a teoria da esfera jurídica) do BGH*

Ocorre que o problema do provocador, em que há considerações de conveniência a militar contra a proibição de valorar a prova, é um caso especial. Nos "casos normais", a proibição ou permissão de valorar a prova obtida de forma não permitida é decidida pelo BGH quase sempre por meio da chamada teoria da ponderação.[134] Segundo essa teoria, há de se encontrar um ponto de equilíbrio, com base no princípio da proporcionalidade, entre a busca da verdade e os interesses de persecução penal, por um lado, e a proteção aos direitos fundamentais e aos direitos humanos em um processo equitativo, por outro. Outros exemplos são as acima discutidas decisões BGHSt 34, 39 (proibição de valorar a prova após ponderação em um caso em que faltava fundamento legal para coletar secretamente uma amostra de fala) e BGHSt 42, 139 (possibilidade ou proibição de valorar a prova, em razão de "proximidade de uma violação aos princípios do *nemo-tenetur* e do processo equitativo", a depender do delito e do estado de necessidade probatório). A razão fundamental para a faculdade de valorar uma prova apesar de sua obtenção ilícita é a reafirmação da paz jurídica por meio da investigação da verdade e da persecução penal, pouco importando que, na obtenção da prova, tenham sido desrespeitados os direitos da personalidade e o princípio do processo equitativo. Atribui-se, assim, *função autônoma* à proibição de valorar a prova em relação à proibição de obtenção da prova.[135] A chamada teoria da esfera jurídica, anteriormente desenvolvida, ao final foi abandonada.[136-137]

---

134. Referências acima, n. 20.

135. Cf. também BVerfGE 85, 386 (399, 402) e BVerfG (acima, n. 17 e no texto correspondente à n. 20); o Tribunal releva que a jurisprudência ainda não desenvolveu parâmetros constitucionais seguros para uma teoria das proibições de prova (com remissões a BVerfGE 44, 353, 370 e ss.; 56, 37, 50 e s.; 80, 367, 373 e ss.; 85, 386, 395 e ss.); em caráter geral, *Rogall* (n. 90), p. 120, 138 com referências; *Welp*, NStZ 1996, 603; para a autonomia das proibições de valorar a prova LR-*Gössel*, Einl. K nm. 147.

136. (N.T.) Segundo a teoria da esfera jurídica, somente surgiria proibição de valorar prova se a norma processual violada quando da obtenção da prova fosse referida à esfera jurídica do imputado. Essa teoria foi proposta pelo Grande Senado do BGH (BGHSt 11, 213, 215 e ss.), em 1958, para responder ao problema da possibilidade de valorar o depoimento de uma testemunha inquirida em violação à norma do § 55 II StPO, a qual, fundamentalmente, dispõe sobre o dever de esclarecer a testemunha a respeito do direito de recusar resposta a perguntas que gerem perigo de autoincriminação. O Grande Senado afirmou a possibilidade de valorar essa prova, uma vez que a norma desatendida não diria respeito à esfera jurídica do imputado.

137. BGHSt 38, 314 (220). Isso vale em razão do "aspecto positivo" da teoria da esfera jurídica (*Grünwald* [n. 14], p. 157) – proibição de valorar a prova depois de consideráveis violações ao direito no momento de obter a prova que diga respeito à esfera jurídica do imputado, que é consideravelmente restringido pelo BGH com base na teoria da ponderação. Por outro lado, a jurisprudência ainda se vale do "aspecto negativo" dessa teoria para negar a proibição de valorar a prova no caso de circunvenção de direitos de recusa a testemunhar: "se o dispositivo processual violado não se destina à proteção do imputado, ou não o faz em primeiro plano, é pouco provável a incidência de proibição de valorar a prova ... Aqui se trata, porém, da (restrita) finalidade de proteger a testemunha." (BGHSt 40, 211, 217 – 1º Senado, no caso Sedlmayer; críticas acima, II. 1.). A teoria da esfera jurídica, a qual erige a afetação da esfera jurídica do imputado a pressuposto de proibição de valorar a prova (BGHSt 11, 213

a) Se, em um primeiro momento, deixarmos de lado as desvantagens da teoria da ponderação, teremos de conceder que o BGH tem razão em vários aspectos: ao apontar, em primeiro lugar, que a proibição de valorar prova é independente da ilicitude da obtenção da prova, e, além disso, que o dever de esclarecer a verdade continua a ter relevância autônoma ainda que a prova tenha sido ilicitamente obtida. Doutro modo, não se poderia permitir a valoração da prova em casos de violações quase irrelevantes de regras processuais, de obtenções de prova hipoteticamente lícitas ou em situações nas quais um particular obteve a prova por meio de conduta ilícita – para não mencionar a valoração de provas em favor do imputado ou contra a vontade desse, o que também pode servir à descoberta da verdade.[138] Nesse aspecto, algumas teorias defendidas na ciência, como a "autolimitação do Estado"[139] ou a perspectiva estritamente "referida a direitos individuais",[140] mostram-se demasiado unilaterais. A primeira teoria, ao entender que toda obtenção ilícita de prova deveria levar, em razão da autolimitação do Estado, à proibição de valoração, acaba por negar a descrita função autônoma das proibições de valorar a prova. Por sua vez, a perspectiva referida a direitos individuais, que deriva uma pretensão à não-valoração de uma prova da tese de que essa valoração configuraria repetição e aprofundamento da intervenção em direito fundamental que levou à obtenção da prova, cai na alternativa exclusiva entre a proibição de valorar a prova ou a permissão legal de valorá-la. Adscreve-se, em nome do princípio da reserva de lei, quase que nenhuma importância a cursos investigativos legais hipotéticos, pondo-se em risco a finalidade da justiça penal, de restabelecer a paz jurídica, uma vez que se sacrifica a descoberta da verdade. A natureza autônoma das faculdades de valorar a prova e a relativa insignificância da lesão a direito fundamental com a obtenção ilícita de prova podem fazer com que não surja proibição de valorar a prova nem do princípio do Estado de Direito (art. 20 III GG),[141] nem da ideia de que o Estado não pode extrair benefícios de lesão a direito fundamental ao obter uma prova.[142]

– Grande Senado; de acordo, *Bauer*, wistra 1991, 96; cf. também BGHSt 37, 30 – 3º Senado = JZ 1990, 1033, com comentário crítico de *Schroeder*, JZ 1990, 1035), reduz o problema das proibições de prova incorretamente a suas implicações para o recurso extraordinário. Ela nada tem a dizer sobre as chamadas proibições independentes de valoração da prova (por ex., após obtenção lícita de prova pelo Estado ou por particulares), nem tampouco pode explicar os §§ 69 III, 72, 136a III StPO (*Fezer*, Strafprozessrecht, 2ª ed., 1995, caso 15 n. 18; *Grünwald*, JZ 1966, 490; *Rogall*, ZStW 91 [1979], 26). A verdade é que quase qualquer violação da norma processual afeta de forma essencial a esfera do imputado (*Roxin* [n. 46], § 24 nm. 20) sem que, entretanto, pareça cogente a incidência de proibição de valorar a prova (cf., entretanto, *Sydow*, Kritik der Lehre von den Beweisverboten, 1976, p. 44 e ss.). Isso reconduz à teoria da ponderação.

138. Cf. *Rogall* (n. 116), p. 147; procedendo a uma diferenciação, *Wolter* (n. 37), p. 335.

139. *Fezer*, Grundfragen der Beweisverwertungsverbote, 1995.

140. *Amelung*, Informationsbeherrschungsrechte im Strafprozeß, 1990; *idem*, Bemmann-Festschrift, 1997, p. 505 e ss.

141. *Gössel*, NStZ 1998, 127.

142. *Achenbach/Perschke*, StV 1994, 579 (para os casos de violações *graves* de direitos fundamentais).

Em síntese: pode-se cogitar de valorar prova ilicitamente obtida, se a lei não for violada de forma considerável (*obtenção insignificantemente ilícita de prova*); quando as provas forem favoráveis ao imputado (*obtenção ilícita de prova desoneradora*); quando as informações forem obtidas de forma ilícita por um particular, desde que esse não atue por iniciativa do Estado e essa atuação tampouco possa ser imputada aos órgãos da justiça penal (exceção feita a obtenções de prova que violem a dignidade humana, art. 1 I GG)[143] (*obtenção ilícita de prova por particular*). Nesses casos, é possível fundamentar ético-juridicamente a faculdade de valorar uma prova ainda que essa tenha sido obtida de forma ilícita; no caso das violações de lei não consideráveis, é desnecessário fundamento legal para a valoração da prova.

O BGH tem, assim, razão no que diz respeito a uma série de premissas que acompanham desde o início a perspectiva de ponderação: "A questão quanto se uma proibição de obter a prova gera uma proibição de valorar a prova tem de ser resolvida de forma específica para cada dispositivo e para cada situação".[144] Ademais: "Uma anulabilidade irrestrita se choca com a hierarquia natural existente os dispositivos processuais"[145] – uma frase que, por ex., ganha relevância para a análise dos diversos e escalonados deveres de esclarecimento constantes no § 136 I StPO (a respeito do direito ao silêncio; do direito de defender-se; do direito de requerer provas; do direito a manifestar-se por escrito). Por fim, a questão quanto a se, por ex., incide proibição de valorar prova oriunda de uma gravação de voz produzida de forma ilícita pelos órgãos de persecução estatais não é a mesma quanto à incidência de "proibição de valoração também nos casos de uma gravação apreendida de forma lícita, a qual, por sua vez, fora produzida por um particular para fins próprios e de forma ilícita".[146]

b) As mencionadas vantagens da teoria da ponderação nos casos de obtenções de prova por meio de violações menos graves da lei e nos casos das chamadas proibições autônomas de prova[147] não podem, contudo, levar a que se olvidem as graves reservas cabíveis quanto à teoria nos casos de violações *consideráveis* de direitos fundamentais. Tal se torna especialmente problemático, uma vez que o BGH perdeu de vista a sua original intenção ao formular essa teoria e hoje reconhece o interesse de persecução penal quase que sempre como superior – para não

---

143. Similar, *Rogall*, JZ 1996, 949; *Schmoller*, Platzgummer-Festschrift, p. 307; *Schroth*, JuS 1998, 979 e s.; cf. também *Ranft*, Spendel-Festschrift 1992, p. 736 (com referência ao prestígio da justiça penal); diversamente, *Fezer* (n. 106), p. 38.

144. BGHSt 38, 214 (219, 233); 38, 372 (373 e s.); 42, 15 (21); 42, 170 (174); 42, 372 (377 e s.); cf. também n. 20.

145. BGHSt 11, 213 (214) (Grande Senado).

146. BGHSt 36, 167 (173) (3º Senado).

147. (N.E.) Sobre esse conceito, cf. Introdução,

mencionar o perigo de decisionismo e a falta de clara escala hierárquica entre os vários aspectos relevantes.[148]

O ponto de partida da crítica é o fato de que, para o BGH, é possível valorar a prova mesmo em casos em que a obtenção da prova viole direitos que, segundo os dispositivos sobre a dignidade humana (art. 1 I GG) ou sobre o conteúdo essencial dos direitos fundamentais (art. 19 II GG), são intocáveis ou de hierarquia especialmente elevada, ou as garantias processuais correspondentes, que se destinam a assegurar "os fundamentos do status processual ... do imputado".[149] Os mencionados casos de devassamento, em especial a hipótese da provocação, são exemplos significativos. Também o é a segunda decisão do diário.[150] A natureza intocável do direito fundamental do art. 1 I GG (também em conjunto com o art. 2 I GG) – isto é, do direito geral de personalidade no caso do diário – somente se revelaria, segundo a jurisprudência, por meio de ou mesmo após uma ponderação com os interessantes da justiça penal.[151] Assim, os direitos fundamentais com conteúdo intocável referido à dignidade (como também o direito do imputado ao silêncio), em caso de suspeita de delitos graves, acabam não apenas relativizados, mas abandonados em nome da capacidade de funcionamento da justiça penal – o que é justamente uma busca da verdade a quase qualquer preço. Por fim, não se pode mais dizer que o "inconteste" ponto de partida da jurisprudência do BGH seria a impossibilidade de relativizar a dignidade humana, nem mesmo em consideração aos interesses de persecução estatais.[152] Ocorre que isso tudo está em desacordo com a consolidada jurisprudência do BVerfG.[153]

Pouco diversa é a situação no caso de direitos fundamentais de alta hierarquia, os quais se encontram imediatamente abaixo dessa esfera de o que é intocável, como os direitos de recusa a testemunhar ou os direitos de defesa

---

148. Essa escala hierárquica de valorações (cf. também *Rogall*, Hanack-Festschrift, 1999, p. 294 e s., 299, 308; *Roxin* [n. 4], p. 70; *Wolter* [n. 37], p. 325) possibilitaria evitarem-se divergências como a relativa à consulta a advogado (n. 49), soluções de compromisso como a da armadilha do segundo telefone (Grande Senado) e considerações de conveniência como as da provocação (cf. acima, texto correspondente à n. 134), dentro dos limites entre a unificação da jurisprudência na forma do § 132 II, IV GVG ([N.E.] Explicação na Introdução, C. I.) e da justa solução de casos concretos – ainda que o desenvolvimento de uma teoria das proibições de valorar a prova não se trate de tarefa da jurisprudência (*Gössel*, Hanack-Festschrift, p. 285).

149. Diversamente, em razão da dignidade humana (art. 1 I GG), entre outros BGHSt 5, 332 (333 e s.); 14, 358 (359 e s., 364); 31, 296 (299); 34, 362 com comentário negativo de *Fezer*, JZ 1987, 937; *Grünwald*, StV 1987, 470; *Wagner*, NStZ 1989, 34; BGHSt 36, 167 (173); BGH NStZ 1999, 145 (147) sobre o "devassamento total"; cf. também BGH StV 1989, 390; MDR 1991, 486, em *Holtz*; ademais, BGHSt 31, 304 (308), levando-se em conta o art. 20 III GG; sobre direitos fundamentais de especial hierarquia BGHSt 38, 214 (220) – referências n. 20.

150. BGHSt 34, 397 (401); cf. também o caso específico BGH NStZ 1998, 635.

151. Assim, em princípio, também BGHSt 29, 23 (25); 19, 331.

152. Cf., entretanto, *Roxin* (n. 4), p. 78.

153. Cf. – sem prejuízo de BVerfGE 80, 367, 375 e ss. (diário) – BVerfGE 6, 41, 433; 27, 6, 350 e s.; 34, 248; 35, 220; 38, 113; 56, 43; 65, 46; 67, 144.

constantes no dispositivo da CEDH sobre o processo equitativo (art. 6 III). Afinal, uma ponderação entre a justiça penal e a proteção a direitos fundamentais acaba por transformar o princípio da proporcionalidade, que deriva dos direitos fundamentais[154] e se destina à proteção desses, em algo diametralmente contrário a essa finalidade, que agora serve para expandir as intervenções em direitos fundamentais por meio de valoração de prova e de utilização de dados.[155] O BVerfG afirmou acertadamente que os direitos fundamentais somente podem ser limitados quando isso seja *indispensável* para a descoberta da verdade e para a obtenção de uma decisão justa.[156]

c) Com a sua teoria da proibição de valorar a prova, o BGH se distanciou cada vez mais desse ponto de partida – inicialmente aceito – ainda que continue a considerar em parte protegida a esfera nuclear da vida privada. Os direitos de liberdade do imputado (e das testemunhas) caíram, metaforicamente, no "escorregador" da persecução penal. De início, dizia o BGH que a ponderação concluiria pela proibição de valorar a prova se o dispositivo processual violado fosse destinado a assegurar os fundamentos do status processual do imputado. Mas aqui sempre se tratou de casos que, a rigor, encontravam-se além de qualquer ponderação, uma vez que haviam sido afetados direitos intocáveis segundo os arts. 1 I GG em conjunto com art. 2 I GG ou segundo o art. 19 II GG, isto é, a esfera de dignidade do direito geral de personalidade, ou o conteúdo essencial de direitos fundamentais: circunvenção do direito ao silêncio, impedimento consciente do direito à consulta a advogado, obtenção secreta de amostra de fala ou utilização dos documentos de defesa do imputado.[157]

Por outro lado, havia decisões que voltaram atrás (de forma consequente) nesses pontos de partida e que, contrariamente à jurisprudência do BVerfG, procederam a uma ponderação "equilibrada" dos interesses em jogo nos dois lados (outra vez no caso de impedimento consciente da consulta a advogado).[158] Por fim, o pêndulo oscilou para o outro sentido, em que se renunciou não apenas ao âmbito dos direitos fundamentais intocáveis, como também à regra de que a valoração pressuporia ao menos a indispensabilidade da violação de regras de peso. Por fim, renunciou-se até mesmo à regra da equivalência entre interesses de persecução penal e direitos fundamentais, conferindo-se ao interesse de persecução penal, praticamente, exclusiva relevância: confrontado com o imperativo de descoberta da verdade, "a proibição de valorar a prova é uma exceção, que só

---

154. BVerfGE 19, 348 e s.; 61, 134; 76, 50 e s.

155. *Müssig*, GA 1999, 140.

156. BVerfGE 67, 143; BVerfG NJW 1990, 701.

157. Cf. acima II. e a n. 20; ademais BGHSt 34, 39; 38, 214 (220); 38, 372 (374); 42, 15 (21); 44, 46 (49, 51); cf. também BGHSt 43, 300 (303 e s.); circunvenção do § 97 I StPO.

158. BGHSt 42, 170 (174).

pode ser reconhecida se houver expressa previsão legal ou se, no caso concreto, se fizerem presentes razões importantes de hierarquia superior".[159]

Apesar de a decisão BGHSt 44, 243[160] ter lidado com a interceptação de telecomunicação (§§ 100a, 100b StPO), de modo a tematizar apenas o importante direito fundamental do sigilo das telecomunicações (art. 10 GG), a violação da regra processual tem a sua importância relativizada, em razão de peculiaridades do caso concreto (dano especialmente perigoso; havia uma concordância judicial manifestada antes e depois da intervenção no direito fundamental; descuido, e não arbítrio[161] etc.), de tal maneira que a proibição de valorar a prova se tornou uma hipótese teórica. Aqui se renuncia, em única decisão, ao princípio da proporcionalidade, à teoria da ponderação e à reserva de lei.

d) O "escorregador" da persecução penal em casos de intervenções informacionais secretas praticadas em desfavor de direitos fundamentais de importância considerável não chegou, contudo, a seu termo. São de mencionar-se, aqui também, a tese de que os pressupostos de legitimidade dessas intervenções em direitos fundamentais estariam submetidos unicamente ao controle contra casos de arbitrariedade;[162] a admissão de irrestrito potencial compensatório a intervenções hipotéticas legais, contrariamente ao que se havia decidido ainda em BGHSt 31, 304 (caso Weimar);[163-164] a tese de que provas obtidas nos primeiros três dias de uma medida podem ser valoradas, ainda que a medida não venha a ser posteriormente confirmada pelo juiz competente;[165] o fato de que também aqui (por ex., no contexto do agente encoberto, § 110a StPO – bem como na violação dos

159. Por ex., BGHSt 40, 211 (217) – a respeito, *Gollwitzer*, JR 1995, 469; BGHSt 44, 243 – acertadamente em sentido contrário *Fezer*, JZ 1999, 526 e s., cf. ainda BGHSt 37, 30 (32) com comentário de *Schroeder*, JZ 1990, 1033.

160. (N.E.) Sobre essa decisão, cf. Introdução, C. I.

161. Em caso de arbítrio, não haveria dúvida quanto à incidência de proibição de valorar a prova.

162. BGHSt 41, 30 (4º. Senado) – mais referências n. 97; BGHSt 42, 103 (1º Senado) com comentário crítico de *Bernsmann*, StV 1996, 357; *Weßlau*, StV 1996, 579.

163. (N.E.) Sobre esse caso, cf. Introdução, C. I.

164. BGH NStZ 1989, 375 (2º Senado); contra o posicionamento da jurisprudência, que não conhece restrições, veja-se o acertado comentário de *Roxin* (possibilidade de valoração da prova apenas em razão de concorrerem também a boa fé e a existência de competência, em tese, para ordenar a medida – no caso, dos auxiliares do ministério público [N.E.: da polícia, cf. Introdução, B. II. 2. a)]); como o BGH *Jähnke*, Odersky-FS, p. 433 n. 125.

165. BGHSt 41, 64 (1º Senado), com comentário fundamentalmente positivo de *Beulke/Rogat*, JR 1996, 518; *Rogall*, JZ 1996, 263; cf. também *Kleinknecht/Meyer-Goßner*, § 110b nm. 11; *Jähnke*, Odersky-FS, p. 434; crítica *Weßlau*, StV 1996, 506 e ss.

§§ 136, 136a, 137 StPO – vigore a chamada "solução de objeção";[166-167] por fim, a recusa de um efeito indireto às proibições de valorar a prova.[169]

Muitas dessas questões podem ser objeto de discussão específica. Ainda assim, a imagem global que emerge é a de que, para o BGH, a razão fundamental para as faculdades de valoração da prova depois de obtenção (consideravelmente) ilícita da prova é a quase ilimitada realização dos interesses estatais de persecução penal. Isso não é outra coisa que investigação da verdade ao exorbitante preço de direitos fundamentais do processo penal.

---

166. BGH StV 1996, 529 (1º Senado); sobre o § 136a StPO BGH NStZ 1996, 291 com comentário de *Fezer*, StV 1997, 57; sobre o § 136 StPO BGHSt 38, 214 (225); sobre a armadilha do segundo telefone a decisão de consulta do 5º Senado, StV 1995, 286; sobre o § 137 StPO BGHSt 42, 15 (22 e ss.) (5º Senado); cf. ainda BGHSt 44, 46 (47) sobre a aplicação analógica do § 97 I StPO (n. 13); BGHSt 39, 349 com comentário *Fezer*, JZ 1994, 687, crítico nesse quesito; concretizações em BGH StV 1997, 511; cf. também BayObLG StV 1997, 66; OLG Stuttgart NStZ 1997, 405. Contra a "solução de objeção", que contraria o dever de assistência e de informação do juízo (cf. §§ 261, 265 IV StPO), também *Beulke*, NStZ 1996, 262; *Kleinknecht/Meyer-Goßner*, § 110b nm. 11, 136 nm. 21a; *Roxin* (n. 46), § 24 nm. 25; com restrições *Roxin*, JZ 1997, 345; *Dudel*, Das Widerspruchserfordernis bei Beweisverwertungsverboten, 1999, p. 214 e ss. (cf. p. 36 e ss., também sobre o § 168c V StPO); cf. também BVerfG (n. 19); *Müller*, StV 1996, 359 e s.

167. (N.E.) A "solução de objeção", tradução aqui proposta para o original Widerspruchslösung, é a regra, introduzida pela jurisprudência desde a decisão clássica que admitiu a proibição de valorar uma confissão obtida com desrespeito ao dever do interrogante de esclarecer o interrogado sobre o direito ao silêncio (BGHSt 38, 214 [225 e s.]), segundo a qual essa proibição apenas incidirá se o imputado manifestar, até imediatamente após o término da inquirição do interrogante na audiência, que objeta a essa valoração. A solução tem sido paulatinamente estendida a outras proibições de valorar a prova (cf. BGHSt 42, 15, 22 e ss.; 51, 1, 3; 52, 38, 41 e ss.; BGH NStZ 1996, 200, 202; StV 2001, 545; StV 2016, 771).

168. Referências abaixo, n. 193. De qualquer forma, tem-se a impressão de que as conquistas de BGHSt 38, 214, 302 são reduzidas passo a passo, não apenas nos métodos secretos de investigação, como também no interrogatório aberto; isso sem mencionar a solução de objeção comum a ambos: por meio do *in dubio contra reum* (perdoe-se o termo) – BGH NStZ 1997, 610 (1º Senado) na falta de instrução sobre o direito de consulta a advogado (a respeito, com ulteriores referências, acima n. 49); BGH StV 1998, 354 (2º Senado) com comentário crítico de *Wollweber*, StV 1999, 355; ademais, por meio da desnecessidade de instrução qualificada – BGHSt 22, 129; 37, 48; em sentido contrário *Roxin* (n. 46), § 24 nm. 27; *Grünwald* (n. 14), p. 160 (cf. também BGHSt 38, 214, 226; BGH NStZ 1996, 291 = BGHSt 42, 15); por fim, ao conferir-se relevância ao direito da República Democrática Alemã (falta de um dever de instrução) em desfavor do imputado, apesar de que a esse tenha sido esvaziado o direito ao silêncio reconhecido em ambos os países – BGHSt 38, 260, 263 (3º. Senado) com comentário de *Fezer*, em princípio favorável, JR 1993, 427.

3. Excurso: possibilidade de utilização dos conhecimentos depois de medidas de direito de polícia; a perspectiva de conveniência do 2º Senado na transferência de dados e na prevenção

Como se isso não bastasse – "o escorregador" da persecução penal às custas de direitos fundamentais de alta hierarquia é estendido ao direito de polícia.[169] Isso ocorre quando o 2º Senado considera utilizáveis no processo penal os conhecimentos obtidos na atividade preventivo-policial, mesmo nos casos em que inexistam tanto um fundamento legal no direito preventivo-policial para a transferência de dados, quanto um fundamento legal para a obtenção hipotética desses dados no processo penal. O ponto final dessa orientação da jurisprudência, a qual também ilustra a relação do BGH com o direito de segurança, é o chamado caso Blockhütten.[170] Nesse caso, obtiveram-se informações sobre o cometimento dos delitos de associação criminosa e terrorista (§§ 129, 129a III StGB), de forma fortuita, no curso de uma medida de vigilância domiciliar preventivo-policial, em um momento anterior à introdução da correspondente norma autorizativa processual penal (§ 100c I n. 3), o que somente veio a ocorrer no ano 1998. Essas informações foram comunicadas ao Procurador Geral da Federação.[171] A decisão em favor da licitude de tal persecução de interesses da justiça penal é duvidosa e isso pelas quatro razões a seguir.

Em primeiro lugar, inexistia, para essa medida de vigilância, fundamento legal no direito de polícia do Land.[172-173] O BGH exclui do próprio exame se as ordens judiciais, emitidas por juízes de primeira instância (Amtsgericht), estariam acobertadas pelos fundamentos autorizativos das leis do Land, bem como se essas ordens correspondiam às exigências da Lei Fundamental (uma vez que eram eficazes e não manifestamente defeituosas).[174] Admita-se, assim, que a obtenção de prova tenha sido *lícita*.

Em segundo lugar, nos anos 1993/1994, inexistia norma processual penal correspondente, a qual pudesse servir de fundamento para uma "intervenção hipo-

---

169. (N.E.) Sobre a fundamental distinção entre direito processual penal e direito de polícia e o chamado princípio da separação, cf. a Introdução, B. II. 1.; sobre a necessidade de autorização legal para a transferência ou modificação da finalidade de dados obtidos para certa finalidade, Introdução, B. I. 3.

170. BGH StV 1996, 185 com comentário crítico de *Kempf*, AnwBl 1998, 185; *Köhler*, StV 1996, 186; *Wächtler*, 20. Strafverteidigertag, 1996, p. 133 e ss.; *Welp*, NStZ 1996, 602.

171. (N.E.) Generalbundesanwalt, figura equivalente ao nosso Procurador Geral da República, o qual é competente para a persecução de crimes de associação terrorista (§§ 142a I 1, 120 I n. 6 GVG).

172. (N.E.) Recorde-se (cf. Introdução, B. I. 1.) que o direito de polícia é competência dos Länder, isto é, das unidades da federação equivalentes aos nossos estados federados.

173. *Wächtler* (n. 171), p. 136; *Welp*, NStZ 1996, 602 e s.

174. Em sentido contrário, *Wächtler* (n. 171); sobre a declaração judicial da licitude da medida cf. § 161 III Projeto de Lei de Reforma do Direito Processual Penal de 1999 (BT-Drucks. 14/2595; em sentido contrário BR-Drucks. 64/00), § 16 III Lei do Ofício Criminal Federal e art. 13 V 2 GG, para os de vigilância domiciliar para fins de autoproteção.

tética substitutiva", para uma medida de vigilância domiciliar – uma exigência que, atualmente, é considerada óbvia pela regra de utilização do § 100f II StPO conjuntamente com o § 100c I n. 3 StPO.[175-176]

Em terceiro lugar, ter-se-á de exigir para o direito de polícia do Land um fundamento legal que permita a transmissão dos dados às autoridades de persecução penal.[177] A Lei de Polícia da Renânia-Palatinado, aplicável ao caso Blockhütten, justamente exclui essa transmissão (transferência de dados apenas "para outras finalidades de polícia"). Assim, é questionável o que afirma o 1° Senado no similar "1° caso do vídeo": careceria de qualquer sentido excluir do processo penal informações legalmente obtidas, uma vez que tal contrariaria o dever de esclarecimento amplo dos fatos.[178] Sumamente problemática é a afirmação de *Jähnke*[179] de que o termo "outras finalidades de polícia", que aparece nas leis de polícia dos Länder, compreenderia também a persecução penal, de que o impedimento e a persecução de delitos se encontrariam no mesmo plano e serviriam à mesma finalidade de garantia da paz, além do que as provas obtidas não poderiam tornar-se ilícitas unicamente pelo fato de que os esforços de impedir o delito falharam. Com isso, o que se está fazendo é descartar, de uma vez, a separação entre direito de polícia e direito processual penal, entre órgãos de segurança e de administração da justiça, entre vinculação dos dados a finalidade e desvinculação, isto é, abandonando-se tanto a "separação informacional de poderes" quanto as conquistas da decisão do censo do BVerfG, entre essas a ideia de reserva de lei.[180]

O 2° Senado, no caso Blockhütten, segue caminho ainda mais curto para mesclar repressão e prevenção e deixa em aberto se a transmissão dos dados para o processo penal violaria a proibição de desvinculação da finalidade: "Uma vez que as associações terroristas supostamente apoiadas pelo imputado agem por todo o território da Federação... parece que a eliminação dessa constante fonte de perigo ... de atentados só será exitosa por meio de medidas executivas coorde-

---

175. Sobre a necessidade de evitar uma persecução penal pela via oblíqua do direito de polícia, *Welp*, NStZ 1996, 604.

176. (N.E.) O leitor não estranhe a falta de nota explicativa sobre o teor desses dispositivos; aquilo que nesses releva para o conteúdo do presente texto está explicado pelo próprio autor.

177. Por ex., com aplicação analógica dos §§ 3 III, 7 III Lei sobre o Art. 10 ([N.E.] Sobre essa lei cf. a nota 181.)

178. BGH NJW 1991, 2651 com comentário de *Amelung/Kerckhoff*, JuS 1993, 196; *Gusy*, StV 19991, 499; *Merten*, NJW 1992, 354; *Rogall*, NStZ 1992, 45; *Wolter*, Jura 1992, 523.

179. Odersky-Festschrift, p. 432 e s.; mais comedido *Eylmann*, AnwBl 1998, 187 e s. (N.E.: Diga-se, de passagem, que o leitor alemão sabe que, à época, Jähnke era juiz do BGH, do qual foi vice-presidente de 1999 até 2002, quando se aposentou, cf. Mitteilung der Pressestelle des Bundesgerichtshofs Nr. 55/2002, acessível online).

180. BVerfGE 65, 1 (40 e ss., 69); cf. ainda *Rogall*, NStZ 1992, 47.

nadas no nível da Federação, o que só poderá ocorrer se elas forem confiadas ao Procurador Geral Federal (cf., ademais, § 3 III e § 7 III Lei sobre o Art. 10[181])."

Não é preciso relevar que aqui, como no caso da provocação de um não-suspeito (acima, 1.), coloca-se a conveniência no lugar de um processo respeitador das formas jurídicas e, por isso, equitativo. O Procurador Geral da Federação, uma autoridade de persecução penal, por razões fático-pragmáticas é transformado em autoridade de segurança, com a função de eliminar um perigo constante. Repressão e prevenção se fundem. A alusão aos §§ 3 III, 7 III Lei sobre o Art. 10 em nada ajuda. Esses dispositivos oferecem às instâncias de segurança o fundamento legal de que necessitam para a transferência dos dados para os órgãos de persecução penal, justamente o fundamento que falta à Lei de Polícia de Lei de Polícia da Renânia-Palatinado. Ademais, apenas pela própria existência, tais dispositivos reconhecem a separação entre órgão preventivo, de proteção da constituição, e órgão de persecução processual-penal.

É de exigir-se, para a mudança de finalidade de dados obtidos e para a utilização processual de dados preventivo-policiais, além do atendimento aos fundamentos legais para a obtenção desses dados no direito de polícia e para a transferência desses dados para o processo penal e além de "fundamento legal autorizativo hipotético no direito processual penal" e de controle judicial, que, levando-se adiante o disposto nos §§ 161, 474 III 2 StPO,[182] a própria StPO contenha um fundamento legal geral que regule não apenas o direito do ministério público de dirigir aos órgãos de segurança pedidos de informação e requerimentos de transmissão desta,[183] como também (como o faz o § 100f II StPO) que regule a utilização desses conhecimentos no processo penal.[184]

Se a obtenção de dados pela polícia preventiva ocorreu de forma ilícita, apenas considerações extraordinárias poderão justificar a utilização dos dados obtidos (por ex., o esclarecimento de um delito contra a vida, ou dos delitos mencionados no § 139 III 1 StGB,[185] enquanto "mínimo ético"). Além disso –

---

181. (N.E.) A chamada G 10, promulgada em 1968, autoriza intervenções dos órgãos de inteligência no direito fundamental previsto no art. 10 GG, isto é, no sigilo de telecomunicações. O conteúdo dos dispositivos citados é explicado de passagem na continuação do texto de Wolter.

182. (N.E.) Mais uma vez, a parte relevante dos mencionados (complexos) dispositivos está explicada no texto, de modo que se torna redundante nota explicativa.

183. O § 163 II StPO não é, aqui, suficiente n.t.; cf., contudo, *Welp*, NStZ 1996, 603.

184. Cf. também *Welp*, NStZ 1996, 603; § 161 II Projeto de Lei de Reforma do Direito Processual Penal de 1999, que, em razão de sua difícil relação com a decisão BGH NJW 1991, 2651 talvez venha a ser revogado (referências na n. 175).

185. (N.E.) Os dispositivos dos §§ 138 e 139 StGB, os quais preveem o delito de "não comunicação de delitos planejados", servirão de base para vários argumentos que se seguem, de forma que uma explicação se torna necessária. O § 138 StGB tipifica a omissão, por aquele que tem o conhecimento fundado, de comunicar em tempo hábil à autoridade ou à vítima ameaçada sobre o planejamento ou a execução de uma série de delitos catalogados nesse dispositivo. Integram o catálogo, entre outros, alguns delitos contra o Estado, delitos de falsificação de moeda, delitos graves contra a pessoa, delitos de perigo

com apoio no § 110a I 2 StPO, o qual regula o uso do agente encoberto – o perigo, fundado em fatos determinados de reiteração do delito, de modo que, ao lado da verdadeira repressão, faça-se como que uma "persecução penal preventiva", nos moldes dos poucos dispositivos que autorizam a supressão da liberdade no processo penal por razões de perigo de reiteração (§§ 126a, 112a StPO).[186] O princípio da obrigatoriedade e o dever de investigação da verdade de forma alguma obrigam a que, em detrimento do imputado e com a única finalidade de puni-lo, faça-se uso, no processo penal, de conhecimentos ilegalmente obtidos fora desse processo pelos órgãos de segurança, especialmente mediante graves intervenções em direitos fundamentais.

Em ambos os casos (tanto na obtenção lícita quanto ilícita de provas em atividade preventivo-policial) tem de ser atendido um adicional pressuposto: a utilização das informações no processo penal não pode ser objeto de uma proibição de valoração da prova ("*faculdade hipotética de valoração da prova*").[187]

4. *Razões para proibições de valorar a prova após uma obtenção ilícita da prova*

A proposta alternativa que aqui se avança é, após todo o dito (problema da provocação; teoria da ponderação; transmissão de dados das autoridades de segurança), diferenciada, e compreende o lado positivo da teoria da ponderação.

a) Se as informações forem obtidas de maneira que *viole a lei em seu núcleo*, elas não poderão ser valoradas (*proibição absoluta de valoração*). A lei estará violada em seu núcleo, se for desrespeitada a dignidade humana (por ex., na armadilha do segundo telefone; nas amostras secretas de voz e de fala; ademais, nas violações ao princípio do *nemo-tenetur*; nos maus-tratos; no não-esclarecimento ao imputado sobre o direito de permanecer em silêncio, se esse direito lhe for desconhecido; no desrespeito à esfera nuclear da vida privada [diários; análise de genoma]; nas intervenções fotográficas em domicílios) ou se o princípio do processo equitativo for desrespeitado de forma qualificada (por ex., na circun-

comum (Abs. 1). Em um segundo catálogo, arrolam-se delitos a cujo respeito o dever de comunicar compreende não mais o planejamento e, sim, apenas a execução; a saber, delitos de preparação de atos terroristas e de associação terrorista (Abs. 2). O § 139 III 1 StGB prevê uma causa de exclusão de pena para aquele que deixa de comunicar o crime de um parente, sob a condição de que o omitente tenha se esforçado seriamente no sentido de dissuadir o parente ou de impedir o resultado. Isso não se aplica, contudo, aos casos de homicídio, genocídio, crimes contra a humanidade e crimes de guerra, e a mais alguns poucos crimes graves, como a extorsão mediante sequestro, a tomada de reféns ou a associação terrorista. O mesmo vale para algumas pessoas expressamente enunciadas, como o advogado, o médico etc., as quais, por razões profissionais, estão obrigadas a guardar sigilo (§ 139 III 2 StGB).

186. Nessa linha, *Dencker*, StV 1994, 683; *Köhler*, ZStW 107 (1995), 46; *Wolter*, Jura 1992, 532. O catálogo (§ 139 StGB) é mais estreito que o dos §§ 3 III, 7 III Lei sobre o Art. 10, uma vez que a obtenção de dados segundo essa Lei é lícita.

187. Acertadamente, KK-*Nack*, 4ª. ed., 1999, § 100f nm. 8.

venção ou no consciente desrespeito aos direitos de recusa a testemunhar ou aos direitos de defesa arrolados no art. 6 I, III CEDH, ao contraditório [Art. 103 I GG], ao direito de permanecer em silêncio, de consulta ao advogado ou de requerer a produção de prova [§ 136 I 2, 3 StPO] ou à reserva jurisdicional;[188] além disso, no caso de, em uma intervenção grave, circunvirem-se os pressupostos [materiais, legalmente previstos] de uma intervenção considerável em direito fundamental[189] ou da reserva de lei;[190] por fim, nos casos de investigações no estágio prévio contra um terceiro não-suspeito e da provocação de um não-suspeito).

A razão fundamental para a proibição de valorar a prova, proibição essa que – seguindo a jurisprudência do BGH, do BVerfG e do TEDH e em razão do dever de esclarecimento da verdade – tem de fundamentar-se de forma autônoma, é, em primeiro lugar, a intocabilidade dos direitos fundamentais (art. 1 I, 19 II GG). O Estado não pode beneficiar-se da violação de direitos fundamentais que declarou intocáveis (cf. também o art. 1 III GG, que submete os três poderes estatais aos direitos fundamentais, e o dispositivo sobre as cláusulas pétreas, art. 79 III GG). Também ao legislador é defeso criar correspondentes normas fundamentadoras de uma intervenção nesses direitos. Esses direitos fundamentais configuram direitos de defesa ou de proteção (Abwehrrechte) que se encontram além de qualquer interesse de persecução penal. Não há direito à segurança, manutenção da capacidade de funcionamento da justiça penal em um Estado de Direito ou reserva não escrita de bem comum em condição de se opor, em pé de igualdade, a esses direitos. Inexiste investigação da verdade ao preço da violação de direitos fundamentais intocáveis e dos correspondentes direitos humanos constantes na CEDH. O respeito à dignidade humana e aos direitos humanos permanece a condição inarredável de um processo penal eficiente e justo, com independência da extensão que se atribua a esses direitos intocáveis.[191]

Ao final, ainda que apenas em segunda linha, os órgãos de justiça penal acabam por serem *disciplinados* pelo estabelecimento de proibição absoluta de

188. Nos casos, por ex., em que – diferentemente do que ocorreu em BGHSt 41, 64 (n. 166) – o prazo de três dias é utilizado de forma consciente para obter provas sem um controle pelo juiz de garantias.

189. Por ex., quando se constrói, diversamente de BGHSt 28, 122 (crítico *Roxin* [n. 46], § 32 nm. 33), para a vigilância de telecomunicações, o crime de catálogo de associação criminosa (§ 129 StGB); sobre a circunvenção do § 100a StPO por meio do § 12 Gesetz über Fernemeldeanlagen [(N.E.) Dispositivo da então vigente legislação sobre telecomunicações, que permitia, com base em pressupostos bastante generosos – investigação criminal, ordem judicial ou, quando houver *periculum in mora*, do ministério público – que se requeresse das empresas de telecomunicação fornecimento de "informações sobre a comunicação"] *Klesczewski*, StV 1993, 382 e ss.; *Eisenberg/Nischan*, JZ 1997, 82; cf. também BGH NStZ 1993, 192; StV 1998, 173).

190. Se, por ex. – diversamente do que fez o BGH na decisão StV 1996, 185 (caso Blockhütten) – se fugir conscientemente para as regras do direito de polícia dos Länder.

191. *Jung*, ZStW 105 (1993), 212; cf. também *Hassemer*, KritV 1990, 271.

valorar a prova.[192] A intocabilidade dos direitos fundamentais somente poderá ser garantida, se se conferir às proibições absolutas de valorar a prova também um efeito à distância[193] e se excluir a utilização como pista criminalística,[194] negando-se relevância a cursos investigativos hipotéticos legais[195] e, ao menos em parte (a exemplo do disposto no § 136a III StPO), mantendo-se a proibição de valorar, ainda que com a concordância do imputado. Diga-se, de passagem, que a falta de objeção não equivale a consentimento.

Além disso, há duas razões adicionais estreitamente inter-relacionadas para a proibição de valorar a prova: por um lado, a valoração de informações ilicitamente obtidas pode ser repetição ou continuação da lesão a direito fundamental (por ex., a adicional lesão ao direito de personalidade no caso do diário); por outro lado, existe o perigo de que se coletem e transmitam informações, o que, nesse e em outros casos (provocação de um insuspeito, investigações no estágio prévio etc.) significaria ulterior mudança de finalidade.[196] Isso significa que, ao final, conjugam-se a perspectiva referida a direitos fundamentais, a perspectiva da disciplina dos órgãos de persecução e a perspectiva do direito de proteção de dados.[197] A finalidade e a função das proibições absolutas de valorar a prova é, em todos esses casos, recolocar o imputado de forma irrestrita na situação em que esse se encontrava antes da violação (maciça) a seus direitos fundamentais.[198]

b) As informações obtidas mediante *violações consideráveis da lei* podem ser valoradas, se atendidos certos pressupostos legalmente determinados (faculdades limitadas de valoração; *proibições relativas de valoração*). Em razão dos perigos tanto de continuação e de aprofundamento da considerável lesão a direito fundamental, quanto de coleta e transmissão das informações (que configura

---

192. Em sentido contrário BGHSt 32, 345 (356); 33, 283 (284); *Rogall* (n. 116), p. 131, com referências (suficiência de "disciplina objetiva", de forma que seria dispensável culpa ou culpabilidade [N.T.: Verschulden]; por outro lado, seriam insuficientes o direito penal, civil e disciplinar, também porque, para esses, em boa parte são indispensáveis culpa ou culpabilidade); para a falta de legitimação para punir no caso de crimes cometidos pelos próprios órgãos de persecução penal *Amelung*, Bemmann-Festschrift, p. 508.

193. *Amelung* (n. 141), p. 49 e s.; diversamente, por ex., decisão de consulta do 5° Senado, StV 1995, 286; de acordo, *Seitz*, NStZ 1995, 519; contra *Fezer*, NStZ 1996, 290; *Roxin*, NStZ 1995, 469; no sentido da decisão de consulta BGHSt 34, 362 (364 e s.) (5° Senado).

194. 5° Senado (n. 194); cf. também BGHSt 38, 302 (303) (5° Senado). Reconhece-se que a jurisprudência, a qual influenciou de forma decisiva as regras sobre a descoberta fortuita ("para fins de prova", constantes nos §§ 98b III 2, 100b V, 100d V, 100e StPO; cf. também BGHSt 27, 355), quer liberar das limitações à obtenção da prova a obtenção indireta de prova e a utilização como pista criminalística (ocorre que os §§ 98b e ss. StPO partem de obtenção de prova em princípio *lícita*).

195. Cf. também, entretanto, BGHSt 39, 355 BGHSt 34, 39 (52).

196. Referências na n. 132; cf. também BGHSt 37, 30 (33); sobre a renovação da lesão a direito fundamental BGHSt 14, 358 (365) (1° Senado); vide, contudo, LR-*Lüderssen*, Einl L nm. 28.

197. Uma consideração paralela parece ser dada pela pergunta, quanto à disposição para reconhecer um direito de recusar a testemunhar fundado nos direitos fundamentais (quanto a isso, Alternativentwurf Zeugnisverweigerungsrechte und Beschlagnahmefreiheit, n. 45).

198. Cf. também *Amelung*, Bemmann-Festschrift, p. 505 e s.

intervenção em direito fundamental considerável e autônoma),[199] vigora aqui *reserva de lei*, ao contrário do que postula o BGH. A citada afirmação do BGH tem, a rigor, de ser posta de ponta-cabeça: diante de direitos fundamentais de elevada hierarquia, a faculdade de valoração de prova ilicitamente obtida é de considerar-se uma exceção, a qual somente pode ser reconhecida se expressamente autorizada por lei.

A lei é violada de forma considerável se forem desrespeitados direitos de fundamental importância dentro do processo equitativo (art. 6 CEDH), direitos de recusa a testemunhar ou o direito a um controle judicial preventivo (reserva de jurisdição) – abstraindo-se dos casos de circunvenção ou de consciente (arbitrária) lesão a esses direitos ou posições jurídicas. Exemplos desses direitos são o esclarecimento sobre o direito de recusa a testemunhar (§ 52 III StPO), o esclarecimento sobre o direito de consultar o advogado e sobre o direito de requerer a produção de uma prova (§ 136 II 2, 3 StPO).[200]

Um pressuposto especial para a faculdade de valorar a prova na situação de que ora se cuida é o reconhecimento de cursos investigativos hipotéticos lícitos. Objetivo e função das proibições relativas de valorar a prova é que se possa recolocar o afetado na posição em que se encontrava anteriormente à lesão (considerável) de direito fundamental, sem que a sua posição sofra prejuízo mensurável (o que não será o caso, contudo, se havia a máxima probabilidade de que os órgãos da justiça penal obtivessem, proximamente e de forma lícita, os conhecimentos de que se trata). Independentemente disso, ao imputado é de reconhecer-se o direito de consentir com a valoração da prova (mais uma vez ressalte-se: a falta de objeção não equivale a consentimento). Ao final, aqui se tem aquilo que o BGH originalmente defendia nos casos de posições fundamentais do imputado e que posteriormente abandonou.[201]

c) Para informações obtidas *sem que a lei seja violada de forma considerável* deve vigorar, fundamentalmente, a teoria da ponderação. Nessa ponderação, do lado do imputado deve-se levar em conta os perigos de continuação e aprofundamento da lesão a direito fundamental e do processamento de dados. A valoração independe de uma específica autorização legal, em face do disposto nos §§ 152 II, 160 I, 161, 244 II StPO, que preveem o princípio da oficialidade, da obrigatoriedade e da investigação da verdade pelos órgãos de persecução, a despeito do princípio do Estado de Direito (art. 20 III GG) – ainda que seja recomendável que o legislador, em ocasião futura, reformule essas normas da StPO como "normas autorizativas gerais". Vige, aqui, a fórmula da excepcionalidade

199. Em sentido contrário, de forma problemática, BGH StV 1996, 186 (acima, 3.).

200. Sobre o escalonamento desses deveres de informar em sua relação ao dever de informar sobre o direito ao silêncio, em princípio acertadamente, BGH StV 1994, 354; opinião diversa em *Wollweber*, StV 1999, 355.

201. Cf. também a perspectiva de proteção ao sistema, formulada por *Rogall* (n. 116), p. 134.

do BGH: diante do dever de investigar a verdade, a proibição de valorar a prova é a exceção, que somente pode ser reconhecida por razões preponderantes presentes no caso concreto (ou por expressa disposição legal). É nessa situação, de violações não graves da lei, que o significado autônomo da investigação da verdade e da restauração da paz jurídica, acertadamente relevado pelo BGH, muitas vezes prevalecerá.

d) Algo correspondente vale para os casos de obtenção ilícita de prova pelo comportamento de *particulares*. O lugar para fazer o "corte" entre a proibição e faculdade de valorar a prova é, contudo, outro: proibição de valorar a prova somente poderá incidir de forma cogente nos casos de violação de direitos fundamentais intocáveis. Em razão da regra da intocabilidade do dispositivo sobre a dignidade humana (art. 1 I GG) e também em razão do prestígio da justiça penal, é vedado ao Estado beneficiar-se de lesão à dignidade praticada por particulares. Essas proibições de prova não necessitam, tampouco, de previsão legal. Violações ao art. 1 GG por um particular produzem proibição de valorar a prova. Nos outros casos de obtenção ilícita de prova, é de aplicar-se a teoria da ponderação – ao menos nas versões defendidas pelo BVerfG e pela jurisprudência antiga do BGH (acima, 2 b]). Dever-se-ia regular por meio de lei algumas proibições de valorar a prova como exceções a esses princípios; por ex., as gravações secretas realizadas por particulares, especialmente para os casos de processos penais dirigidos contra aquela pessoa cujos direitos foram violados pelo particular.[202]

5. *Proibições de prova após obtenção lícita de prova*

As reflexões sobre as proibições absolutas e relativas de valoração da prova também valem de forma similar para os casos de obtenção *lícita* de prova. O mesmo se diga para o alcance da reserva de lei. A timidez do BGH diante da distinção entre proibições de prova dependentes e independentes[203-204] é, de todo modo, adequada. Pouco importa que a apreensão e a leitura do diário pessoal pelas autoridades de persecução penal[205] possa ser qualificada como lícita (quando não se sabe do conteúdo personalíssimo) ou ilícita (quando se tem notícia de haver conteúdo íntimo, que já não é juridicamente possível obter): a conclusão de que essa valoração viola conteúdo de dignidade do direito geral da personalidade (art. 1 I GG em conjunto com o art. 2 I GG) e que, portanto, é proibida de forma "absoluta", permanece a mesma.[206]

---

202. BGHSt 14, 358 (364) (1º Senado); *Grünwald* (n. 14), p. 163; cf. também TEDH EuGrZ 1988, 390 (n. 124).

203. A respeito, *Fezer*, JZ 1996, 661.

204. (N.E.) Sobre essa distinção, cf. Introdução, B. II. 2. d).

205. BVerfGE 80, 375.

206. Em princípio, também, BGHSt 39, 349; cf. também, BGHSt 34, 334 (344); 37, 30 (33).

O mesmo se diga para as obtenções de informação no âmbito das "proibições relativas de prova", as quais podem ser, nas situações de direito de recusa a prestar testemunho, tanto lícitas (no caso do § 100d III 3 StPO) quanto ilícitas (§ 100d III 1 StPO),[207] ainda que seja difícil justificar essa distinção. No âmbito específico da transferência de dados das autoridades de segurança para os órgãos de persecução, pouco importa se a medida de polícia é lícita ou ilícita (deixando-se de lado a eventual faculdade de transferência de dados). O fato de que a obtenção lícita de prova não tem necessariamente de levar à faculdade de valorá-la o demonstram não apenas o anteriormente mencionado § 100d III 3 StPO (proibição de valorar a prova no caso de violação ao princípio da proporcionalidade, em razão da relação de confiança), como também pelo § 252 StPO; além disso pelas regras de utilização das descobertas fortuitas nos §§ 98b III 2, 100b V, 100d V, 110e (proibição de valoração da prova de delitos não presentes no catálogo que autoriza a medida) e, em parte, a decisão do Grande Senado do BGH sobre a armadilha do segundo telefone.[208] Também no âmbito da transmissão de dados, o dispositivo do § 100f II StPO dá indicação de que incidirá proibição de utilização da prova no caso de provas fortuitas de delitos não contidos no catálogo.

É evidente que há diferenças na fundamentação de proibições de valorar a prova, a depender de essa ter sido obtida de forma lícita ou ilícita. Nesses casos, a proibição de valorar não tem qualquer efeito antecipado (cf., por outro lado, o § 100d III 2 StPO[209]). Tampouco há que se mencionar, aqui, a ideia de disciplinar as autoridades de persecução ou o problema do aprofundamento ou continuação das lesões ao direito fundamental. Entretanto, isso apenas reduz a variedade de razões pelas quais poderá incidir proibição de valorar a prova. Tanto a fundamentação baseada em direitos fundamentais, quanto a que parte do direito de proteção de dados, valem também para os casos de obtenção lícita de prova. A privacidade, como direito geral de personalidade, e o específico direito à não-obtenção e não-transmissão de dados personalíssimos são afetados também nos casos em que um diário tenha passado por uma primeira leitura lícita. A consideração relativa à continuação e ao aprofundamento da lesão a direito fundamental pode ter importância até mesmo contrária. Os maus-tratos mediante os quais se produz uma prova não estão a ser continuados, é verdade, quando a prova for valorada; de qualquer forma, a proibição de valorar a prova fundamenta-se já e apenas na lesão à dignidade humana (art. 1 I GG) em combinação com o direito fundamental à integridade física (art. 2 II GG) e à liberdade de maus-tratos a pessoas em privação de liberdade (art. 104 I 2 GG) – independentemente do perigo de que as informações obtidas por meio da lesão possam ser coletadas e transmitidas.

---

207. (N.E.) Sobre o complexo dispositivo, posteriormente declarado inconstitucional, cf. acima, N.E. de número 35.

208. Cf. também TEDH StV 1990, 481 (n. 97).

209. (N.E.) O dispositivo proibia também a obtenção de prova, quando fosse de se esperar que nenhum dos conhecimentos obtidos pela medida poderia posteriormente ser valorado.

IV. O desacordo dos diversos Senados do BGH e o isolamento do tribunal

Antes das "Diretrizes para uma teoria (europeia) das proibições de valorar a prova", que desenvolveremos na conclusão, as quais resumem e expandem os resultados da presente investigação, há que dizer, em forma de teses, quatro coisas a respeito da jurisprudência do BGH sobre as proibições de valorar a prova:

1. Não existe, na teoria das proibições de valoração da prova, *o* BGH. O que se verifica, isso sim, é um profundo *desacordo entre os diferentes Senados*. Isso transparece na decisão do Grande Senado sobre a armadilha do segundo telefone e prossegue nas numerosas decisões do 1º Senado a partir de 1984, todas as quais asseguram a persecução penal (em conformidade com o Estado de Direito), e nos votos em sentido contrário do 5º Senado (exemplos: armadilha do segundo telefone; provocador; consulta a advogado), que asseguram a liberdade (também em conformidade com o Estado de Direito).[210] É de se esperar que o BGH recupere a sua consistência interna, para poder continuar a desenvolver o direito de forma coerente.

2. O BGH, a rigor, o 1º Senado corre, no âmbito da teoria das proibições de valorar a prova, o risco de se isolar das demais "instâncias": do *TEDH* (problema da provocação); do *BVerfG* (âmbito nuclear de esfera privada intocável e imponderável; reserva de lei e relações de confiança entre parentes e imputado, no caso Sedlmayer); do *legislador*, que, nos §§ 100d III 2 e 3, 100f II StPO deu indicações em sentido contrário ao seguido pelo BGH no caso Sedlmayer (1º Senado) e no caso Blockhütten (2º. Senado); da *opinião pública*, a qual, diante do disposto no § 23 I 3 em combinação com a frase 1, 2 e o § 5 I Lei sobre os Documentos da Stasi (StUG) ainda espera resposta à pergunta sobre o alcance das proibições de utilizar a prova nos casos de documentos da Stasi (resposta essa que somente pode advir de uma teoria da valoração da prova do BGH, teoria essa que, contudo, inexiste);[211] da *ciência*, que comenta de forma crítica ou negativa quase todas as decisões do Tribunal, com exceção das do 5º Senado; dos *esforços internacionais* (recomendação de Mallorca,[212] Toledo[213] e Viena;[214] Corpus Iuris[215]), que se

---

210. (N.E.) Recorde-se a ambivalência da figura do Estado de Direito, segundo a jurisprudência do BVerfG, cf. Introdução, B. I. 4.

211. (N.E.) Os detalhes desse argumento secundário não interessam. O argumento refere-se à lei sobre os documentos do Serviço de Segurança do Estado (Stasi) da antiga República Democrática Alemã, que contém regras (por vezes bastante restritivas) sobre a utilização desses documentos para diversas finalidades, entre essas as de persecução penal (§ 23).

212. ZStW 105 (1993), 668 de 1992 (sob os auspícios das Nações Unidas).

213. *Tiedemann*, ZStW 105 (1993), 931, de 1992 (formulada pelo colóquio da AIDP).

214. In: Höpfel/Huber (coords.), Beweisverbote in Ländern der EU und vergleichbaren Rechtsordnungen, 1999, p. 329 e s.

215. In: Delmas-Marty (coord.), Corpus Juris der strafrechtlichen Regelungen zum Schutz der finanziellen Interessen der Europäischen Union, 1998.

encontram de acordo na comum finalidade de ir além de mera teoria da ponderação[216] e fortalecer os direitos da personalidade em um processo penal equitativo, fundado na constituição, no PIDCP e nos arts. 6 e 8 da CEDH.[217]

3. Aquilo que ao início do presente estudo foi consignado sobre o jubileu de 50 anos do Tribunal do Império em matéria penal não vale mais para os dias de hoje (ao menos no que diz respeito à proibição de valorar a prova). Hoje não há grandes teorias "que se tornaram, por assim dizer, colunas mestras, nas quais se sustenta a jurisprudência". (Ainda assim, a teoria da esfera jurídica e a teoria da ponderação fornecem importantes impulsos em setores específicos, de forma que é injustificada a recusa quase que completa dirigida a essas ideias na doutrina.) Não há tampouco unidade entre jurisprudência e ciência e, sim, uma "oposição de princípio entre teoria útil e prática útil." (Como todas as teorias do BGH, as teorias da "autocontenção do Estado", a "perspectiva dos direitos individuais", as teorias dos fins de proteção, bem como a "abordagem preventivo-geral", podem, no máximo, iluminar apenas aspectos parciais do problema.)[218]

4. Ainda assim, tendo em vista a importância da teoria das proibições de valorar a prova para os direitos do cidadão no processo penal, é a hora de entabular novo diálogo com a jurisprudência para recuperar a perdida unidade entre justiça e ciência. Há bons auspícios para essa solução intermediária (europeia), uma vez que atualmente, além das importantes recomendações de Mallorca, Toledo e Viena, há sofisticadas concepções desenvolvidas por processualistas penais europeus, como a impressionante "teoria normativa das consequências jurídicas dos vícios processuais", de *Rogall*,[219] a qual influenciou de forma decisiva as recomendações de Viena,[220] bem como o "Projeto Alternativo para a Reforma da Investigação Preliminar" (AE-EV).[221] Todos esses projetos buscam formular regras de preferência que se afastam das incertezas da teoria da ponderação e oferecem para a prática judicial uma hierarquia diferenciada para a valoração que será realizada ao sentenciar o caso concreto.

Se se levar em conta esse todo, composto por especialistas em processo penal reunidos por trás das diversas propostas, bem como pela jurisprudência do BVerfG e do TEDH, o que se obtém é algo que tentarei sintetizar nas seguintes

---

216. Para tendências, presentes no direito estrangeiro, no sentido da teoria da ponderação *Gauthier*, ZStW 103 (1991), 831; *Jung*, ZStW 109 (1997), 117; *Rambach*, JZ 1991, 79.

217. Documentado em detalhe (Mallorca; Toledo; Corpus Juris; GG; CEDH; PIDCP) em *Wolter* (n. 37), p. 322 e s., 331 e ss.; *idem*, GA 1999, 175 e ss.

218. *Rogall* (n. 116), p. 131 e ss.; *Wolter* (n. 37), p. 326 e ss.

219. JZ 1996, p. 944 e ss., 954 e s.; de forma complementar, Hanack-Festschrift, p. 293 e ss.; Grünwald-Festshcrift, 1999, p. 523 e ss.

220. Cf. também a "teoria da esfera nuclear e da imputação" por mim desenvolvida (*Wolter* [n. 37], p. 323 e ss.).

221. A ser publicado em 2001; coautores, entre outros, *Bannenberg, Baumann, Höpfel, Huber, Jung, Lilie, Maihofer, Meier, Rengier, Rieß, Riklin, Rössner, Rolinski, Roxin, Schöch, Schüler-Springorum, Weigend, Wolter*.

"diretrizes para uma teoria (europeia) das proibições de prova". Essas diretrizes esboçam novas figuras, como proibições de devassamento e de circunvenção para além dos §§ 136, 136a, 52, 252 StPO; uma proibição geral de transmissão e de utilização de dados, mais além da regra especial do § 100f II StPO, em sua combinação com uma "intervenção substitutiva hipotética" e com uma "proibição hipotética de valoração de prova"; uma reserva de lei parlamentar no processo penal, mais além das reservas de direito material do princípio *nullum crimen, nulla poena, sine lege* (art. 103 II GG e do art. 7 da CEDH), para os casos de intervenções consideráveis em direitos fundamentais, incluindo-se a valoração da prova; uma causa de exclusão da punibilidade *paralela* à proibição probatória no caso da provocação de insuspeitos; um imperativo de atuação estatal paralelo à proibição probatória no caso de devassamento no âmbito de uma relação estatal de poder – uma figura, cuja consolidação se deve ao 5º Senado do BGH.[222] Esse novo modelo das proibições probatórias é, assim, ao mesmo tempo a proposta de um novo diálogo entre a ciência do direito processual penal e o nosso Tribunal de maior hierarquia. E as linhas mestras desse modelo representam um modesto aporte a um volume de homenagem que é dedicado ao BGH, em profundo respeito à sua contribuição para a edificação de um Estado de Direito no processo penal.

V. Linhas mestras de uma teoria (europeia) das proibições de valoração da prova

As linhas mestras tomam como base também algumas ideias presentes na jurisprudência do BGH: em parte, a teoria da esfera jurídica e a hierarquia natural dos dispositivos processuais, que se deixa complementar com o escalonamento entre os fundamentos absolutos e relativos para um recurso especial (§§ 338 e 337 StPO)[223-224] e entre os direitos fundamentais intocáveis (arts. 1 I, 19 II GG) e os direitos fundamentais passíveis de limitação (mencionem-se aqui também a teoria das esferas, formulada pelo BVerfG,[225] bem como o fato de que nenhum ramo do direito consegue renunciar a uma diferenciação entre casos especialmente graves e casos de gravidade inferior); além disso, a relativização da distinção entre proibições de valoração da prova dependentes e independentes nos casos de obtenção de prova (lícita ou ilícita) pelo Estado; ademais, a diferenciação entre obtenção estatal e privada/ilícita de prova, para a qual, em parte, vale a teoria da ponderação; e, por

222. Com razão afirma BGH NStZ 1999, 147 (149), no caso da vidente, também por razões de "manutenção do prestígio estatal", que os órgãos de persecução têm de impedir contatos entre presos, nos casos em que um deles desenvolve de forma imputável ao Estado uma atividade (especialmente) devassadora; assim, também, *Roxin*, NStZ 1999, 150; *Wolter* (n. 37), p. 336 e s.

223. Cf. também *Gössel*, Hanack-Festschrift, 1999, p. 289; *idem*, LR Einl. K nm. 150, 171 (com a distinção entre proibição absoluta de prova e a conexão de repouso [(N.E.) O autor se refere ao termo Beruhen, explicado na Introdução, B. II. 2. e)]).

224. (N.E.) A respeito dessas figuras, cf. Introdução, B. II. 2. e).

225. Por ex., BVerfGE 34, 248.

fim, a autonomia das proibições de valorar a prova após obtenção lícita ou ilícita, bem como a persistência do dever de investigar a verdade para o justo restabelecimento da paz jurídica mesmo nos casos de obtenção ilícita da prova.

Função e deveres dos órgãos da justiça penal

1. [Investigação da verdade e proteção de direitos fundamentais] [226] [1]

[1] Os órgãos da justiça penal têm como função investigar a verdade com o fim de restabelecer de forma justa a paz jurídica.[2] (Na aplicação das normas jurídicas),[227] eles estão obrigados a respeitar e a proteger a dignidade humana e os direitos fundamentais em um processo equitativo.

Proibições absolutas de valoração de prova e consequências indiretas

2. [Proibições absolutas de valoração de prova]

(1) [1]Provas obtidas por meio de violação da lei em seu núcleo, em especial da dignidade do ser humano ou de um direito fundamental em seu conteúdo de dignidade, não podem ser valoradas, não se aplicando o disposto no n. 6 (consentimento), (em razão da intocabilidade dos direitos violados e do perigo de continuação ou de aprofundamento dessa violação de lei, bem como pelo perigo de coleta e de transmissão das informações obtidas).[228] [2]As proibições (absolutas) de valoração da prova valem também quando, apesar de a prova ter sido obtida de forma lícita, a valoração violaria a lei em seu núcleo.

(2) A lei está violada em seu núcleo quando:

a) alguém é coagido a autoincriminar-se, ou quando se circunvém essa proibição por meio de fraude ou de ardil[229] (*proibição de autoincriminação*);[230]

b) independentemente do disposto na letra a), a proibição de autoincriminação ou posições jurídicas protegidas por direitos fundamentais em um processo equitativo, na forma do n. 7 II (entre esses, contraditório; defesa adequada; recusa de testemunhar; reserva jurisdicional e parlamentar)[231] são circunvindos ou lesionados de forma consciente (*proibição de devassamento e de circunvenção*);

---

226. (N.E.) O texto a seguir é formulado quase que no estilo alemão de redação de leis. A numeração sobrescrita ao início de cada frase tem por finalidade apenas facilitar a contagem dessas frases e a citação da lei. Os títulos entre colchetes em itálico constam do original.

227. As passagens entre parênteses servem apenas para esclarecimento; as regras são, ademais, formuladas de forma bem mais extensa do que um texto legal.

228. Cf. também LR-*Rieß*, 25ª ed., 1999, Einl G nm. 5; *Rogall*, JZ 1996, 954.

229. Com isso se compreende também o caso de um aproveitamento consciente de um preexistente do declarante, que se supõe obrigado a declarar.

230. Cf. ademais BGHSt 38, 202 (306); BVerfGE 56, 37; BGHSt 36, 328.

231. Exemplos acima, II. (armadilha das testemunhas, da voz e do segundo telefone); cf. ademais ns. 189-191; cf. *Schubert*, NJ 1996, 176; BT-Drucks. 13/8651, p. 9; abaixo, n. 252.

c) o imputado não é esclarecido sobre o seu direito de permanecer em silêncio a respeito da causa, quando esse direito não for de seu conhecimento (*imperativo de esclarecimento*);

d) alguém é submetido a tortura, a tratamentos desumanos, degradantes ou lesivos à saúde (*proibição de maus-tratos*);

e) alguém é exposto, contra a sua vontade, a um imediato perigo de vida (o que não se aplica para medidas impostas com base em lei, especificamente para finalidade de detenção lícita, art. 2 I 1, II b CEDH) (*proibição de expor a perigo a vida*);

f) informações atinentes ao núcleo da personalidade, em especial do código genético (inclusive sobre doenças hereditárias), até então não obtidas ou mantidas em segredo ou oriundas de registros personalíssimos (íntimos) do afetado, são obtidas ou conhecidas sem ou contra a sua vontade (*proibição de devassamento relativa ao núcleo da personalidade*);

g) alguém é submetido, sem seu conhecimento, a medidas de vigilância que, em razão de sua duração e dos instrumentos técnicos utilizados, podem conduzir a amplo perfil de sua personalidade (*proibição do devassamento total*);[232]

h) fotografias ou gravações de imagem,[233] também em conjunto com a escuta e a gravação da palavra falada de forma não pública, são produzidas em um domicílio ou uma cela de prisão[234] (sem prejuízo do disposto no § 100c I n. 3 StPO em conjunto com o art. 13 III GG) (*proibição do devassamento de um domicílio*);

i) um não-suspeito é induzido ao cometimento de um crime (de forma imputável aos órgãos da justiça penal) (*proibição da provocação de não-suspeitos*);[235] ordena-se uma medida investigativa contra um terceiro não envolvido que não deu qualquer razão para que isso ocorresse (*proibição de investigação de terceiros não envolvidos*); ordenam-se ou realizam-se investigações no estágio prévio, que não são necessárias para e nem almejam a investigar um fato ou uma suspeita segundo o § 160 I StPO (*proibição de investigações no estágio prévio*).[236]

---

232. BGH NStZ 1999, 145 (147) (3º Senado) com comentário de *Duttge*, JZ 1999, 261; (contudo) também OLG Düsseldorf NStZ 1998, 268.

233. Cf. também BT-Drucks. 13/8651, p. 9.

234. *Geppert*, JK 1999, § 100c I n. 3; *Roxin*, NStZ 1999, 151; *Wolter* (n. 37), p. 334 com referência ao art. 8 I CEDH.

235. Nesse contexto se insere também o caso (teórico) em que os órgãos de persecução penal induzem, com violação ao art. 1 I GG, o afetado (também um *suspeito*), ao cometimento de um delito; cf. também *Kinzig*, StV 1999, 292.

236. Na letra i), trata-se de ações que, desde o início, contradizem a estrutura do processo penal (acima, III. 1.); cf. (também) BGHSt 33, 283 e s. Sobre as investigações prévias, segundo o modelo do § 159 StPO, e sobre as investigações proativas *Wolter*, Brauneck-Ehrengabe, 1999, p. 512 e ss.

3. [Efeito indireto absoluto de proibições de valoração]

As proibições (absolutas) de valoração da prova compreendem, com independência do disposto no n. 6 (consentimento), informações obtidas de forma indireta (efeito indireto).[237]

4. [Proibição de valoração e pista criminalística]

As informações obtidas de forma direta ou indireta não podem ser utilizadas como pista criminalística para ulteriores investigações.[238]

5. [Proibição de valoração e investigações hipotéticas]

As proibições (absolutas) de valoração da prova incidem ainda que as informações pudessem ter sido obtidas de forma lícita.[239]

6. [Proibição de valoração apesar de consentimento; objeção]

[1]As proibições (absolutas) de valoração segundo os n. 2 a 4 vigem ainda que, nos casos do n. 2 II a) e II b) Variante 1 (induzimento a autoincriminação por meio de coação, fraude ou devassamento), do n. 2 II d) (maus-tratos) ou do n. 2 II f) Variante 1 (obtenção de informações do código genético), o afetado consinta com a valoração.[240] [2]A ausência de uma objeção não equivale ao consentimento.

Faculdades limitadas de valoração (proibições relativas de valoração) na hipótese de lesão considerável à lei; consequências dessa hipótese

7. [Faculdades limitadas de valoração; proibições relativas de valoração]

(1) [1]Informações obtidas por meio de violação considerável da lei somente podem ser valoradas se atendidos os pressupostos do n. 10 (investigações hipotéticas) ou do n. 11 (consentimento) (proibição relativa de valoração). [2]As proibições (relativas) de valoração vigoram, independentemente do disposto no n. 11 (consentimento), também quando apenas a valoração das informações licitamente obtidas violaria a lei de forma considerável; o § 252 StPO permanece inalterado.

---

237. Referências n. 194; cf., ainda, *Schroth*, JuS 1998, 970, para os casos de circunvenção; *Roxin* (n. 4), p. 95 (circunvenção de proibição de prova); diversamente *Ranft*, Spendel-Festschrift, p. 735, no caso de "notoriedade do fato"; ulteriores referências em *Wolter* (n. 37), p. 336.

238. Referências n. 195; crítica geral em *Welp*, StV 1994, 164; *Wolter*, GA 1999, 159.

239. Referência n. 196; cf. também *Roxin* (n. 4), p. 98; ao final, "sanciona-se" o "desvalor da ação" dos órgãos de persecução; de forma mais restrita, Alternativentwurf EV (n. 222).

240. Isso comprova, também, que não se trata apenas de proteção do indivíduo. Nos casos de maus-tratos ou do levantamento de informações molecular-genéticas, há especial violação aos direitos humanos, cuja consequência deve ser, além da proibição absoluta de prova e da exclusão do consentimento – uma "proibição de persecução penal baseada nos direitos fundamentais"; a respeito, *Wolter* (n. 37), p. 334.

(2) A lei sempre estará violada de forma considerável quando forem lesionadas posições jurídicas protegidas por um direito fundamental em um processo penal equitativo[241], quais sejam:

a) quando forem violados o direito ao contraditório e ao processamento da causa de forma equitativa e em um prazo razoável (art. 103 I GG, art. 6 I 1 CEDH) ou o direito do imputado a uma defesa adequada e ao preparo desta (§§ 136 I 1, 137 I, 148, 168c I, II e V StPO; Art. 6 III CEDH),[242] inclusive o direito

- à informação no mais curto prazo sobre o fato imputado,

- a consultar-se com um advogado de sua escolha, também antes do interrogatório,

- a requerer provas de defesa,

- a confrontar as testemunhas da acusação,

- a recorrer gratuitamente a um tradutor,

ou quando o imputado não for instruído a respeito dos direitos de defesa (legalmente previstos), se esses não forem de seu conhecimento (*direitos fundamentais processuais em um processo equitativo*);

b) quando se intervém, sem específica autorização legal, em um direito de recusa a testemunhar (*reserva parlamentar nos casos de direitos de recusa a testemunhar, enquanto direitos fundamentais processuais específicos*) ou quando o titular desse direito (legalmente previsto) não é informado a respeito da existência desse, se essa não for de seu conhecimento (*imperativo de informação*);[243]

c) quando a reserva jurisdicional ou o controle jurisdicional legalmente previstos para a imposição de uma intervenção considerável em direito fundamental, inclusive para a valoração ou a utilização das informações, não são respeitados (*reserva jurisdicional e direito a um controle jurisdicional preventivo*);[244]

---

241. Cf., ademais, *Wolter* (n. 37), p. 337 e s. com n. 15, ao final; BVerfGE 80, 374 e s.

242. Sobre o prazo razoável BVerfG NStZ 1994, 128 (proibição de persecução); mais comedido BGHSt 35, 143; sobre o § 148 StPO também BGHSt 33, 347 (350); BGH NStZ 1998, 562 com comentário de *Taschke*, StV 1990, 436.

243. Isso significa, por ex., que os dispositivos sobre a vigilância de telecomunicação, o uso de aparelhos de observação e a vigilância acústica fora do domicílio (§§ 100a, 100c I n. 1b, 2 StPO) necessitam de uma complementação segundo os moldes do § 97 ou do § 100d III StPO, os quais protegem as pessoas com direito de recusa a testemunhar contra essas medidas (n. 36); sobre o imperativo de informar, segundo BGHSt 11, 213 (216); *Rogall*, JZ 1996, 951. ([N.E.] Em 2008, foi introduzido o demandado dispositivo geral de proteção a pessoas com direito de recusa a testemunhar, a saber, o § 160a StPO).

244. Deixado em aberto em BGH StV 1995, 398; cf. também § 149h II n. 2 StPO austríaca; *Kleinknecht/Meyer-Goßner*, § 110b nm. 11; *Roxin*, StV 1998, 45; sobre a valoração de informações ademais § 100d III 5 StPO; regra geral 8, 9 de Toledo (n. 214), regra 18 de Mallorca (n. 213); diversamente, *Jähnke*, Odersky-Festschrift, p. 427 e ss.

d) independentemente do disposto na letra c), quando ausente um pressuposto (material) legalmente previsto para uma intervenção considerável em direito fundamental (por ex., fato previsto no catálogo de delitos; subsidiariedade; determinado grau de suspeita; autor, partícipe ou pessoa de contato; prazo) (*reserva parlamentar e concretização do princípio da proporcionalidade*);[245]

e) quando é ordenada ou realizada medida investigativa ou valoração ou utilização de informações (obtidas pelo Estado)[246] que intervêm de forma considerável em um direito fundamental, sem que haja permissão legal específica (sem prejuízo do disposto no nº. 14) (*reserva parlamentar*);[247]

f) sem prejuízo das letras a)-e), quando a obtenção das informações é manifestamente ilegal, em razão de violar princípios reconhecidos pelo direito internacional.[248]

8. [Faculdades limitadas de valoração e efeito indireto relativo]

As proibições (relativas) de valoração da prova compreendem, sem prejuízo do n. 10 (investigações hipotéticas) e do n. 11 (consentimento), as informações obtidas de forma indireta (efeito indireto).[249]

9. [Faculdade limitada de valoração e pista criminalística]

No caso de proibições (relativas) de valorar a prova, as informações obtidas de forma direta ou indireta não podem ser valoradas como pista criminalística para ulteriores investigações.

---

245. Cf. também BGHSt 31, 304 (309); § 149c III StPO austríaca.

246. Cf. acima, III. 3. e 4. b) e c), à n. 200; a valoração de provas (após sua obtenção segundo as regras processo penal) e a utilização de informações (após sua obtenção segundo as regras do direito de segurança, isto é, de polícia preventiva) se submetem à reserva de parlamento, a qual já se manifesta por meio, por ex., dos §§ 98b, 100b, 100f Abs. 1, 110e StPO (descobertas fortuitas) ou no § 100f II StPO ("descoberta fortuita preventiva") (cf. também abaixo, item 15 Abs. 1). Isso vale também quando a obtenção da prova foi *ilícita* (cf. item 15 Abs. 2).

247. Problemático, assim, BGHSt 44, 13 (1° Senado) (2ª decisão do vídeo), com comentário crítico de *Asbrock*, NStZ 1998, 632; cf. também *Amelung*, NStZ 1998, 631. Levando em consideração o § 163f Projeto de Lei de Reforma do Direito Processual Penal 1999, não seria possível recorrer aos §§ 161, 163 (cf., entretanto, *Rogall*, JZ 1998, 798; *Gehrlein/Schübel*, NJW 1999, 104); problemático, ademais, BGH NJW 1991, 2651 (1° Senado); de forma diversa, no geral, *Roxin* (n. 4), p, 81; pouco claro BGH NStZ 1997, 448 (1° Senado) sobre o comprador aparente, com comentário de *Hilger*, NStZ 1997, 449; *Felsch*, StV 1998, 285; *Roxin*, StV 1998, 43; *Wollweber*, StV 1997, 507; ulteriores referências n. 12.

248. Nesse sentido, BGHSt 36, 396 (3° Senado), com comentário de *Schroeder*, JZ 1990, 1034; era diferente o caso em BGHSt 37, 30 (3° Senado); o BVerfG NJW 1986, 3022 chega a cogitar de um impedimento processual para casos extremos (de que aqui não se cuida).

249. Em um caso especial, também, BGHSt 29, 244; cf. também *Kleinknecht/Meyer-Goßner*, Einl nm. 47 (a possibilidade de agir legalmente tem de existir de forma real). Para o problema do efeito indireto das proibições absolutas de valoração da prova cf. n. 194.

10. [Faculdade de valoração no caso de investigações hipotéticas]

As proibições (relativas) de valoração não incidem quando os órgãos da justiça penal tenham suposto a licitude de seu procedimento, sem grave violação de dever, e houver a mais alta probabilidade de que as informações obtidas também poderiam ser prontamente obtidas de forma lícita.[250]

11. [Faculdade de valoração no caso de consentimento; objeção]

[1]As proibições (relativas) de valoração não incidem quando o afetado consente com a valoração. [2]A ausência de objeção não equivale a consentimento.

Fim de proteção da norma

12. [Faculdade de valoração e fim de proteção da norma]

[1]Proibições de valoração (absolutas e relativas) não incidem, se a norma não serve à finalidade de excluir os conhecimentos ilicitamente obtidos das investigações. [2]Essa regra não se aplica aos casos em que um direito é circunvindo ou lesionado de forma consciente.[251]

Faculdade de valoração em casos de violação não considerável a lei

13. [Violação não considerável proporcionalidade]

Informações obtidas sem que a lei seja violada de forma considerável podem ser valoradas, enquanto a valoração não for desproporcional aos interesses de investigação da verdade, à importância da causa e das informações, levando-se em conta a violação da lei (e sua continuação ou seu aprofundamento, bem como a intervenção em direito fundamental que essa violação representa, ali incluído o processamento dos dados).[252]

---

250. Cf. BGHSt 42, 125 (130); 32, 68 (71) com comentário de *Wolter*, NStZ 1984, 278; BGH NStZ 1989, 375 e s. (a respeito, n. 164); sobre os casos de proibições absolutas de valoração ns. 196, 240. Se faltar um "desvalor do resultado" e subsistir apenas um reduzido "desvalor da ação" (sem violação grosseira de dever), está ausente o perigo de continuação e de aprofundamento da lesão a direito fundamental, o que fundamenta a proibição de valorar a prova (acima, III. 4.).

251. Nas violações, por ex., aos §§ 81a, 81d StPO falta o nexo de imputação entre a obtenção ilícita da prova e a valoração dessa prova, uma vez que inexiste perigo de continuação e aprofundamento da lesão a direito fundamental ao valorar a prova; em uma lesão *consciente* do direito fundamental em questão, trata-se de uma lesão ao princípio do processo equitativo que é independente dessas considerações; mesma conclusão em *Rogall*, Hanack-Festschrift, p. 305 n. 98; *Roxin* (n. 4), p. 93.

252. Acertadamente BGH StV 1995, 398, que à falta de concordância do ministério público que atenda às formalidades legais (§ 110b I StPO), exclui-se, de qualquer forma, o efeito indireto de uma proibição de valoração da prova; cf., ainda, BGHSt 31, 304 (308 e s.).

Utilização de investigações privadas

14. [Proibições e faculdades de valoração após investigações privadas]

(1) [1]Informações obtidas por um particular que não atua por iniciativa do Estado, nem de uma forma que seja de imputar-se aos órgãos da Justiça Penal, não poderão ser valoradas pelos órgãos da Justiça Penal nos casos do n. 2 II d)-h) (maus-tratos; perigo de vida; devassamento de informações personalíssimas; devassamento total e do domicílio);[253] aplica-se, no que couber, o disposto no n. 2 I 1 (perigo de utilização estatal de informações fundadas na violação de direitos intocáveis) e nos ns. 3-6 (efeito indireto; exclusão de pista criminalística, de investigações hipotéticas e – em parte – do consentimento). [2]Informações do código genético obtidas de forma lícita por um particular não podem ser utilizadas no processo penal sem ou contra a vontade do afetado; aplicam-se, no que couber, os ns. 3 e 4 (efeito indireto; exclusão de pista criminalística).[254]

(2) Informações obtidas na forma do Absatz 1 Satz 1 por um particular com (considerável) violação da lei somente podem ser valoradas se, levando-se em conta a investigação da verdade, a importância da causa e dos conhecimentos obtidos,[255] a valoração não for desproporcional à (continuação[256] ou aprofundamento da) violação da lei (e da correspondente intervenção em direito fundamental, nessa incluído o processamento de dados).

15. [Faculdades de utilização após medidas de direito de polícia]

(1) [1]Informações obtidas de forma lícita por uma medida (preventiva) de direito de polícia, medida essa que corresponda às previstas nos §§ 98a, 100c, 110a, 163c StPO (e no § 163f Projeto de Lei de Reforma do Direito Processual Penal de 1999) somente podem ser valoradas em um processo penal se essas forem necessárias para o esclarecimento de um delito previsto entre os correspondentes catálogos e não incidir uma proibição de prova. [2]A utilização é permitida apenas com a concordância do juiz de garantias (competente).

(2) [1]Informações obtidas de forma ilícita por uma medida (preventiva) segundo o direito de polícia e que, portanto, lesionem de forma considerável um

---

253. O direito civil, penal ou disciplinar são, *nesse aspecto*, insuficientes (diversamente, *Rogall* [n. 116], p. 147 e s.); em favor de uma ponderação *Fezer* (n. 140), p. 38; cf. ainda BGH NStZ 1989, 32; mais restritivo *Kleinknecht*, NJW 1966, 1543: proibição de valoração apenas no caso de extrema violação aos direitos humanos (a respeito, acima n. 241).

254. As provas obtidas, por ex., por razões medicinais, não deveriam ser divulgadas sem o consentimento do afetado para a prova da imputabilidade (*Wolter* [n. 37], p. 335 e s.; cf. também § 55 I 1 n. 3, III 2 Alternativentwurf Zeugnisverweigerungsrechte [n. 45]); ademais, existe o perigo de coleta e distribuição de informações pelo Estado.

255. A respeito, BVerfGE 34, 250; TEDH EuGRZ 1988, 390 ("não o único meio", n. 124); BGHSt 36, 167 (174).

256. Cf. também *Fezer*, JuS 979, 36; *Ranft*, Spendel-Festschrift, 736; BGHSt 14, 358 (359 e s.) (1° Senado).

direito fundamental, somente podem ser utilizadas no processo penal se servirem para o esclarecimento de um crime contra a vida, aí incluídos os fatos do § 139 III 1 StGB, não incidir uma proibição de prova e subsistir um perigo de reiteração fundado em fatos determinados. [2]A utilização é permitida unicamente com a concordância do juiz de garantias (competente).

PROTEÇÃO DE DADOS NO PROCESSO PENAL – SOBRE A RELAÇÃO ENTRE DIREITO DE POLÍCIA E DIREITO PROCESSUAL PENAL*

I. Números (dados de polícia, interceptação telefônica, busca computadorizada padronizada[1] do Serviço Federal de Inteligência)

No princípio era a acusação pública. O conteúdo dessa acusação é: inexiste no processo penal uma proteção de dados pessoais digna desse nome; essa proteção da personalidade tampouco está para ser introduzida. Dados oriundos de interceptações telefônicas, fartamente ordenadas pelo judiciário,[2] são armazenados em

---

* Tradução: Luís Greco e Eduardo Viana (Partes I.-VII.3.), Alaor Leite (Partes VII.4.-XI.) e Luís Greco (Parte XII.-XV.).

1. (N.E.) O termo original, Rasterfahndung, trouxe-nos alguma dificuldade de tradução. Em linhas gerais, trata-se de um método de investigação que consiste no cruzamento de dados anteriormente obtidos para quaisquer outras finalidades alheias à persecução penal. Algumas dessas características configuram Raster, padrões, as quais são entrecruzadas para, assim, obter êxito investigatório. Com base em um conhecido exemplo: sabia-se que terroristas procurados geralmente pagavam a conta de energia elétrica em dinheiro para o locatário do apartamento. Isso significa que o dono do imóvel locado permanecia como titular da conta de energia elétrica. Consequentemente, era conveniente verificar a relação de titulares da conta de energia elétrica e comparar essa relação com as pessoas que estão registradas na cidade. Valendo-se desse método de cruzamento de dados, foi possível reduzir o círculo de possíveis suspeitos e com isso avançar nas investigações. Cf. *Roxin/Schünemann*, Strafverfahrensrecht, 29ª ed., 2017, § 32 nm. 12 e ss.; em detalhe *Wohlers/Greco*, SK-StPO, 5ª ed., vol. 2, 2016, § 98a nm. 2 e s.

2. 1987: 1805 ordens judiciais com base no § 100a StPO, dispositivo que prevê a intercepção telefônica; em 1994: 3730 (BT-Drucks. 13/618, p. 643); uma das interceptações atingiu 37.000 conversações telefônicas (*Kayßer*, StV 1993, 614); no total, aproximadamente 400.000/500.000 pessoas foram interceptadas (Schwab. Zeitung de 24.6.1994). A única maneira de reduzir esses números é introduzir a obrigação da justiça de proceder a um relatório periódico; *Pfeiffer*, in: *Hassemer/Starzacher* (coords.),

arquivos da polícia por mais de dez anos – ainda que o ministério público tenha ordenado que esses dados fossem apagados.[3] O arquivo da polícia de *Baden-Württemberg*, chamado PAD, o qual está disponível para 24.000 policiais, listava mais de 800.000 pessoas. Para 6.200 destas havia registro de "perigo de suicídio", sem que se tivesse realizado uma análise de pontos de apoio suficientes para um perigo de repetição.[4] Além disso, a partir de critérios pouco estritos, 1.300 estavam catalogadas como "doentes mentais".

Tais números, retirados dos relatórios dos Oficiais de Proteção de Dados dos Länder,[5] são mais palpáveis que estimativas a respeito da vigilância estratégica realizada pelo Serviço Federal de Inteligência. Ainda assim, supõe-se que a chamada Lei de Combate ao Crime, que introduziu na Lei sobre o Art. 10 a busca computadorizada padronizada independente de qualquer suspeita de delito, possibilita, diariamente, o registro de centenas de milhares de conversas telefônicas e de informações enviadas por fax. Desse montante, filtram-se cerca de 4.000.[6] E um número não desconsiderável dessas informações pode, então, ser disponibilizado para o ministério público, para fins de persecução de delitos graves, mesmo se existirem apenas "pontos de apoio fáticos para uma suspeita".[7]

II. Princípios processuais solapados e direitos fundamentais

1. Diante da bandeira do "combate" à criminalidade organizada, não são mais levantadas questões sobre a legitimação do Estado para submeter cidadãos à vigilância sem qualquer *ensejo para investigação*[8] ou para uma transferência de

---

Organisierte Kriminalität – geschützt vom Datenschutz?, 1993, p. 67; sobre a ampliação do § 100a StPO em relação a outras formas de tráfego de dados por meio da Lei de Estruturação dos Correios (PoststrukturG), *Bär*, CuR 1993, 582, 64.

3. Schwab. Zeitung de 24.6.1994.

4. Mittelbay. Zeitung de 14.1.1992; 13º Relatório do Oficial de Proteção de Dados do Land, 1992, p. 29, 31. Em 1993, o arquivo de informações pessoais (PAD) continha informações de protocolos de escutas telefônicas em 51 casos (como o delito investigado, tempo do fato, número do processo, órgão investigador, dados pessoais, momento em que foi apagado, que podia ser postergado no caso de comissão de novo fato bagatelar ou de perigo de suicídio; SPIEGEL 1991, fasc. 4, p. 77; Relatório, cit., p. 32).

5. (N.E.) Cf. Introdução, B. I. 3.

6. Decisão Lei sobre o Art. 10 do BVerfG, 1 BvR 2226/94 de 5.7.1995; o método de investigação ainda não é utilizado (SPIEGEL 1995, fasc. 30, p. 19).

7. O BVerfG (n. 7) exige "fatos determinados". Isso significa, por exemplo, que os §§ 9 III Lei do Serviço Federal de Inteligência, 20 I Lei do Ofício Federal de Proteção à Constituição, que permitem interceptação telefônica independentemente disso, são parcialmente duvidosos. Por outro lado, no âmbito preventivo (planejamento de crimes), podem ser suficientes "pontos de apoio fáticos" ou "fatos" (assim, além dos § 9 III Lei do Serviço Federal de Inteligência, § 20 I Lei do Ofício Federal de Proteção à Constituição, por ex., o § 15 Lei de Hesse de Segurança e Ordem Pública, §§ 16 e ss. Lei de Polícia da Renânia do Norte-Vestfália).

8. V. também Frankfurter Arbeitskreis Strafrecht, StV 1994, 694.

dados sem suficiente suspeita inicial,[9] nem se pergunta mais pela presunção de inocência[10] ou pelo alcance do princípio da obrigatoriedade nos casos em que a suspeita surge de forma fortuita.[11] Perdem-se de vista os problemas gerados pela necessidade dos cidadãos ou de interromper a comunicação ou de adaptar o seu comportamento à vigilância sistemática.[12]

2. As coisas também não andam bem em relação ao *direito do imputado ao silêncio* e ao direito da testemunha de se recusar a depor; e isso não apenas na Lei sobre o Art. 10. Fazer uso, no processo, de uma conversa telefônica provocada e escutada pela polícia, direcionada à autoincriminação do imputado,[13] fere os pilares fundamentais da StPO e da Constituição. Por meio dessa circunvenção das regras da interceptação telefônica, sacrifica-se o direito ao silêncio do imputado. A sua liberdade de comunicação é lesionada em seu núcleo. Afinal, se o afetado quisesse se proteger, somente lhe restaria – caso soubesse da vigilância – não dizer uma só palavra.[14]

No entanto, a mudança de atmosfera na jurisprudência do BGH,[15] desde a primeira decisão do segundo telefone e a simultânea decisão sobre a conversa ambiental (Raumgespräch),[16-17] encontra o seu porquê não apenas na luta contra a criminalidade grave. Algumas razões se encontravam insinuadas na própria StPO. Afinal, no que diz respeito à situação paralela do direito da testemunha de recusar-se a depor, a lei mal chega a reconhecer qualquer proibição de circunvenção.[18] Ninguém que produza prova contra si mesmo em uma conversa confidencial com médicos, advogados ou familiares, pode estar seguro da preservação do segredo. Prontuários médicos podem ser apreendidos, caso venha a ser imputada ao próprio médico sonegação fiscal. Informações íntimas podem ser expostas,

---

9. BVerfG (n. 4); comparar também *Köhler*, StV 1994, 387 f.; *Denninger*, KritV 1994, 235.

10. *Wolter*, in: SK-StPO, vor § 151 nm. 124a, sobre a devassa por meio de investigações no estágio prévio (Vorfeldermittlungen). ([N.E.] Sobre esse conceito, Introdução, B. II. 1.).

11. (N.E.) Recorde-se que o termo *suspeita* é, grosseiramente, equivalente à nossa *notitia criminis* (suspeita inicial) e a nossa *justa causa* (suspeita suficiente), cf. Introdução, B. II. 2. a).

12. BVerfGE 65, 43; *Bull*, Gedächtnisschriftfür Sasse, 1981, p. 876.

13. BGHSt 39, 335.

14. *Wolter*, in: SK-StPO, vor § 151 nm. 123a, com mais referências; comparar também BGHSt 31, 306, 308; BGH NStZ 1995, 411.

15. Nesse contexto se insere também BGHSt 40, 211: possibilidade de utilização de dados de uma testemunha que possuía o direito de se recusar a depor realizou diante de uma pessoa de confiança (V-Mann). A pessoa de confiança, por seu turno, não é, de nenhuma forma, testemunha (de opinião diversa, contudo, o BGH, citado acima; Lei de Combate ao Crime Organizado, BT-Drucks. 12/989, p. 41, 42), de modo que, caso atue sem base em uma norma de autorização e para além dos prazos de transição, age ilicitamente (referências em *Wolter*, in: SK-StPO, vor § 151 nm. 99). Consequência: proibição de valoração da prova.

16. BGHSt 31, 296; 304.

17. (N.E.) Sobre essas duas decisões, cf. Introdução, C. I.

18. Distintos, §§ 152 III StPO austríaca; 31 II Lei Austríaca de Mídia (öMedienG); 9 III Lei Austríaca da Advocacia (öRAO); 37 Lei Austríaca dos Notários (öNotO); comparar também os §§ 97, 98b I 6, 98c 2 StPO (abaixo, n. 25); de forma genérica, *Welp* in: *Hassemer/Starzacher* (n. 1), p. 43 f.

no mínimo, com a publicidade da justiça. Descobertas fortuitas, por vezes, na verdade, "descobertas adicionais intencionais" (gezielte Zusatzfunde), podem ser utilizadas.[19] Por essa razão, o § 108 II StPO pouco ajuda, ainda que o seu ponto de partida seja merecedor de aplauso de uma perspectiva preocupada com a proteção de dados.[20] Assim, por exemplo, inexiste qualquer proteção na hipótese em que o médico trata um paciente que cometeu o delito de fuga do local do acidente ou aquele cujo consultório sofreu buscas direcionadas a encontrar falsos registros sobre abortos.

A desproteção prossegue em relação à interceptação telefônica, ao monitoramento de imagem e de som e nos agentes encobertos. Nesses casos, não há sequer a possibilidade de traçar paralelo com o §108 II StPO – uma prova do descuido do legislador. A proteção da confiança e o direito da testemunha de recusar-se a depor (§ 53 StPO) são circunvindos pela porta dos fundos de um processo penal tributário.

3. A última e breve reflexão nesta introdução diz respeito aos *dados personalíssimos* da testemunha, constantes de diários, avaliações psicológicas, prontuários de pacientes ou também de descrições dos fatos. Diante do dever cívico de declaração verídica, o direito processual penal pouco se preocupa com a proteção efetiva de dados. De pouco adianta a audiência ter lugar sob segredo de justiça ou o § 68a do StPO, que limita o direito de fazer perguntas vexatórias ou referidas à vida privada da testemunha ou de seus parentes apenas a casos em que tal seja indispensável. A justiça controla as informações. Os detalhes da vida privada são frequentemente imprescindíveis para o descobrimento da verdade. E mesmo no caso do segredo de justiça, de toda maneira, a coisa se tornou pública para a justiça.

Isso faz com que as perícias psicológicas sobre a credibilidade de uma testemunha permaneçam nos autos independentemente de quem os requisite. Disso decorre, igualmente, que um indivíduo, como testemunha em um processo devido ao exercício ilegal da prostituição, precise divulgar todos os detalhes da sua aventura sexual.[21] Com embaraçosa precisão ele terá de relatar suas inclinações masoquistas diante da polícia, do juiz ou do tribunal, e passa despercebido que se trata apenas de um delito de bagatela. Além disso, não se descarta a possibilidade de que um diário da testemunha também seja usado como prova.

---

19. BGH StV 1992, 109; LG Berlin NStZ 1993, 146 (a situação é diversa em caso de violação à dignidade humana, Art. 1 I GG); diversamente, com base no § 148 StPO, dispositivo que protege a comunicação entre imputado e seu advogado, BGH JZ 1974, 421 com comentário de *Welp*; diverso, no geral, *Kohlhaas*, NJW 1964, 1166.

20. (N.E.) Cf. Introdução, C. II. 2.

21. BayObLG JR 1980, 432 com comentários de *Hanack*.

III. Objetivos

A acusação também pode ser resumida do seguinte modo: praxis policial, jurisprudência especializada e legisladores não levam suficientemente a sério a proteção da personalidade. Desconsideram o núcleo do direito à liberdade, inclusive o direito dos imputados ao silêncio, o direito da testemunha de recusar-se a depor, os direitos daqueles que não são suspeitos e a separação informacional de poderes entre autoridades de segurança e a justiça. A Constituição e a regra fundamental do § 1 da Lei Nacional de Proteção de Dados (BDSG) passam para segundo plano. Em vez disso, o parâmetro é a segurança dos cidadãos que não são afetados pelo manejo processual dos dados, a eficácia do cumprimento das tarefas policiais e a justiça penal justa, bem assim o sentimento de segurança daquelas pessoas que não se veem afetadas pelo "processo penal informacional". A jurisprudência do BVerfG – não apenas após o julgado do censo nacional de 1983 – converte-se, assim, em seu oposto.[22]

O objetivo da presente exposição é quádruplo. Antes de mais nada, há de se provar a existência desse direito processual penal da segurança. Em segundo momento, justificar-se-á que o contramodelo de Estado de Direito liberal, com suas pretensões absolutas, não possui irrestrita força persuasiva em nosso Estado moderno. A terceira parte consistirá no esboço de uma teoria dos direitos fundamentais e do processo penal, ainda inexistente. Essa teoria confirmará que um sistema dual de liberdade e segurança sempre precisa ser derivado dos direitos da personalidade. A quarta e última parte é uma perspectiva sobre o processo penal liberal à luz de considerações sobre os interesses de segurança e precaução de informações (Informationsvorsorge). Essa perspectiva é o primeiro passo em direção à dogmática e sistemática do direito constitucional da proteção de dados.[23] Com base nos direitos da testemunha de recusar-se a depor, nas proibições de apreensão e nos métodos de vigilância técnicos, demonstrar-se-á como se poderia realizar a proteção de dados no processo penal.

---

22. BVerfGE 65, 1. Com isso, não se ignora que no direito processual penal não se trata apenas da imposição de concepções de proteção de dados (igualmente *Rogall*, ZStW 103 [1991], p. 925). O armazenamento de informações e a transferência dessas aos órgãos de segurança para a prevenção de delitos ou aos órgãos da persecução penal para futura persecução configuram – em fratura da fundamental vinculação dos dados a um fim (BVerfGE 65, 46) – contrainteresses relevantes, que podem conduzir à conclusão de que, mesmo diante de ilicitude ou inconstitucionalidade da obtenção dos dados, não se possa deduzir automaticamente a proibição de transferência e de mudança de finalidade dos dados; *Wolter*, in: SK-StPO, vor §151 nm. 104a, 154a; distinto, *W. Schmidt*, JZ 1994, 248; *Gusy*, StV 1993, 276.

23. Até o momento, ainda não há uma teoria da proteção de dados no processo penal, (marcante, contudo, *Rogall*, Informationseingriff und Gesetzesvorbehalt im Strafprozeßrecht, 1992, S. 72 e ss., 88 e ss.; propostas em *Wolter*, in: SK-StPO, vor § 151 nm. 167a e ss.). Uma dogmática jurídico-constitucional da proteção de dados (sobre isso *Bull*, Gedächtnisschrift für Sasse, p. 869; *Gallwas*, Der Staat 1979, 507) fracassa, de imediato, por falta de uma teoria dos direitos fundamentais.

IV. Problemas desconsiderados

Com razão, poder-se-á objetar a esse roteiro que muitos problemas serão precipitadamente resolvidos. Em face da temática – direito de polícia, direito da proteção da constituição e direito constitucional – isso se deve a razões de tempo.

1. Competência para o armazenamento e utilização de informações/dados

A coleta de dados e as demais etapas do processamento de dados, isto é, o armazenamento, a transmissão, o apagamento bem como a utilização dos dados[24] são tratadas apenas de forma incidental. Em geral, não distinguiremos entre, de um lado, informações e autos (ambos referidos a pessoas), guarda e destruição; e, de outro lado, dados e arquivos de computador (ambos referidos a pessoas), armazenamento e apagamento.[25] Contudo, deve-se exigir que a utilização dos

24. A obtenção de dados (§§ 3, 4; 13 Lei Nacional de Proteção de Dados) foi, é verdade, incluída no bojo da Lei Nacional de Proteção de Dados; o tema é situado, todavia, ao lado (§ 4 I Lei Nacional de Proteção de Dados) do processamento (gravação, modificação, transferência, bloqueio e apagamento; § 3 V Lei Nacional de Proteção de Dados) e da utilização de dados (§ 3 VI Lei Nacional de Proteção de Dados). O direito dos diversos Länder inclui parcialmente a obtenção (e utilização) de dados no conceito do processamento de dados. Ao lado da obtenção e processamento de dados está a utilização de dados (por ex., a comparação nos termos da busca padronizada computadorizada, § 98c StPO) como uma forma de utilização de dados e no sentido de "uso de dados com efeitos reconhecíveis" (conceito mais geral para utilização e processamento de dados: utilização; para obtenção, utilização e processamento: manejo de dados – Umgang mit Daten, § 1 U Lei Nacional de Proteção de Dados). A StPO é imprecisa na escolha dos conceitos (§§ 163d IV; 98b III StPO). Em relação às chamadas regras de utilização é necessário que se obtenha clareza. O legislador fala em uso (Nutzung), utilização (Verwendung) e regras de utilização (vejam-se §§ 98a III 2, 163d IV 4, 5; 98b I 6, 7; 98c segunda frase StPO). Às "leis federais sobre regras de utilização" pertencem os segredos profissionais e funcionais (§§ 53, 54, 96, 97, 148 StPO), §§ 52, 136a StPO, os dispositivos de sigilo fiscal, previdenciário, postal e de telecomunicação (veja-se também §16 Lei Federal de Estatística [BStatG]), bem como § 51 Lei Federal do Registro Público (BZRG). O tratamento diverso no § 98b I 6, 7 e § 98c segunda frase StPO salta, assim, aos olhos. Tais referências a regras de utilização faltam por completo, por ex., nos §§ 100a, 100c StPO, o que sublinha a falta de cuidado e de reflexão do legislador em relação à proteção de dados (ver n. 19). É mais natural conferir validade às regras de utilização em um triplo sentido: em primeiro lugar, na obtenção de dados como problema de vincular os dados à finalidade que é o direito processual penal, isto é, como "vinculação da obtenção" (exemplos: §§ 96, 95 II; ver também § 163d IV 2 StPO, que considera ilícitos procedimentos incontroláveis de busca); em segundo lugar, no uso de dados como problema de vinculação do uso (por ex., em eventual uso de dados da persecução penal que então se encontram em um sistema informacional da polícia – INPOL – para fins preventivos; ou no uso de dados encontrados fortuitamente em uma investigação processual penal para outro processo penal); em terceiro lugar, no processamento, especialmente na transferência de dados ou no acesso aos autos como problema de vinculação a um fim (por ex., na transferência para o Serviço Federal de Inteligência ou de dados obtidos com base em aplicação na Lei sobre o Art. 10, ou descobertas fortuitas dos órgãos de segurança para o ministério público ou ao contrário; veja-se também § 98b I 6 StPO); *Rogall*, 13. Strafverteidigertag, 1989, p. 108.

25. A StPO procede de maneira a que "informações referentes à pessoa" (cf. § 3 I Lei Nacional de Proteção de Dados; ademais §§ 100b V, 100d II, 163e III StPO), que podem ser objeto de direitos de vista dos autos, ou informações decorrentes de autos, de apontamentos, de gravações de som ou imagem (§§ 96, 97 V StPO; cf. também §3 III Lei Nacional de Proteção de Dados) ou de exames (§ 97 I n. 3, V StPO) possam ser guardadas ou destruídas (§§ 110d II 1, 163c IV StPO). Ao contrário, para as

dados seja detalhadamente regulada, por ex., em dispositivos como os §§ 81 ss., 163b StPO ou nas regras sobre a prova testemunhal e sobre as descobertas fortuitas.[26] Não é permitido sobreinterpretar os dispositivos que autorizam a coleta de dados no sentido de que esses também conteriam as competências para o armazenamento e utilização dos dados na persecução penal. Isso conduziria a uma fusão das autoridades de processamento de dados, o que parece problemático não apenas em caso de grande quantidade de dados, senão também em razão do uso dos encontros fortuitos.

2. *Direito à autoapresentação informacional e direito à privacidade*

Nesta exposição também se pressupõe que a proteção de dados, como proteção da personalidade, compreende tanto a privacidade da pessoa[27] quanto

---

informações destinadas a arquivos de computador ou que decorram desses ou de um banco de dados (§ 97 V StPO), fala-se em "dados referentes à pessoa" (§§ 98a-98c, 163d I 1, IV 2 StPO), que podem ser armazenados ou apagados (§§ 98a II; 163d IV StPO). Em relação a isso, as leis policiais (por ex., §§ 15 e ss. Lei de Polícia da Renânia do Norte-Vestfália), as leis previdenciárias (§§ 35 I SGB I; 67 e ss. SGB X) bem como a Lei Nacional de Proteção de Dados tratam de forma unívoca de "dados referentes à pessoa" (compare-se ainda §§ 100b VI StPO; 14 III Lei de Polícia da Renânia do Norte-Vestfália sobre os "documentos"), apesar de que nos termos do § 3 II 2 Lei Nacional de Proteção de Dados as coleções de autos (Aktensammlungen) não pertencem ao conceito de arquivos. De outra forma, no "âmbito público" a proteção de dados se estende aos dados em autos (por ex., §§ 1 III n. 2; 15 V, VI; 27 II Lei Nacional de Proteção de Dados).

26. Detalhes em *Gössel*, Verhandlungen des 60. DJT 1994, p. C 50 f.; *idem.*, GA 1993, 468 e s.; *Groß/Fünfsinn*, NStZ 1992, 105 e ss. (com um catálogo de exigências digno de nota); *Riegel*, Gedächtnisschrift für K. Meyer, 1989, p. 348 e ss.; *Wolter*, in: SK-StPO, vor § 151 nm. 19, 180 e ss. Descobertas fortuitas – à medida que essas, por definição, não são *obtidas* conscientemente – necessitam de fundamento jurídico a autorizar o *armazenamento* para determinada finalidade (compare-se também § 14 I 2 Lei Nacional de Proteção de Dados). Apenas a "obtenção" de informações encontradas fortuitamente está compreendida pela norma que legitima a obtenção dos dados encontrados na investigação (veja-se também *Fezer*, Strafprozeßrecht, 1986, Fall 16 nm. 94). O princípio da oficialidade não basta como fundamento jurídico de um armazenamento (compare-se contudo *Labe*, Zufallsfunde und Legalitätsprinzip im Strafverfahren, 1990, p. 222 e ss.; *Rogall* [n. 24], p. 78; *Hilger*, Festschrift für Salger, 1995, p. 333, n. 72; contrário, *Amelung*, ZStW 104 [1992], p. 849). O próprio armazenamento pode ser proibido ou ilícito independentemente da licitude da obtenção (abaixo VII 1e). Um fundamento jurídico para o armazenamento e possibilidade de uso de encontros fortuitos para determinado fim foi criado, por ex., nos §§ 100b V; 98b III 2, 100d II, 110e StPO ("para fins probatórios"); contrário, *Hassemer*, KJ 1992, 70 e s.; – nesse sentido existe uma restrita vinculação finalística ou vinculação ao uso ao menos em relação aos fatos que não constam do catálogo (de outra forma, § 163d IV 5 StPO); ambas faltam, contudo, por ex., no § 163e StPO (*Rogall* [n. 24], p. 111). Além disso, estão ausentes regras sobre a destruição ou devolução relativas a descobertas fortuitas ou ao apagamento de dados encontrados fortuitamente (exceção: § 100b VI StPO; de forma diversa, contudo, §§ 98b III 2, 3; 163d IV 2, 5 StPO), e, ademais, regras sobre a transferência em quebra do princípio da vinculação finalística (ver n. 25), e sobre os deveres de notificação dos afetados – sem mencionar as "regras de utilização" (n. 25).

27. Fundamentos em *Rogall* (n. 24), p. 32 e ss.; *Wolter*, in: SK-StPO, vor § 151 nm. 130 e ss.

a sua autoapresentação pública.[28-29] O direito à autoapresentação, como parte do direito da personalidade, nos termos dos art. 2 I 1, art. 1 I da Lei Fundamental, com efeito, requer prudente desenvolvimento dogmático. A massividade – não apenas a mídia de massa –, as irrestritas possibilidades de reprodução e conexão de dados[30] e, nas sociedades modernas, a quase inevitável "publicização das pessoas" por meio de cartões bancários, cartões de paciente, cartões telefônicos e cartões de fidelidade,[31] levam ao permanente registro do comportamento cotidiano, ao controle heterônomo e também a que as pessoas se sintam intimidadas e modifiquem seu comportamento de forma correspondente.[32] A fusão dos dados dos órgãos de persecução penal e dos órgãos de segurança, por sua deficiente controlabilidade, provoca o surgimento de interesses de retificação, esclarecimento ou apagamento/desconsideração,[33] interesses que não se deixam capturar apenas a partir dos conceitos de "deturpação" e de "salvaguarda de interesses de anonimato".[34] Dados ubíquos sobre o exercício cotidiano de direitos fundamentais poderiam ser a chave para se obter novas informações ou mesmo para que se chegue à suspeita inicial ou *notitia criminis*.[35] A isso há que se acrescentar que *dados* em si *irrelevantes* muitas vezes estão indissociavelmente ligados a informações da esfera privada, de modo eles podem devassar a privacidade para

---

28. Sobre isso, cf. BVerfGE 35, 220, 246: *Wolter*, in: SK-StPO, vor § 151 nm. 132 (sobre o "direito à autodeterminação informacional", sobretudo, *Rogall* [n. 24], p. 29 e ss.; ver também *Wolter*, citado acima, nm. 133).

29. Com ênfase na proteção à privacidade, *Rogall* (nm. 24); posição contrária em *Simitis*, KritV 1994, 48; de outra forma, *Schmitt Glaeser*, in: *Isensee/Kirchhof* (coords.), Handbuch des Staatsrechts, vol. VI, 1989, 129 nm. 30 e s., 44, 76 e ss.: ênfase na proteção à privacidade na obtenção e processamento de dados – ênfase no direito à autodeterminação informacional/autoapresentação no processamento de dados (em sentido contrário: a proteção da privacidade é necessária [apenas] no armazenamento de encontros fortuitos ou na obtenção de diagnósticos patológicos [*W. Schmidt*, JZ 1974, 248]; a obtenção de dados em si irrelevantes, com o fim de conectá-los com outras informações em si também irrelevantes, para chegar a conclusões relevantes, afeta a limine o direito à autoapresentação; compare-se ainda abaixo n. 37).

30. A esse respeito, *Amelung*, StV 1995, 165, 167; *Gallwas*, Der Staat 1979, 519; comparar também *Schapper*, 13. Strafverteidigertag, 1989, p. 52

31. *Simitis*, Festschrift für Mahrenholz, 1994, p. 576; *Hassemer*, in: Datenschutz und Datenverarbeitung heute, 1995, p. 21.

32. BVerfGE 35,220; 65, 43; *Bull*, Gedächtnisschrift für Sasse, p. 882, p. 876.

33. *Deutsch*, Die heimliche Erhebung von Informationen und deren Aufbewahrung durch die Polizei, 1992, p. 160 e s., 128, 148 (em parte exagerado, p. 151); *W. Schmidt*, JZ 1974, 248; *Schmitt Glaeser* (n. 30), nm. 42, 79; isso também porque as regras de vinculação finalística muitas vezes não são passíveis de atendimento e, além disso, árvores de dados pessoais sempre permitem pesquisas que levem além dos dados que se detêm (*Schapper* [n. 31], p. 53, sobre o sistema informacional da polícia); cf. tambem BVerfGE 35, 246; 67, 144, sobre "conhecimento como fator de poder" e sobre "assimetrias de informação".

34. *Rogall* (n. 24), p. 60, 41.

35. *Hassemer* (n. 32); *Simitis* (n. 32), p. 578 f. (também sobre os sistemas informacionais estatais e privados); *Vogelgesang*, Grundrecht auf informationelle Selbstbestimmung?, 1987, p. 171; sobre "descobertas fortuitas intencionais" *Ronsdorf*, Die Beschlagnahme von Zufallsfunden bei Durchsuchungen, 1993, p. 152; *idem*, ArchKrim. 1993, p. 42.

um observador externo.[36] Peculiaridades, anomalias sociais, antecedentes penais de menor importância (cf., contudo, § 28 Lei Nacional de Proteção de Dados) ou arquivamentos registráveis de processos – nada disso, tomado por si só, recai na esfera da proteção à personalidade.

Essas reflexões forçam-nos a buscar um caminho intermédio entre a *proibição da deturpação* e um ilimitado *direito aos próprios dados.*[37] Esse caminho intermédio pode conduzir, com todas as reservas recomendadas, a um novo instituto de direito processual penal, a saber, o da *renúncia à informação* (Informationsverzicht[38]), a um princípio da oportunidade fundado na ideia da proteção de dados (recordem-se dos dispositivos do código sobre o princípio da oportunidade, §§ 153 e ss. StPO) ou a um perdão judicial fundado na proteção da informação para os crimes de menor gravidade. Os órgãos de justiça penal, então, não mais precisariam partir para o esclarecimento de todas as pistas de crimes insinuadas em cartões bancários. O contrário configuraria não mais de "acesso" (Zugriff),[39] mas sim, possivelmente, um "abuso (Fehlgriff) de dados informáticos".

Com o olhar voltado para tais desenvolvimentos, que também tangenciam o *princípio da democracia*,[40] teria tido sentido acolher na Constituição o direito à autoapresentação.[41] Vários Länder e também, por ex., a Constituição Espanhola, apresentam, aqui, regras exemplares.

3. Bônus de transição e a Lei Federal de Proteção de Dados (Lei Nacional de Proteção de Dados)

Não nos deteremos longamente no chamado bônus de transição.[42] Ele chegará a seu termo em 1995 – doze anos depois do julgamento do censo nacional e quatro anos após a Lei Nacional de Proteção de Dados; sem que se possam prever quais as consequências para o apagamento de dados, a destruição de documentos e o irrestrito direito à informação dos afetados, medidas que em sua totalidade se tornarão inafastáveis.[43] Seja como for, a Lei Nacional de Proteção

---

36. *Rogall* (n. 24), p. 59 f.; *Wolter*, in: SK-StPO, vor § 151 nm. 132.

37. Em sentido contrário *Deutsch* (n. 34), p. 130 e s.

38. Em geral, *Simitis* (n. 32), p. 582; *Krauß*, StV 1989, 321; *Naucke*, KritV 1993, 148.

39. De forma meritória, entretanto, *Bär*, Der Zugriff auf Computerdaten im Strafverfahren, 1992, p. 171 e ss., 498 e ss. (com propostas legislativas).

40. BVerfGE 65, 46; *Grimm*, in: Hassemer/Starzacher (n. 3), p. 34; *Simitis* (n. 32), p. 580.

41. Sobre isso, *Simitis*, KritV 1993, 46, 52; *Hassemer* (n. 32), p. 52 (ali também sobre o "direito à liberdade informacional", que foi, em um primeiro passo, concretizado em 1994 por meio da Lei sobre Informação Ambiental [UIG]).

42. (N.E.) Cf. a Introdução, B. I. 3.

43. Para fundamentação, *Wolter*, in: SK-StPO, vor §151 nm. 96 e ss., 179a; comparar também *Krebl*, NJW 1995, 1072; insustentável, mas previsível, OLG Frankfurt NJW 1995, 1102; sobre isso, *Hassemer*, in: Institut für Kriminalwissenschaften (Hrsg.), Vom unmöglichen Zustand des Strafrechts, 1995, p. 104.

de Dados, como lei horizontal de aplicação subsidiária, é demasiado extensa[44] e não fornece qualquer resposta no que diz respeito ao processamento dos dados *ilegalmente* obtidos ou armazenados. Além disso, uma vez que a justiça penal é tarefa dos Länder, dos estados da federação, é de todo modo necessário recorrer às diferentes leis estaduais de proteção de dados.

V. Descuidos e omissões do legislador

1. Regras sobre arquivos de computador; vista de autos, busca, MISTRA, DNA, pessoas de confiança

As "essenciais conclusões do inquérito"[45] dedicam-se inicialmente ao legislador. Nem mesmo em três períodos legislativos, com a mesma relação de forças políticas, logrou ele promulgar as regras de que se necessita. Praticamente não há regulamentação do uso de arquivos de computador (exceções: busca padronizada computadorizada, §§ 98a e ss.; busca-rede de arrastão, § 163d;[46] §§ 474 e ss. StPO[47]). Apesar dos §§ 147 e 406e StPO, que preveem direito de vistas dos autos para o imputado (por meio de seu advogado) e para o ofendido, não há qualquer regulamentação a respeito do direito geral de informação sobre o conteúdo de autos processuais. Não há preceitos *legais* sobre buscas em mídias,[48] sobre a transferência de dados aos órgãos de segurança, sobre as faculdades de comunicação (Mitteilungen) em matéria penal[49] e sobre a impressão digital genética.[50] A atividade das pessoas de confiança e agentes provocadores é submetida, de forma ilegal, ao regime geral da prova testemunhal.[51] E, aos olhos do legislador, a

---

44. Veja-se também *Rogall* (n. 24), p. 102.

45. (N.E.) Wolter faz uso de uma metáfora jurídica: no original, wesentliches Ergebnis der Ermittlungen significa o tópico da peça acusatória em que o órgão acusador sintetiza o que se descobriu na fase de investigação preliminar.

46. (N.E.) Mais um termo de difícil tradução: Schleppnetzfahndung. Favorecemos a fidelidade à metáfora original: Schleppnetz é a rede de pesca usada naquilo que em português chamamos de arrastão. A Schleppnetzfahnung, regulada no § 163d StPO, é uma medida que consiste no armazenamento de dados obtidos em controles viários ou de fronteira, dados esses que versem sobre pessoas ou sobre circunstâncias que possam ser importantes para o esclarecimento do fato ou a captura do autor.

47. (N.E.) Dispositivos que regulem, em detalhe, a transferência de dados obtidos fora do processo penal (em especial, na atividade da polícia preventiva), para este, e vice-versa.

48. (N.E.) Em 2007 foi introduzido um dispositivo correspondente, § 110 III StPO, que não abarca necessariamente tudo o que pretende o autor.

49. (N.E.) Mitteilungen, aqui, refere-se à atividade dos tribunais de comunicar a terceiros, em especial a outros órgãos estatais, o conteúdo de processos findos ou em curso; essa atividade é regulada, na jurisdição cível, pela MiZi, Anordnung über Mitteilungen in Zivilsachen, uma portaria conjunta dos ministérios da justiça da Federação e dos Länder.

50. (N.E.) O dispositivo correspondente, § 81g StPO, foi introduzido em 1998 (cf., em detalhe, *Rogall*, SK-StPO, vol. 1, 4ª ed., 2014, § 81g nm. 7 e ss.).

51. Ver n. 16.

observação de longa duração parece não necessitar de outra regulamentação que não a da cláusula geral de investigação do § 163 StPO.[52]

2. *Sistema SISY de informações do ministério público*

O sistema de registros de informações SISY, que se encontra à disposição do ministério público e ultrapassa os limites dos Länder, foi introduzido na StPO pela Lei de Combate ao Crime (Verbrechensbekämpfungsgesetz) de 1994. Essa primeira manifestação da ideia de proteção de dados no processo penal é um tanto deplorável.[53] É eloquente que de acordo com o § 476 II 2 StPO, dados podem permanecer armazenados para sempre – inclusive se o processo for arquivado na forma do § 170 II StPO[54] em razão de comprovável inocência ou também de um impedimento processual. Contradiz o núcleo do direito à autoapresentação informacional e talvez mesmo a presunção de inocência, que os dados de uma pessoa absolvida possam ser armazenados por, no mínimo, dois anos.

3. *Sistema de informações policial INPOL e o Projeto de Lei do Ofício Criminal Federal*[55]

Quiçá o legislador poderia defender-se de nossa acusação, alegando que se encontra no melhor caminho, uma vez que há planos para uma Lei de Comunicação Judicial (Justizmitteilungsgesetz),[56-57] para uma lei de DNA,[58] bem como projetos para uma complementação da StPO relativa a arquivos informáticos[59]

---

52. (N.E.) Como mencionado na Introdução, I. 2., II 2. c), a observação de longa duração, por ser considerada intervenção não-bagatelar em direito fundamental, é hoje objeto de norma autorizativa específica, qual seja, o § 163f StPO, introduzido em 1999-2000.

53. Sobre o risco do duplo armazenamento, *Krüger*, Kriminalistik 1995, 43; sobre o regular funcionamento desse sistema de informações apenas no final de 1999, cf. RDV 1995, 144; para a ordem de instalação: BR-Drucks. 312/95, de 14.7.1995.

54. (N.E.) O dispositivo prevê o arquivamento do inquérito pelo ministério público em hipóteses que, após o término da investigação, falta a chamada suspeita suficiente, que, grosseiramente, corresponde àquilo que na terminologia brasileira se designa por justa causa; a respeito, Introdução, B. II. 2. a), C. II. 2.

55. (N.T.) Descrição desse órgão na Introdução, em B. II. 1.

56. BT-Drucks. 12/3199 de 31.8.1992 (com isso, desconstituindo a MISTRA, BAnz 1985, 305). O projeto de Lei de Comunicação da Justiça (JuMiG) ainda permite transferências de dados antes do encerramento definitivo de um processo penal (o que, no máximo em situações como a de um processo de embriaguez contra um motorista de ônibus escolar, significaria hipótese de "prevenção cuidadosa"); crítico também o oficial de proteção de dados do Estado de Baden-Württ., Relatório 1992, p. 49 e ss.

57. (N.E.) Cf. a nota de n. 50.

58. BT-Drucks. 13/667 de 2.3.1995; para uma avaliação, *Wolter*, in: SK-StPO, vor § 151 nm. 9 com referências.

59. Detalhes abaixo, itens VII 3, VIII.

e para uma reordenação do Ofício Criminal Federal.[60] Essa defesa, contudo, não convence.

O projeto de lei do Ofício Criminal Federal continua a negar ao ministério público o acesso ao sistema de informações policial INPOL. O poder-dever do ministério público de conduzir as investigações criminais parece, aqui, definitivamente perdido.[61] Nesse sistema informacional de natureza estritamente policial, podem ser armazenados, durante muitos anos sem o consentimento dos afetados, dados sobre possíveis testemunhas e vítimas, de pessoas que acompanham o imputado ou o seu contato, bem como de informantes – e isso, em especial no que se refere a testemunhas e vítimas, por preocupações relativas a crimes futuros. Dados de pessoas acompanhantes e de contato, bem como de informantes, podem ser alimentados no sistema de informações da polícia, quando parecer necessário ao chamado *combate preventivo* a *crimes* graves[62] – isto é, quando tal se mostrar "necessário para prevenção ou como preparação (Vorsorge[63]) para persecução futura de um crime com considerável importância".[64]

É certo que essas informações na INPOL são limitadas a dados pessoais, à autoridade competente, ao número do processo, bem como a outras "caracterís-

---

60. BR-Drucks. 94/95 de 17.2.1995; 94/1/95 de 21.3.1995 (recomendações das comissões do Senado Federal); mais recentemente: BT-Drucks. 13/1550 de 31.5.1995; opinião positiva em *Steinke*, ZRP 1995, 212; cf. também *Lersch*, Kriminalistik 1995,179.

61. Pormenores em relação à situação anterior em *Wolter*, in: SK-StPO, vor § 151 nm. 151.

62. § 8 IV Projeto de Lei do Ofício Criminal Federal (exigência de consentimento, questionada em BT-Drucks. 13/1550); crítico, de uma forma geral, *Wagner*, DuR 1989, 169; dificilmente aceitável desde um ponto de vista constitucional, art. 31 Lei Bávara das Tarefas de Polícia, segundo o qual dados referentes a qualquer pessoa podem ser obtidos para o combate preventivo da criminalidade (c. ademais BayVerfGH JZ 1995, 299), e § 46 I Lei de Polícia da Saxônia, sobre a comparação de dados em relação a qualquer pessoa, "quando seja necessário para a consecução de uma determinada atividade policial" (a esse respeito n. 65).

63. (N.E.) Sobre esse termo, de difícil tradução, cf. Introdução, B. II. 1.

64. "A prevenção de crimes" compete à polícia de segurança (*Wolter*, in: SK-StPO, vor § 151 nm. 158 e s., com referências) e integra a proteção contra perigos. A clássica defesa contra perigos se inicia, contudo, com um "perigo definitivo", isto é, incide apenas quando do início ou na duração de um delito (ou ainda no momento imediatamente anterior); a evitação de delitos exige (inicialmente) pontos de apoio concretos sobre o planejamento de tal fato ("perigo inicial"). Uma relação similar ocorre de parte da persecução penal, entre esclarecimento de suspeita ao final da investigação preliminar e a suspeita inicial. As intervenções em direito fundamental, que podem ser permitidas em cada estágio, diferem. A "preparação para a futura persecução penal" é, ao contrário da regulação majoritária nas leis policiais (diversamente: Lei de Hesse de Segurança e Ordem Pública), uma nova tarefa dos órgãos de persecução penal no estágio prévio ao processo penal (em mais detalhes abaixo VIII. 2., bem como em *Wolter*, citado acima, nm. 160f., com referências). De parte da polícia de segurança, essa assistência à persecução penal corresponde à chamada "precaução contra perigos" no estágio prévio à defesa contra perigos (compare-se § 1 I 2 Lei de Polícia Nordrhein-Westfalen – por ex.: armazenamento de dados de médicos do serviço de emergência). A INPOL, como arquivo-fusão ou misto, apresenta (por conseguinte) três espécies de dados: dados da persecução penal de processos penais em curso a partir de competência própria do Ofício Federal Criminal para a investigação, dados policiais preventivos (para a evitação de delitos) e dados de preparação processual-penal.

ticas que sirvam à identificação". De qualquer modo, parece não se excluir que também sejam armazenados dados de prostitutas, homossexuais ou donos de bar estrangeiros. E no caso dos correspondentes dados dos acusados no SISY, quem pode descartar que para as características de identificação também não figurem os resultados de análise genômica? O oficial federal de proteção de dados, em qualquer caso, em seu último informe, advertiu sobre tal perigo.[65]

Agregue-se a isso uma pergunta de ainda maior peso: quem deu ao Estado o direito de armazenar durante anos, com o propósito do combate preventivo do crime, dados de pessoas não imputadas, como testemunhas, acompanhantes ou informantes – sem que recaia sobre essas qualquer suspeita em relação ao cometimento futuro de um próprio crime?[66] É bastante preocupante a intensidade com que uma pessoa completamente alheia a um delito acaba por ver-se posta a serviço do *direito de polícia* ou do direito processual penal. As fundamentações que se encontram nos mencionados projetos de lei são, em muitos casos, intercambiáveis. Sempre reaparece o (vazio) discurso sobre a necessidade de execução das tarefas policiais,[67] sobre o funcionamento da Justiça Criminal, sobre a irrenunciável necessidade de informações e sobre os interesses de proteção do Estado. E, eventualmente, se faz referência que até o momento a prática armazenou tais dados – por exemplo, nos arquivos APIS.

VI. Não-suspeitos no moderno processo penal (Lei de Combate ao Crime Organizado; direito de polícia; Lei sobre o Art. 10)

Tudo isso é o consequente desdobramento do direito de polícia, da Lei sobre o Art. 10 e de modificações do direito processual penal, que têm sua origem na legislação contra o terrorismo da década de 1970 e experimentaram o seu primeiro ponto alto nas duas mais novas Leis de Combate. A Lei de Combate ao Crime Organizado e a Lei de Combate ao Crime modificaram fundamentalmente o tradicional processo penal do Estado de Direito liberal, notadamente em relação às pessoas não suspeitas.

1. Busca computadorizada padronizada e busca-rede de arrastão, Lei sobre o Art. 10 e apreensão

Deixemos de lado, por ora, a busca computadorizada padronizada fundada em uma suspeita de delito, regulada no § 98a StPO, e a busca computadorizada

65. 15º Informe, 1993/94, p. 70; comparar, ainda, com a conferência dos encarregados de proteção de dados de 1989.

66. Sobre o arquivo PIOS, cuja ideia é precisamente valer-se de dados sobre pessoas acompanhantes para refletir as estruturas organizacionais, *Bäumler*, Kriminalistik 1992, 80; panorama sobre os dados existentes no INPOL-Federal e INPOL-Land em *Brendel*, Die Polizei 1990, 86; *Merten*, NStZ 1987, 11; *Schapper* (n. 31), p. 47; compare-se também *Ringwald*, INPOL und StA, 1984, p. 17 e ss.

67. Crítico, com razão, *Wagner*, DuR 1989, 169 (em geral em relação ao direito de polícia).

padronizada independente dessa suspeita, regulada no § 3 Lei sobre o Art. 10, bem como a busca-rede de arrastão, segundo o § 163d StPO, todas essas medidas "não colaterais" (nicht ungezielte) em relação a pessoa não-implicada. Os critérios de uma análise segundo §§ 98a, 163d StPO podem corresponder aos dados de um suspeito. E no caso do § 3 Lei sobre o Art. 10, os critérios de busca poderiam ser idôneos para o esclarecimento de fatos que encerram riscos para a política exterior e de segurança da República Federal alemã. Deixe-se de lado, também, que a busca padronizada computadorizada segundo o *§* 98a I 1 StPO configura verdadeiramente um processo penal invertido, que se trata de uma "exclusão de não suspeitos",[68] com isso transformando uma pessoa sem qualquer envolvimento no processo em um "suspeito potencial" ou em uma "pessoa competente para o estado de suspeita", isto é, em uma figura híbrida entre o suspeito e o não suspeito, de todo contrária aos princípios do processo penal.[69] Finalmente, é de se chamar a atenção, incidentalmente, para o insustentável estado da lei vigente: na busca-rede de arrastão, o *§* 163d IV 5 StPO (no mesmo sentido os novos §§ 100c I n. 1b, 100d II StPO[70]) permite a utilização de quaisquer tipos de encontros fortuitos para fins probatórios, ainda que a obtenção de dados por meio dessas medidas esteja limitada a um catálogo de crimes de considerável importância (diversamente, entretanto, o dispositivo da busca padronizada computadorizada, § 98b III 2 StPO; comparar também §§ 100b V, 100d II c/c 100c I n. 2, 110e StPO; em princípio também o § 3 III 1 Lei sobre o Art. 10[71]).

Não se objete que o *§* 94 II StPO, como uma "disposição ancestral" à análise padronizada computadorizada de dados (comparar § 98a I 1 do StPO: "sem prejuízo do § 94 ..."), permite a apreensão de qualquer objeto que possa ter importância probatória para a investigação – também assim, quando quem tem a guarda do objeto apreendido não é, em aspecto algum, implicado na suspeita, não criou o mínimo ensejo para a investigação e não tem qualquer relação com quaisquer dos participantes da situação, no sentido amplo (isto é, nem com o autor e partícipe, nem com o lesado ou com a testemunha do fato). Tampouco se argumente que o § 108 I StPO, que regula as descobertas fortuitas no âmbito da apreensão, permite a apreensão provisória de objetos que não têm qualquer relação com a investigação, mas que apontam para a realização de qualquer crime.

O fato de que o § 108 I 1 StPO se contente com qualquer crime, funda-se unicamente na consideração de que a apreensão propriamente dita não precisa ser efetuada dentro do marco de investigação de um catálogo de delitos ou de crimes

68. Crítico, *Weber*, DRiZ 1990, 30

69. *Rogall* (n. 24), p. 84 f., 99; *Bottke*, Gedächtnisschrift für K. Meyer, p. 40.

70. (N.E.) Esses dispositivos, à época, regulavam o uso de aparelhos tecnológicos para fins de observação.

71. (N.E.) Os citados dispositivos, referidos a medidas como a interceptação telefônica e a vigilância domiciliar, restringem a utilização das descobertas fortuitas a situações em que o crime fortuitamente descoberto também poderia dar lugar ao emprego da medida.

de considerável importância. Mas de onde obtêm os órgãos persecutórios a autorização para apreender como meio de prova registros que se encontram com um terceiro, os quais nem procedem de um autor, partícipe, lesado ou testemunha do fato, nem estão destinadas a quaisquer dessas pessoas, tampouco se encontram, ou estiveram, sob a sua guarda (comparar com os §§ 99, 97 StPO, 12 FAG), como, por exemplo, cartas que foram escritas por um não-implicado e enviada para outros não-implicados?[72] A referência ao dispositivo paralelo da interceptação telefônica de nada importa, porque o legislador, no § 100a S. 2 StPO, "em sábia restrição", incluiu entre os não-implicados que podem ser atingidos pela medida de obtenção de dados somente os chamados intermediários da mensagem e quem fornece a conexão para o imputado (comparar também os §§ 100c II 3; 163e I 3 StPO sobre as pessoas de contato).[73]

O fato de que o direito probatório clássico apresenta traços iliberais e de que as situações reguladas pelo dispositivo da apreensão (§ 94 StPO), em regra, não se referem a coisas que se encontram na guarda de um não-implicado distante das investigações, e sim de guarda de um "partícipe", no amplo sentido com que acima se utilizou o termo, é apenas um consolo provisório. O § 97 do StPO, que proíbe as apreensões de objetos da guarda de pessoas com direito de recusar testemunho, revela que o legislador clássico não deixou de pensar nas pessoas obrigadas a testemunhar – da mesma forma que o moderno direito processual penal não esqueceu as pessoas de contato, as quais, com a interceptação telefônica,[74] a vigilância de vídeo ou de áudio ou a observação policial tornam-se implicadas na investigação. Contudo, tais réplicas em nada mudam o fato de que tanto a apreensão (§ 94 StPO) quanto o dispositivo sobre as descobertas fortuitas em buscas (§ 108 I 1 StPO) dirigem-se contra terceiros completamente não-implicados.

---

72. Comparar, *Löwe*, in *Löwe/Rosenberg*, 17ª ed., 1927, § 94, n. 4, § 97 n. 2; *von Hippel*, ZStW 47 (1927), p. 530 e ss.

73. (N.E.) Para o significado e as denominações das diversas categorias de terceiros, cf. Introdução, B. II. 2. b).

74. *Amelung*, AK StPO, 1992, § 94 nm. 3; comparar com o § 100a StPO, BVerfGE 30, 22.

2. *Fiscalização viária, busca em edifícios, parada*[75] *e comprovação de identidade: proibições de informação e proibições de armazenamento/uso no âmbito de descobertas fortuitas*

O problema se vê agravado, porque não suspeitos de todo não-implicados podem ser atingidos pelos postos de controle viário, previstos no § 111 StPO; pelas buscas em edifícios, nos termos do § 103 I 2 StPO;[76] ou, de acordo com o § 163b II StPO, pela parada para a comprovação de identidade. As investigações encobertas, valendo-se de agentes encobertos (§§ 110a e ss StPO) ou de registros fotográficos (§ 100c I n. 1a, c/c II 2 StPO) não excluem textualmente tal uso "não colateral" dos não-implicados. As insuficientes justificativas que se aduzem no presente contexto tornam o problema apenas mais claro. Assim, recorda-se que, no caso dos postos de controle viário, o § 111 I 2 StPO exigiria que a conexão com investigados e meios de prova não pode estar manifestamente ausente; o § 163b II StPO, que regula a identificação de pessoa não-suspeita, pressuporia a existência de um parentesco entre a obrigação de suportar essa medida de identificação e a obrigação da testemunha de suportar buscas em seu próprio corpo (§ 81c StPO) – de modo que haveria de existir indícios de que o afetado entre em consideração como testemunha ou como objeto de reconhecimento;[77] por outro lado, a lei preveria o dever de destruir os documentos oriundos do processo de identificação (§ 163c IV StPO). Finalmente, não seria permitida apreensão provisória de descobertas fortuitas (§ 108 I 3 StPO) nas buscas em domicílios e dependências de não-suspeitos (§ 103 I 2 StPO).

Nenhum desses argumentos é convincente. Nos pontos de controle viário, inexistirá, em regra, a imediata conexão entre a busca dos autores e meios de prova. O alegado parentesco com o § 81c StPO, que se refere expressamente a testemunhas e, logo, nos Absätze 2 e 4, de forma exemplar ao princípio da proporcionalidade – de forma similar ao não-perturbador no direito de polícia[78] – não deixa no § 163b II StPO sequer traços de parentesco "colateral". Em qualquer caso, a Justiça sente-se liberada do dever legal de destruição dos documentos oriundos de medida de identificação de não-suspeitos (§ 163b II StPO) quando surge uma suspeita em relação a outro fato criminoso.[79] E o § 108 I 3 StPO, que

---

75. (N.E.) Outro termo de difícil tradução (Festhaltung), o que é significativo, uma vez que indica o nosso descuido com a juridificação do atuar policial. Como dito na Introdução, B. I. 2., 4., a compreensão alemã de reserva de lei exige que toda intervenção em direito fundamental esteja legalmente fundamentada. Como parar alguém na rua é intervir, no mínimo, no seu direito geral de liberdade de ação, essa parada por um agente policial é prevista e regulada legalmente, a saber, no § 163b I 2 StPO. Festhaltung significa o impedimento de que alguém saia do lugar em que se encontra (cf. *Wolter*, in: SK-StPO, 5ª ed., vol. 3, 2016, § 163b nm. 30).

76. Justificadas de reservas de ordem constitucional em *Amelung*, AK StPO, § 103, nm. 15.

77. *Kleinknecht/Meyer-Goßner*, StPO, 42ª ed. 1995, § 111 nm. 11; § 163b nm. 14.

78. (N.E.) Cf. Introdução, B. II. 1.

79. *Rieß*, in: Löwe/Rosenberg, 24. ed. 1989, § 163c, nm. 27, em um caso semelhante.

proíbe apreensões fortuitas em relação a não suspeitos, é, na prática, despropositadamente circunvindo por meio de dispositivos mais gerais, como os §§ 163a e 94 StPO, que regulam o interrogatório do imputado pela polícia ou pelo ministério público e a apreensão.[80] Ademais, o § 110e StPO não conhece qualquer ressalva dessa natureza – prova adicional do descuido ou inconsequência do legislador.

No entanto, não há necessidade de uma interpretação contrária e restritiva dos mencionados dispositivos (§§ 163c IV, 108 I 3, 110e StPO) em favor dos não-suspeitos, a fim de excluir o uso de descobertas fortuitas. Pelo contrário, ouse-se avançar a tese segundo a qual a *coleta de dados* é constitucionalmente insustentável. Ademais, da inadmissibilidade e ilegalidade dessa coleta de dados – isto é, a partir desta proibição de informação – deriva-se a proibição do armazenamento e do uso de descobertas fortuitas.[81] Essa proibição se refere tanto à finalidade probatória (proibição de prova) quanto às novas pistas (proibição de investigação). As descobertas fortuitas não podem ser usadas como *pista criminalística* para novas investigações. Valer-se de obtenção de dados ilegal e aleatória não corresponde ao sentido do princípio da obrigatoriedade. Isso vale tanto para os casos especiais descritos nos dispositivos sobre a apreensão e o agente encoberto (§§ 94, 110a e ss. do StPO) quanto para o ponto de controle viário, a busca domiciliar de não-suspeitos e a identificação de não-suspeitos (§§ 111, 103 I 2 e 163b II StPO).

Esse ponto de partida liberal/referido ao Estado de Direito transpassa igualmente o direito processual penal, o direito de polícia ou também o direito penal material. O dever da pessoa de suportar encargos (Aufopferungspflicht)[82] em favor de seu concidadão pressupõe *suficiente ensejo para investigação*, uma espécie de estado de necessidade para o processo penal, uma responsabilidade por suportar intervenções estatais suficientemente fundamentadas por fatos determinados. Sem esses fundamentos, a ideia de justiça é violada, ao fim e ao cabo, a liberdade de todas as pessoas é posta em perigo. O próximo deve ao outro, em princípio, exclusivamente o respeito às liberdades desse por meio da *omissão* das intervenções; e não a renúncia do seu direito de liberdade para redução dos riscos ou salvaguarda dos interesses estatais na justiça penal e na proteção contra perigos. A liberdade daquele que – para além do estado de necessidade policial – a ninguém põe em risco, é imune diante da polícia (*polizeifest*);[83] a liberdade daquele que – para além do estado de necessidade processual – não dá razão à investigação, é imune diante da justiça (*justizfest*). Nesses pilares reside a "responsabilidade"

---

80. Cf. *Amelung*, ZStW 104 (1992), p. 850.

81. O controvertido ponto de vista do "curso investigacional hipotético conforme ao Direito", da teoria geral da proibição de valorar a prova, não ajuda neste particular, pois investigações a partir de descobertas fortuitas não precisam estar referidas antes da medida ilegal, ao "meio de prova" concreto (contra um imputado); sobre a transferência de dados, abaixo VII. 2. a).

82. (N.E.) Sobre o termo Aufopferung, a responsabilidade do perturbador e do não-perturbador e o estado de necessidade policial cf. Introdução, B. II. 1.

83. Cf. também *Lisken*, DRiZ 1992, 255.

do chamado não-perturbador no direito de polícia (a exemplo do § 6 da Lei de Polícia da Renânia do Norte-Vestfália), o dever da testemunha de tolerar a busca em sua pessoa nos termos do § 81c StPO, o dever de suportar um teste forçado de HIV ou uma coação para a doação de sangue nos termos do estado de necessidade justificante (§ 34 StGB).[84]

3. Pessoas acompanhantes: proibição de informação e proibição de uso em descobertas fortuitas

Partindo-se dessa perspectiva, as autoridades não têm o direito, nem no direito processual penal nem no direito policial, de obter dados de meras pessoas acompanhantes: nem por meio da vigilância policial (§§ 163e III StPO, 21 II 2 Lei de Polícia da Renânia do Norte-Vestfália), da observação, da vigilância secreta visual ou acústica ou de uma pessoa de confiança (§§ 16-19 Lei de Polícia da Renânia do Norte-Vestfália).[85] Tais pessoas acompanhantes ou o condutor de um veículo automotor procurado nos termos do § 163e III StPO são terceiros não-implicados, que não compartilham um contexto de investigação com um imputado ou – no direito de polícia – com um potencial criminoso (que, segundo indícios fáticos, planeja o cometimento de um delito).[86] Afinal, as verdadeiras pessoas de conexão e pessoas de contato foram explicitamente mencionadas nos dispositivos legais em questão (a exemplo do § 163e I 1 3 StPO; e § 16 I 1 n. 2 Lei de Polícia da Renânia do Norte-Vestfália). E as pessoas acompanhantes podem até mesmo acompanhar as pessoas de conexão do imputado.

A verdade é que o fundamento acima desenvolvido para investigar, para impor um dever de suportar encargos e para possibilitar a que se atue de forma "não colateral" não compreende essas pessoas não-suspeitas. Ainda assim, fala-se na existência de uma razão concreta para investigar ou de estreitas relações pessoais ou comerciais;[87] ou – no processo penal – de um "suspeito potencial". Seria necessário descobrir se a pessoa acompanhante é (potencial) cúmplice ou se nada tem a ver com o fato.[88]

Entretanto, tudo isso se encontra no campo prévio à suspeita (Vorfeld), é "controle ao relento"[89] e desemboca bem próximo ao Estado de vigilância. E quando o § 36 III da Lei de Polícia da Saxônia prevê como pressuposto que a utili-

---

84. Convincente, *Hirsch*, in: LK, 11ª ed., 1994, § 34 nm. 68-69.

85. Argumento adicional: interpretação a *contrario sensu* dos §§ 100c I n. 1a, 100d II, 110b II StPO.

86. Também crítico, *Rogall* (n. 25), p. 110; reservas em *Kleinknecht/Meyer-Goßner*, § 163e nm. 10; *Strate*, StV 1989, 410; *Bäumler*, in: *Lisken/Denninger* (coords.), Handbuch des Polizeirechts, 1992, nm. 490.

87. Exposição de motivos da Lei de Hamburgo sobre o Processamento de Dados pela Polícia; sobre isso, *Strate*, in: Hassemer/Starzacher (n. 3), p. 62 e ss.

88. Sobre o § 16 I 2 Lei de Polícia da Renânia do Norte-Vestfália, *Heise/Tegtmeyer*, PolGNRW, 7ª ed. 1990, § 16 nm. 6.

89. Comparar, também, *Wagner*, DuR 1989, 171, ver n. 11; *Gusy*, StV 1993, 271.

zação de pessoas acompanhantes seja cogentemente necessária para a prevenção a crimes, tal não é mais do que uma repetição (acentuada) da descrição da tarefa policial. É, em regra, impossível aplicar esse pressuposto na vida real. Se, e à medida que, dados das pessoas acompanhantes não podem ser obtidos, tampouco pode ser permitido o uso de descobertas fortuitas. Uma vez mais, não há somente proibição de informação, como também proibição de armazenamento, de prova e investigação.

4. Terceiros inevitavelmente afetados: "renúncia à informação" nas descobertas fortuitas e transmissão de dados

A questão é incomparavelmente mais complicada quando estão em jogo os chamados terceiros inevitavelmente afetados. Mesmo nessas medidas (não direcionadas), a legislação policial e processual penal vai muito além dos limites da proteção de dados. O alcance de pessoas inevitavelmente afetadas interessa especialmente no caso da observação de longo prazo (§§ 16 I 2 Lei de Polícia da Renânia do Norte-Vestfália; 163f do Projeto de Lei de Reforma do Processo Penal 1989[90]); comparar também com §§ 100c I n. 1b, 2, III StPO) ou com o registro de imagens (§§ 17 I 2 Lei de Polícia da Renânia do Norte-Vestfália; 100c I n. 1a, III StPO). Aqui, o legislador também mencionou expressamente este terceiro não-implicado. Entretanto, também no caso de vigilância telefônica ou apreensão de prontuários de pacientes no seio de um processo contra o médico em razão de estelionatos contábeis ou de sonegação fiscal, regularmente serão afetados terceiros de forma inevitável.[91] A imposição não direcionada de encargos sobre pessoas não suspeitas alcança dimensões e qualidades especiais quando são utilizados dispositivos autônomos de gravação.

Imagine-se que durante a vigilância por meio de aparelhos tecnológicos em um cruzamento, a qual tem por finalidade a prevenção ou esclarecimento de delitos envolvendo drogas, seja casualmente filmada ou também observada, com um dispositivo de visão noturna, delito de fuga do local do acidente por um usuário da via de todo não implicado em delitos de droga e que de nada sabia. Os profissionais da polícia e da justiça consideram que, em razão de um combate eficiente à criminalidade, seria urgentemente necessária a transmissão ou a utilização desses dados fortuitos. E os §§ 17 VI Lei de Polícia da Renânia do Norte-Vestfália,[92] 39 IV Lei de Polícia da Saxônia, 100d II StPO lhes dão respaldo. Não obstante, é necessário opor-se a isso.

---

90. (N.E.) Dispositivo que se tornou lei, com essa exata numeração.

91. Com razão, contra a imposição de encargos a terceiros "inevitavelmente afetados" no marco de investigações policiais preventivas sigilosas: Oficial de proteção de dados de Baden-Württenberg, Relatório 1993, p. 36.

92. "Os registros de imagens feitos com um dispositivo de gravação automático e que atingem apenas a pessoas contra quem a coleta de dados não fora direcionada devem ser imediatamente destruídos, a menos que sejam necessárias para a persecução de delitos".

a) O ponto de partida das reflexões é, em realidade, o de que a ingerência na esfera de terceiros inevitavelmente afetados não pode ser descartada no plano da *coleta de dados*, de forma que – isso seja dito, para prevenir qualquer mal-entendido – essa tem de ser admitida. Nesse sentido, inclusive, seria de se propor a previsão expressa da autorização para tanto, por exemplo, não apenas no dispositivo da apreensão (§ 94 StPO), como também no da vigilância de telecomunicação (§ 100a do StPO). Em especial quando se trate de crimes graves (criminalidade organizada, terrorismo), o Estado deve poder atuar tanto no plano repressivo quanto preventivo, valendo-se de determinados métodos operativos. Essas medidas de investigação podem ser dirigidas aos imputados ou a perturbadores e às suas respectivas pessoas de conexão, bem como atingir a outros terceiros, de modo não dirigido e inevitável.

b) Em contrapartida, *descobertas fortuitas* na obtenção de dados devem nortear-se pelo âmbito do catálogo de delitos ou pela gravidade do delito. Esta limitação representa já *lege lata* a exigência mínima, que ficou desatendida no exemplo mencionado. A fuga do local do acidente como ato de autofavorecimento, sem incremento da pena mínima e com parâmetros punitivos que variam da pena de multa à pena privativa de liberdade de até três anos, não é um "crime de considerável importância", o que é exigido pelos § 17 I n. 2 Lei de Polícia da Renânia do Norte-Vestfália e pelo § 100c I n. 1b StPO para que se possa fazer uso de aparelhos de vigilância e de registro de imagens. É necessário reduzir teleologicamente o § 100d II StPO nesse mesmo sentido. Os §§ 98b III 2, 100b V, 110e, 100d II c/c § 100c I n. 2 StPO[93] – apenas neste ponto – oferecem certo norte.

Ainda assim, não é possível, no que diz respeito a pessoas inevitavelmente afetadas, dar-se por satisfeito com essa limitação aos crimes de considerável importância. Também não é suficiente exigir, de forma geral (e correta)[94] uma "intervenção substitutiva hipotética" (qualificada).[95] Segundo esses parâmetros, a pessoa inevitavelmente afetada, fosse ela a suspeita, somente poderia ser processada criminalmente pelo menos da maneira descrita pelo método de investigação, incluindo o estado de necessidade probatório (por exemplo, §§ 100c I, 100a S. StPO) e uma decisão judicial.

A verdade é que se faz necessário ir além: é preciso reduzir o grupo de delitos que torna cabível a afetação de terceiros não-implicados, o que se impõe por uma consideração adicional do princípio da proporcionalidade. É de se pensar, em um

93. (N.E.) Os dispositivos citados, respectivamente, sobre a busca padronizada computadorizada, a vigilância de telecomunicação, o uso de agente encoberto e a vigilância acústica domiciliar, todos contêm regras de utilização, em outros processos, dos dados obtidos pela respectiva medida, regra essa que restringe essa utilização para hipóteses em que se trate de um delito da mesma categoria que aquele que justificava a imposição da medida.

94. Fundamentação em *Wolter*, in: SK-StPO, vor § 151, nm. 183, com referências.

95. *Rogall* (n. 24), p. 84.

primeiro momento, em crimes em sentido estrito[96] ou (como expressão do mínimo ético geral) no catálogo de crimes do delito de não-comunicação de fato criminoso planejado (§ 138 StGB), catálogo esse que, reconheça-se, mereceria uma reforma – (cf. também §§ 3 III, 7 III Lei sobre o Art. 10).[97] Abaixo desse limite dever-se-ia, no mínimo, *de lege lata*, refletir sobre uma renúncia à informação.

Uma tal renúncia à informação fundamentada na proporcionalidade é, contudo, novidade.[98] A fundamentação é difícil, mas façamos aqui uma tentativa: o princípio jurídico que se manifesta nos §§ 108 I 3, 103 I 2 StPO[99] (que, contudo, conduzem a não utilização de todas as informações de um encontro fortuito), não é, aqui, inteiramente cabível, porque a coleta de dados dos inevitavelmente atingidos – diferentemente dos não-suspeitos em buscas em edifícios – não é proibida. Resta excluído traçar um paralelo com o § 163c IV StPO, que impõe a destruição dos documentos oriundos do processo de identificação após a medida, porque a pessoa inicialmente não-suspeita torna-se suspeita, em razão da descoberta fortuita, de modo que a obrigação de apagamento[100] acaba por ser considerada incabível. Algo similar se diga da ideia que se manifesta no dispositivo sobre a busca computadorizada padronizada (§ 98a III 2 StPO). Se, por um lado, é verdade que as regras proíbem que se usem os dados (mais ou menos inevitavelmente) inseparáveis de pessoas suspeitas e não-implicadas, mas necessariamente afetadas, por outro não se esqueça a possibilidade de obter uma nova ordem judicial da medida.[101] Finalmente, também é certo que tem peso o argumento de que o cidadão não pode ter o sentimento permanente de que é vigiado e filmado, inclusive com aparelhos de funcionamento automático; a solução para esse problema, contudo, é declarar ilícita a imposição de medidas direcionadas de investigação (previstas, por ex., nos §§ 100a, 100c StPO, § 3 I Lei sobre o Art. 10, §§ 16 e ss. Lei de Polícia da Renânia do Norte-Vestfália), e não apenas a utilização de descobertas fortuitas.

Em contrapartida, ao menos no âmbito da interceptação telefônica, a ideia de irrealizável intervenção hipotética repetida (qualificada) tem certo poder de persuasão. Se, por exemplo, o imputado, em uma conversa com um intermediador de mensagens por meio do telefone licitamente vigiado pertencente a esse último, falar de um crime grave, constante no catálogo legal, o qual teria sido cometido por terceiro de todo não-implicado, seria impossível, no caso de instauração de investigação contra esse terceiro, vigiar a comunicação telefônica entre o acusado

---

96. (N.E.) No original, *Verbrechen*, ficando excluída a segunda categoria de infrações penais, os chamados *Vergehen*, que a tradição francesa chama de delitos. Cf., sobre isso, a Introdução, B. II. 2. c).

97. O dispositivo, orientado preventivamente, incide também em ações (puníveis) de preparação e tentativa e possui relevante papel na teoria da proibição de prova; *Wolter*, NStZ, 1984, 278.

98. Comparar, em outro contexto, acima IV. 2.

99. (N.E.) Os dispositivos, recorde-se, referem-se à busca e proíbem a utilização de toda descoberta fortuita relativa a não-implicado.

100. Sobre isso, *Rogall* (n. 24), p.84.

101. *Nack*, in: KK StPO, 3ª ed. 1993, § 98a, nm. 23.

e o intermediador de mensagens.[102] Isso ao menos sugere que, para valorar informações fortuitamente descobertas, tem-se de exigir "mais" do que a suspeita de um dos delitos do numeroso catálogo do § 100a I StPO –, isto é, como não se pode prescindir por completo do uso de encontros fortuitos, será necessário quiçá um crime em sentido estrito[103] ou um daqueles catalogados no dispositivo que prevê o dever de comunicar delitos planejados de que se tenha notícia (§ 138 StGB). A isso há que se acrescer argumento derivado do *§ 108 II StPO*: se, na situação de um processo pelo crime de aborto (§ 218 StGB), o dispositivo mencionado exclui o uso de descobertas fortuitas encontradas em buscas nas dependências de médicos, a fim de, após a publicização de informações personalíssimas, não colocar em risco a relação de confiança entre o direito do médico de recusar-se a depor e o paciente, essa ideia deve valer de forma análoga quando um terceiro é afetado de forma inevitável, imprevisível e sem que tenha dado ensejo para investigação – e isso até quando esse terceiro se encontra apenas no entorno de uma pessoa de contato do imputado. A ideia somente deixa de valer quando se tratar de crimes de gravidade bem superior à do aborto (§ 218 do StGB) e também com uma pena máxima acima de três anos, a prevista para esse delito.

c) Nessa perspectiva existem problemas de sobra com os §§ 17 VI Lei de Polícia da Renânia do Norte-Vestfália, 39 IV Lei de Polícia da Saxônia. Se dados de terceiros inevitavelmente afetados são obtidos mediante registro sigiloso de imagem, produzida com um dispositivo automático no contexto da prevenção de delitos planejados, e desses dados decorre a suspeita concreta de um delito antes cometido por tal terceiro, então, de saída, são válidas todas as cautelas relativas à valoração do encontro fortuito. Contrariamente ao § 100c I n. 1a do StPO e sua combinação com o § 17 I n. 2 Lei de Polícia da Renânia do Norte-Vestfália, é preciso que tanto o "fato ocasionador" quanto o fato a que se refere a descoberta fortuita configurem crime grave – conclusão para a qual pode se buscar apoio, em caso de descoberta fortuita, nos §§ 3 III, VII 3 da Lei sobre o Art. 10, que, por ex., mencionam os crimes em sentido estrito ou aqueles a respeito de cujo planejamento a lei prevê o dever cívico de comunicação (§ 138 StGB). Tampouco é possível, se não se tratar de delitos dessa esfera, seguir uma pista criminalística por meio de novas investigações. Dado que, em relação ao fato criminoso fortuitamente descoberto, não há perigo na demora, é necessário, de acordo com o § 100d I StPO, *ordem judicial* de utilização; ademais, segundo o § 100c I n. 1 StPO, também deve haver um estado de necessidade probatório, bem como suspeita inicial suficiente. Em síntese: a descoberta fortuita somente poderá ser utilizada na persecução penal se existir a possibilidade de descobrir o crime de um terceiro inevitavelmente afetado por meio de uma gravação de imagem ou de

---

102. *Welp*, Jura 1981, 481 e s.; *Wolter*, in: SK-StPO, vor § 151 nm. 191; outra posição em *Rudolphi*, Festschrift für Schaffstein, 1975, p. 451; *Maiwald*, JuS 1978, p. 383.

103. (N.E.) Sobre os crimes em sentido estrito cf. acima, n. 97.

uma análoga medida sigilosa de investigação (chamada intervenção hipotética repetida qualificada)

VII. Balanço provisório: direitos fundamentais e princípios processuais ignorados; descobertas fortuitas

A conclusão intermediária é desalentadora. O moderno direito processual penal de segurança ignora quase completamente as colunas mestras de um processo penal atento à liberdade: o núcleo inviolável dos direitos de liberdade, incluído aqui o direito do imputado ao silêncio; a presunção de inocência e o direito a um processo equitativo; o direito da testemunha de recusar-se a depor; os direitos de liberdade dos não-suspeitos; o princípio da obrigatoriedade; o princípio da proporcionalidade; a faculdade de direção do ministério público sobre a investigação preliminar; a separação informacional de poderes entre órgãos de segurança e justiça.

1. Direitos fundamentais e princípios processuais

a) O direito processual penal de segurança ignora o *núcleo dos direitos fundamentais* que é intocável nos termos do Art. 1 I , e 19 II GG.[104] O armazenamento, durante muitos anos, de dados de um indivíduo absolvido, nos termos do § 476 II 2 StPO, ou a apreensão ou valoração de diários é justificada à luz da luta contra a criminalidade grave, não obstante, em cada caso, atinja-se o conteúdo da dignidade humana do direito geral da personalidade, derivado do art. 1 I c/c art. 2 I GG. Em favor da valoração de gravações personalíssimas, mencionam-se até a eventual exoneração do acusado ou o seu direito a uma sentença justa – como se, apesar de o imputado ser de opinião diversa, essa valoração não fosse adversária e, sim, verdadeira proteção do direito fundamental.[105]

O *princípio da proporcionalidade*, a que muitas vezes se recorre na ponderação entre proteção de direitos fundamentais e interesses da justiça penal, acaba ou por ser usado de forma abusiva ou por tornar-se supérfluo.[106] É usado abusivamente porque os direitos fundamentais intocáveis não podem ser ponderados contra demandas de persecução penal.[107] E torna-se supérfluo porque as necessi-

---

104. (N.E.) Sobre o conceito de intocabilidade (que não se confunde com o de inviolabilidade), cf. Introdução, B. II. 1.

105. Crítico e com referências, *Wolter*, in: SK-StPO vor § 151 nm. 29-33, 56b; cf. também *Hassemer*, KritV 1990, p. 266; *idem*, StV 1990, p. 331; *Naucke*, KritV 1990, p. 254; ademais *Amelung*, NJW 1990, 1758; *Küpper*, JZ 1990, p. 418.

106. Referências em *Wolter*, in: SK-StPO, vor § 151 nm. 29; entre outros, ver BGHSt 19, 331; 29, 25; 34, 401; *Krauß*, Festschrift für Gallas, 1973, p. 388; *Schünemann*, ZStW 90 (1978), p. 19, com n. 30 e s.

107. Entre outros, BVerfGE 6, 41, 433; 75, 380; 80, 373; BGHSt. 31, 299; *Geppert*, JR 1988, p. 473; *Gössel*, NJW 1981, p. 656; *Herrmann*, Festschrift für Jescheck, 1985, p. 1294; *Rüping*, ZStW 91 (1979), p. 359; sobre exceções, cf. Art. 19 Abs. 2 GG, *Wolter*, in: SK-StPO, vor § 151 nm. 26e.

dades de segurança da sociedade e dos indivíduos na luta contra a criminalidade grave possuem tal poder de convencimento que os direitos fundamentais necessariamente acabarão por perder.[108]

c) Já os dispositivos do processo penal vigente – ao menos em sua interpretação pela jurisprudência especializada – desconsideram o *direito ao silêncio* do imputado, direito esse enraizado na própria ideia de dignidade humana (art. 1 I GG). Eles permitem a provocação de uma conversa telefônica, conversa essa mediada por pessoa de confiança da polícia e conduz inevitavelmente à autoincriminação. Embora isso não constitua violação ao princípio do *nemo tenetur*, também fundado na dignidade humana (art. 1 I GG), são violados tanto o núcleo do princípio do processo equitativo quanto o § 136a StPO e o direito ao silêncio; são circunvindos os §§ 100a, 100b, do StPO, incluída a reserva de jurisdição; as regras da prova testemunhal são aplicadas à problemática das pessoas de confiança de forma inadequada.

d) De fato, o direito vigente ignora o *direito da testemunha de recusar-se a depor*. Os dispositivos da interceptação telefônica, da gravação de vídeo e de áudio ou sobre agentes encobertos não incluem proibição da circunvenção.[109] Quem, em uma conversa confidencial com médicos, advogados, assistentes sociais para viciados em drogas ou parentes, produz informações probatórias contra si mesmo, precisa temer que, por meio de aparelhos ou outros métodos sigilosos de investigação, essas informações cheguem ao conhecimento da justiça. Se a testemunha for ela mesma implicada em um processo penal, será, em princípio, possível apreender os correspondentes registros. A proibição de apreensão do § 97 StPO não oferece, nessa hipótese, qualquer proteção. Um processo penal protetor de dados precisaria deixar a cautela imperar em relação a ambos os aspectos.

e) O processo penal de segurança e o direito de segurança constante especialmente das leis de polícia, ignoram, com os seus métodos operativos de investigação, os *direitos de liberdade de* insuspeitos, pessoas que, em absoluto, deram azo à investigação. Como exemplo, mencionem-se pessoas acompanhantes ou a pessoa que conduz veículo automotor para o qual há uma ordem de busca (nos termos do § 163e III StPO), ou pessoas completamente não-implicadas em uma apreensão, em um ponto de controle viário, em busca em edifício ou em parada para verificação de identidade,[110] bem como as pessoas acompanhantes segundo os §§ 16-19, 21 Lei de Polícia da Renânia do Norte-Vestfália. De acordo com o

---

108. Ver também *Grimm* (n. 41), p. 35; *Dencker*, StV 1994, p. 682; *Wagner*, DuR 1989, p. 174; *Denninger*, CuR 1988, 57 e s. (com vistas aos amplos e imprecisos pressupostos dos dispositivos sobre o combate preventivo à criminalidade).

109. Comparar, contudo, *Nack*, in: KK StPO, § 100c nm. 16, § 100a nm. 10, segundo o qual seria possível vigiar pessoas autorizadas a recusar testemunho, na qualidade de pessoas acompanhantes ou inevitavelmente afetadas.

110. Quem se referir aqui ao princípio da proporcionalidade (por exemplo, *Götz*, Allgemeines Polizei- und Ordnungsrecht, 11ª. ed. 1993, nm. 366) desvaloriza, novamente, o princípio.

direito futuro, os dados desses terceiros não-implicados (a exemplo das pessoas acompanhantes do imputado e dos informantes) devem armazenar-se durantes anos na INPOL, quando isso for necessário para fins de prevenção ou de preparação de futuras persecuções de crimes de considerável importância. Nem mesmo quem se comporta de modo legal, discreto e sem qualquer contato com uma persecução estatal consegue manter o Estado à distância.

Em um processo penal liberal segundo o Estado de Direito, a ideia de proteção de dados impõe que informações de tais não-suspeitos não sejam nem coletadas, nem armazenadas, e nem tampouco utilizadas em um processo penal ou transmitidas a outras autoridades para outros fins.[111] Em contrapartida, se terceiras pessoas forem inevitavelmente afetadas, como, por exemplo, em uma vigilância por meio de aparelhos, seja essa interceptação telefônica ou domiciliar (nos termos do §§100a, 100c III StPO), os dados inevitavelmente coletados devem ser, em princípio, apagados sob supervisão do ministério público, e eventuais documentos devem ser destruídos (abaixo, 2b).

2. *Pequena teoria da descoberta fortuita: proibição de informação e renúncia à informação; princípio jurídico subjacente ao delito de não comunicação de crime planejado (§§ 138 e 139 III StGB)*

O preocupante balanço intermediário também engloba o problema da utilização dos encontros fortuitos. Quem, por exemplo – como *Rondsdorf*[112] – remete ao princípio da obrigatoriedade para justificar a persecução de crimes, coloca a carroça na frente dos bois. Esse autor não se apercebe de que o sentido do princípio não pode ser o de fazer uso de descobertas fortuitas relacionadas a cidadãos totalmente não-implicados, descobertas essas que ocorrem no marco de obtenção *ilegal* (a rigor: inconstitucional) de dados, no contexto de medidas de busca, controle viário, identificação de não-suspeitos, apreensão ou do edital de busca (§§ 103 I 2, 111, 163b II, 94, 163e III do StPO). Quem menciona ter sido atendido o *princípio da proporcionalidade* porque este limitaria o uso dos encontros fortuitos à investigação de crimes previstos em catálogo, também abusa desse princípio e o invalida. Essa argumentação coloca o funcionamento da justiça penal e sua limitação liberal por meio da proibição do excesso *antes* da pergunta mais fundamental sobre a licitude de determinada medida de persecução.[113] E abusa novamente do princípio da proporcionalidade, porque direitos fundamentais intocáveis são tangenciados em nome da capacidade de funcionamento da justiça penal. O princípio da proporcionalidade,[114] que tem seu fundamento nos

---

111. *Wolter*, in: SK-StPO, vor § 151, nm.165.

112. *Ronsdorf* (n. 36), p. 290; comparar também *Labe* (n. 27), p. 273; *Bär* (n. 40), p. 4.

113. De forma geral, *Köhler*, ZStW 107 (1995), p. 17; *Simitis*, Festschrift für Mahrenholz, p.587; da mesma forma, *Götz* (n. 111).

114. BVerfGE 19, 348 e s.; 65, 44; 76, 50 e s.; *Schnapp*, JuS 1983, 852.

direitos de liberdade, é convertido, assim, em seu oposto. A tudo isso pretende-se aqui opor uma pequena teoria da descoberta fortuita. No seio dessa teoria deverá diferenciar-se, *de lege lata*, entre a proibição de informação e a renúncia à informação.

a) À exceção da proibição de armazenamento, descobertas fortuitas relacionadas a *terceiro de todo não-implicado,* que não deu qualquer ensejo para a investigação e cujos dados foram obtidos de modo não colateral e, portanto, ilicitamente (§§ 103 I 2, 111, 163b II, 94, 163e III, 110a ss. StPO), não podem ser usadas nem para fins probatórios, nem como pista criminalística (proibição de informação e proibição de utilização); a princípio, essas informações não podem ser transmitidas nem para as autoridades de segurança[115] (para fins de prevenção criminal ou de demais perigos) nem para as autoridades da justiça (para fins de preparação de futura persecução penal) – (proibição de desvio de finalidade – *Zweckentfremdungsverbot*); há de ser feita exceção concernente à proteção de perigos relativos ao "mínimo ético", isto é, nos casos contemplados no § 139 III StGB,[116] ou no caso de perigos urgentes à vida e à saúde.

b) Descobertas fortuitas relativas a terceiros afetados de forma não intencional e inevitavelmente atingidos podem ser utilizadas apenas quando relacionadas com um estreito catálogo de crimes (§ 138 do StGB ou "crimes em sentido estrito") e quando presente o pressuposto de intervenção hipotética repetida qualificada. Se inexistirem esses estritos pressupostos, é de se demandar, ao menos, de lege lata, renúncia ao uso ("renúncia à informação") e *de lege ferenda* por exigência de apagamento e por proibição de uso (proibição de prova, de rastros criminalístico e de investigação). Para a transmissão de dados às autoridades de segurança são aplicáveis os limites do § 138 do StGB ou dos correspondentes perigos concretos para os bens jurídicos (por exemplo, corpo e liberdade).

c) O § 108 II StPO, que em um pequeno setor, o do aborto – introduzido como reação ao processo de Memmingen – protege relações de confiança entre o médico e os pacientes inevitavelmente afetados, tem de ser levado adiante em duas dimensões. Por um lado, o dispositivo deveria ser válido para a generalidade dos crimes, quando existir relação de confiança segundo os §§ 53 e 97 StPO, salvo, naturalmente, nas hipóteses de delitos mencionados no § 139 III StGB, a respeito dos quais até mesmo às pessoas obrigadas a segredo assiste o dever de denunciar; a exceção dessa exceção serão os casos em que se tratar da dignidade humana, art. 1 I GG (diário). Tais limites máximos precisam ser válidos também no âmbito repressivo. Por outro lado, também tem de ser excluído o uso de "descobertas fortuitas intencionais". Em processos penais tributários contra advogados ou médicos, as autoridades de persecução saem deliberada e decididamente atrás das fichas de clientes e dos prontuários de pacientes.

---

115. *Wolter*, in: SK-StPO, vor § 151 nm. 105, 154b.

116. (N.E.) Cf. o segundo estudo, n. 186.

d) O § 100d II c/c § 100c I n. 1b e o § 163d IV 5 StPO têm, *lege lata*, de ser compatibilizados, por meio de redução teleológica, com os pressupostos mínimos assentados nos §§ 98b III 2, 100b V, 100d II c/c 100c I n. 2, 110e StPO (os quais exigem ou um crime presente em um catálogo ou um "crime de considerável importância"). Abaixo desse nível de gravidade, é de postular-se a proibição de uso ancorada no princípio da proporcionalidade.

e) O princípio da obrigatoriedade e o princípio da proporcionalidade serão também tangenciados se a utilização de descobertas fortuitas afetar, de forma lícita, a imputados investigados ou a suas pessoas de contato, entre essas o disponibilizador da conexão e o intermediário da mensagem (ou seja, em situação em que inexiste o terceiro inevitavelmente afetado), e caso se cumpram os requisitos dos crimes do catálogo. Afinal, não é a mera suspeita de crime do catálogo, por si só, que justifica a produção de prova. O que se tem de exigir, de forma geral, é a intervenção substitutiva hipotética qualificada. A prova somente poderá ser valorada se o afetado, fosse ele o suspeito, pudesse ser licitamente atingido pela medida investigativa de que se tratava, atendendo-se, assim, também ao grau de suspeita, à necessidade probatória e à exigência de decisão judicial especificamente previstos.

f) Da mesma maneira, é de se rechaçar a tese segundo a qual a descoberta fortuita de um delito não previsto em um catálogo seria utilizável como pista criminalística. Essa tese, defendida no contexto dos §§ 98b III 2, 100b V, 100d II e 110e do StPO, funda-se em uma interpretação literalista dos dispositivos citados, os quais proíbem a utilização de informações "para fins probatórios". A seguir-se essa opinião, os afetados, também os imputados, seriam condenados com a ajuda de um instituto jurídico (como a busca padronizada computadorizada, a interceptação telefônica, vigilância de imagens ou áudio ou o agente encoberto), o qual, em razão da importância dos direitos fundamentais, não foi instituído para esse fim.[117] Por essa razão, não vem ao caso a referência ao princípio da obrigatoriedade. As autoridades de persecução penal têm, assim, de fechar os olhos diante dessa suspeita inicial/*notitia criminis*.

3. *Transferência de dados dos órgãos de segurança para os órgãos de persecução penal (novo § 161 II, III StPO, Projeto de Lei de Reforma do Processo Penal)*[118]

Todos esses princípios devem ser respeitados quando os órgãos de política preventiva e os demais órgãos de segurança, incluído aqui o Ofício Criminal Federal nos termos da Lei sobre o Art. 10, transferem aos órgãos de persecução

---

117. Sobre essa multifacetada discussão, *Wolter*, in: SK-StPO, vor § 151 nm. 189 e s., com referências.

118. (N.E.) Tradução do presente apartado até (inclusive) o item X por Alaor Leite.

penal descobertas (fortuitas) decorrentes de obtenção preventiva, permitida e lícita de dados.[119] De outra forma, incidiria proibição de transferência. Deve necessariamente tratar-se de um delito (previsto no catálogo) de considerável importância (nos casos de terceiro inevitavelmente afetado, deve-se tratar mesmo de crimes previstos no § 138 StGB ou de um crime em sentido estrito). Devem ser aplicadas as regras da intervenção substitutiva hipotética qualificada (grau de suspeita, estado de necessidade probatório, controle do ministério público sobre a investigação preliminar, reserva de jurisdição).[120] No entanto, seria impraticável e exagerado exigir um *espelhamento exato* da intervenção substitutiva hipotética. Dados obtidos a partir de vigilância de natureza preventiva de vídeo ou áudio podem corresponder, da perspectiva do órgão de persecução penal, à medida investigativa da interceptação telefônica. Essa mera comparabilidade da intervenção substitutiva hipotética é de decisivo significado na troca de dados nos termos da Lei sobre o Art. 10 e também no fluxo inverso de dados (de que em breve cuidaremos), na medida em que a interceptação telefônica (ainda) não é prevista nas leis do direito de polícia (de todo modo, não se pode por essa via recair na circunvenção do *mandamento de separação* entre órgãos de polícia e de proteção da constituição[121]). Por fim – ainda que leis do direito de polícia e outras leis[122] venham a conter regras para a transferência de dados dos órgãos de segurança para os de persecução penal –, deve ser defendida, *de lege ferenda*, a introdução de dispositivo correspondente na StPO (por exemplo, § 161 II, III StPO).

O Ministério Federal da Justiça tem tentado, desde 1988, por meio de vários projetos, apreender a problemática em um novo § 161 II StPO.[123] Essa tentativa não pode ser considerada completamente exitosa, por várias razões. A rigor, leva-se em consideração apenas o aspecto do catálogo de delitos – e isso de maneira insuficiente, pois os §§ 163e, 100c I n. 1b StPO não são mencionados e também porque o terceiro inevitavelmente afetado não é tratado de maneira separada (por exemplo, em um novo § 161 III StPO). Além disso, falta tanto a exigência de uma intervenção substitutiva hipotética (comparável), incluída nesse contexto a

---

119. De forma geral, *Schoreit,* DRiZ 1989, 261 e s.; *idem,* DRiZ 1981, 321; *Strate,* StV 1992, 36.

120. Amplamente, *Welp,* DÖV 1970, 272; Konferenz der Datenschutzbeauftragten, impressa in Cilip 1989, nº. 32, p. 119; criticável, já por essa razão, BGH NJW 1991, 2651; contrário, *Wolter,* Jura 1992, 523.

121. (N.E.) Cf. Introdução, B. II. 1.

122. Comparar (contudo), por exemplo, § 19 Lei do Ofício Federal de Proteção à Constituição, §§ 17 Abs. 6, 26 e s., Lei de Polícia da Renânia do Norte-Vestfália, §§ 3, 3; 7, 3 Lei sobre o Art. 10.

123. A última versão está assim redigida: "Caso sejam obtidas informações pessoais por meio de uma medida policial que corresponda à medida prevista no § 98a, elas apenas poderão ser utilizadas para fins probatórios caso no momento da avaliação dos conhecimentos concluir-se pela sua necessidade para o esclarecimento de um delito previsto no § 98a I. A primeira frase se aplica correspondentemente à hipótese em que a medida policial corresponda às medidas previstas nos § 100c I n. 2, § 110a".

garantia da reserva de jurisdição, quanto o rechaço à tese da pista criminalística ("para fins probatórios"). Ainda mais problemático é o fato de novas iniciativas legislativas dos Länder (sobre isso, abaixo VIII) sequer cogitarem uma tentativa de limitação. Falta um dispositivo comparável ao projetado § 161 II StPO.

4. As cinco regras indisponíveis da proteção de dados no processo penal e os contra interesses preventivos (§ 139 III StGB)

De toda maneira, é fato que isso extrapola o balanço intermediário visado na presente sede. Ao analisar a seguir os futuros dispositivos processuais penais, incluídos aqui o Projeto de Lei do Ofício Criminal Federal à luz da Lei sobre o Art. 10, a Lei do Ofício Federal de Proteção à Constituição e as leis de direito de polícia sob os aspectos da divisão informacional de poderes, da vinculação dos dados a um fim, do controle do ministério público sobre a investigação preliminar, da reserva de jurisdição, da intervenção substitutiva hipotética e da transferência de dados, não se pode perder de vista aquilo que compõe a tríade constitutiva de um processo penal liberal e conforme ao Estado de Direito e a direitos indisponíveis: em primeiro lugar, o núcleo dos direitos fundamentais, compreendidos aqui a presunção de inocência, o processo equitativo, o direito ao silêncio e o *nemo tenetur*; em segundo lugar, os direitos de recusa a depor como testemunha; em terceiro, a proteção dos não-suspeitos nos casos em que está ausente o ensejo para a medida investigativa.

Eis as "cinco regras jurídicas indisponíveis" que se contrapõem à obtenção, utilização e análise de dados no processo penal: núcleo dos direitos fundamentais, dos direitos de recusa a depor e de outras regras de utilização,[124] dos direitos do não-suspeito, do controle do ministério público sobre a investigação preliminar,[125] o mandamento de separação dos poderes informacionais[126] – as quais concedem aos princípios formais da *determinação finalística* ("vinculação da obtenção"), *vinculação da utilização* e *vinculação à finalidade* um conteúdo material.[127] Essas regras possuem, no mínimo, força conformadora no direito de polícia, no direito do Ofício Criminal Federal, na Lei sobre o Art. 10, na Lei do Ofício Federal de Proteção à Constituição, na Lei do Serviço Federal de Inteligência e nos códigos previdenciários. No entanto, no "âmbito preventivo", respeitado o controle do ministério público sobre a investigação preliminar, deve-se abrir exceção no sentido do "mínimo ético na prevenção de perigos", por exemplo para os casos de

---

124. Ver n. 25.

125. Sobre a indisponibilidade, *Rogall* (n. 24), p. 91; Conteúdo nuclear da StPO clássica.

126. Sobre o mandamento de separação entre polícia e proteção da constituição, *Wolter*, in: SK-StPO, vor § 151 nm. 102 e ss.; sobre a proibição de comparação do "tendencialmente incompatível", BVerfGE 65, 62 e ss.; *Riegel*, DVBl. 1987, 325; veja-se ainda abaixo XIV 5, para um "mandamento processual penal de separação".

127. Ver n. 25; análogo, BVerfGE 56, 37: proibição de transferência em razão da dignidade humana (art. 1 GG),

transferência de dados da persecução penal aos órgãos de segurança e também na "persecução penal preventiva" (§ 126a StPO[128]): delitos que integrem o catálogo do § 139 III StGB devem ser em regra evitados, a despeito da obtenção ilícita de dados. Nesse sentido, tampouco a justiça se vê dispensada do dever de comunicar. Mais: perigos urgentes/iminentes para a vida (e saúde) devem ser arrostados mesmo após a obtenção ilícita de dados. Nesse sentido, as regras processuais penais ou os direitos fundamentais de natureza indisponível relativos à dignidade humana ou ao conteúdo essencial dos direitos fundamentais (arts. 1 I; 19 II GG), de um lado, e as posições que se inserem no âmbito da proteção de direito fundamental nos termos do art. 2 II 1 GG, isto é, vida e integridade física, com o seu conteúdo essencial e de dignidade humana, de outro, acabam por contrapor-se.[129] Retornaremos a tudo isso adiante.

VIII. "Lei de Reforma Processual Penal Restante" (Rest-StVÄG) de 1994, comparação de dados (Datenabgleich), preparação de persecução penal e transferência de dados dos órgãos de persecução penal aos órgãos de segurança

1. Desde 1985, o legislador passou a empreender uma lei de reforma processual penal a respeito de rastreamento, informações sobre documentos e dados.[130] A chamada Lei de Reforma Processual Penal Restante foi apresentada, ao tempo desta palestra, como iniciativa legislativa de vários Länder.[131] Fez-se referência

128. (N.E.) Trata-se de dispositivo que permite a internação provisória de acusado inimputável contra o qual possivelmente será de impor-se medida de segurança de internação em hospital psiquiátrico ou em clínica de desintoxicação.

129. *Wolter,* in: SK-StPO vor § 151 nm. 103b e ss., 154a, b com referência ao § 163g Projeto de Lei de Reforma do Processo Penal 1989 ("para a evitação ou esclarecimento de fatos puníveis contra a vida") e ao art. 13 III GG; abaixo n. 213; sobre o limite infranqueável dado pelas violações extremas de direitos humanos, *Wolter,* acima citado, nm. 140a. Vai longe demais (corpo e liberdade) o § 12 II 2, 3 Lei de Hesse de Segurança e Ordem Pública: "Sob os pressupostos mencionados nos §§ 52-55 StPO pode a pessoa afetada recusar-se a repassar a informação. Isso deixa de ser válido quando a informação é necessária para a defesa de um perigo para o corpo, vida ou liberdade de uma pessoa"; da mesma forma, extensivo demais, é o direito policial em situações de vigilância acústica em residência.

130. Compare-se até 1988 *Wolter,* StV 1989, 359; seguem-se as Projeto de Lei de Reforma do Processo Penal 1989 de 26.6.1989 e o Projeto de Lei de Reforma do Processo Penal 1993 de 12.7.1993. Crítico, com razão, o Oficial de proteção de dados do Estado de Hesse (*Hassemer*), in: Relatório 1993, p. 50 e ss.

131. BR-Drucks. 620/94 de 14.6.1994 (Projeto de Lei de Reforma do Processo Penal 1994; iniciativa legislativa dos Länder Baviera, Hesse, Renânia do Norte-Vestfália, Renânia-Palatinado, Saarland, Turíngia). Após o término da presente palestra: o levemente alterado Projeto de Lei do Senado (Projeto de Lei de Reforma do Processo Penal 1994, BT-Drucks. 13/194; como anexo consta o mero anúncio de um Projeto do Governo Federal, em breve, mas que ainda não foi apresentado); pequenas modificações pelo Ministério Federal da Justiça de 6. 4. 1995, entre outras razões, por força dos anseios do Oficial Federal de Proteção de Dados.

a essa iniciativa legislativa para que se sublinhassem as atividades do legislador. Seria melhor não fazer essa referência. O § 481 StPO do projeto dispõe sucintamente: "Os órgãos policiais podem utilizar, nos termos das leis policiais, dados pessoais de processos criminais" – *utilizar*, aliás, em razão de que os dados, que estão registrados no sistema informativo da polícia, o INPOL, podem ser utilizados imediatamente e não necessitam mais ser transmitidos.[132]

Com isso, defenestra-se tudo aquilo que surge na discussão como limite à tal completa fusão de dados entre a polícia de segurança e a polícia repressiva. Assim não se distingue mais entre imputados e não-suspeitos – e, nessa esteira, tampouco entre testemunhas, pessoas de ligação ou mesmo pessoas acompanhantes, ou ainda entre pessoas não-suspeitas evitável e inevitavelmente afetadas. Não se diferencia mais entre as tarefas da polícia referentes à defesa contra perigos concretos e à evitação de fatos puníveis planejados. Também a preparação da futura persecução penal, reclamada na maioria das leis de direito de polícia igualmente como tarefa da polícia, é introduzida sem cerimônia no apresentado Projeto de Lei do Ofício Criminal Federal.[133]

2. Dessa forma, a despeito das relevantes considerações de *Paeffgen*, surge a pergunta quanto a se a *preparação para a persecução de fatos puníveis futuros*, ainda não planejados concretamente, não seria preferencialmente tarefa adicional de natureza *processual penal*[134] – isso pela razão de que, em um arquivo correspondente, constarem informações obtidas na respectiva investigação preliminar coordenada pelo ministério público e da qual esse deve participar;[135] e, além disso, pela razão de que se cuida, aqui, de preparação para o futuro esclarecimento de fatos puníveis anteriormente *praticados*, mas ainda desconhecidos.[136] O § 81b

132. De forma mais precisa, acima n. 25. O que deve ser mantida é a consideração de que a utilização (ou transferência) de dados da persecução penal para fins policiais, por ora, deve permanecer ilícita em razão de ausência de norma autorizadora na StPO (*Hassemer*, ZRP 1991, 121, contra *Globig*, ZRP 1991, 81, 289; compare-se, no entanto, § 474 IV StPO). Dispositivo nas leis de segurança, §§ 18 Lei do Ofício Federal de Proteção à Constituição, § 8 Lei do Serviço Federal de Inteligência, § 26 e ss. Lei de Polícia da Renânia do Norte-Vestfália) não bastam (*Paeffgen*, JZ 1991, 444 n. 104; *Riegel*, ZRP 1991, 286 e s.; *Strate*, StV 1992, 36 n. 79). Os §§ 98 III 2; 100b V, VI; 100d II; 110e; 163d IV StPO referem-se exclusivamente ao processo penal. Estão sob o regime da norma de competência do art. 74 nº 1 GG, isto é, são "direito penal" no sentido desse dispositivo sobre a competência concorrente (ver BVerfGE 30, 29). As diretrizes (a esse respeito, *Wolter*, in: SK-StPO, vor § 151 nm. 150 e s.) contrariam a reserva de Parlamento, o princípio da proporcionalidade e o controle do ministério público sobre a investigação preliminar.

133. Compare-se § 482 III Projeto de Lei de Reforma do Processo Penal 1994; ao contrário, os projetados §§ 474 e ss. StPO, 483-485 no Projeto do Ministério Federal da Justiça 1995 (n. 132) sobre quatro finalidades ("repressivas") para os dados: registro processual, manutenção em guarda para "o processo penal", preparação da persecução penal, acompanhamento procedimental.

134. Ver n. 65.

135. *Rieft*, JR 1993, 439; ver também *Denninger*, CuR 1988, 54 (sobre o controle do ministério público sobre a investigação preliminar).

136. *Schoreit*, DRiZ 1992, 324; *Keller/Griesbaum*, NStZ 1990, 418.

segunda alternativa StPO, dispositivo pioneiro nesse sentido, prevê a possibilidade de realizar medidas de identificação quanto ao imputado, a exemplo de fotografias e tomada de impressões digitais, não apenas "para fins de realização do processo penal", como também "para fins de identificação". De toda maneira, a polícia de segurança pratica sua própria atividade de *preparação para a proteção contra perigos* – por exemplo, quando confecciona listas sobre médicos e automóveis para o caso de futuras catástrofes ambientais.

A manutenção, sem separação, de dados da persecução penal e de dados referidos à proteção contra perigos (incluídos dados da evitação de delitos), bem como de dados de preparação à persecução na INPOL, como dados conectados e misturados, torna obsoleta qualquer *divisão informacional dos poderes*, e, assim, a fundamental vinculação finalística dos dados exigida pelo BVerfG.[137]

3. Isso não é tudo. Com esse dispositivo global na Lei de Reforma Processual Penal Restante, lamentavelmente apoiado pelo Estado de Hessen, pátria da proteção de dados,[138] rompe-se igualmente com outras cautelas. *Limitações à utilização*, como os direitos à recusa de depor como testemunha, não são mencionados.[139] O controle do ministério público sobre a investigação preliminar é ignorado. Tampouco se diferencia se os dados de persecução penal, utilizáveis sem restrição segundo o direito de polícia, decorreram de simples apreensão ou de uma gravação por vídeo ou interceptação telefônica. Dessa forma, naturalmente sequer se formula a pergunta (a ser respondida positivamente) em relação às informações obtidas secretamente, se não se teria de exigir, antes de qualquer utilização de dados, a comparabilidade no âmbito preventivo, no sentido de "intervenção substitutiva hipotética qualificada": por exemplo, um correspondente delito previsto no catálogo, um perigo atual e intenso para o corpo, vida ou liberdade nos casos de proteção contra perigos concretos, algo equivalente a um estado de necessidade probatório ou a competência exclusiva do diretor do órgão (o que seria a compensação correspondente à reserva de jurisdição no processo penal). Dever-se-ia, em parte com base na "antiga G10", no § 18 VI Lei do Ofício Federal de Proteção à Constituição ou no § 71 I n. 1 SGB X, trazer à baila os delitos previstos no § 138 StGB, sobre cujo planejamento há dever cívico de comunicar. O direito da utilização e transferência de dados caminharia, assim, lado a lado, sincronicamente, ao dever de comunicação.[140] Isso vale, em todo caso, quando há uma

137. Contudo, *Denninger,* CuR 1988, 56: depende da finalidade da utilização dos dados.

138. Parlamento de Hesse, Drucks. 13/6384 de 15.7.1994, p. 11 e ss.

139. Ao contrário, o novo § 481 II StPO Projeto do Ministério Federal da Justiça 1995 (n. 132).

140. Ver também acima a n. 98 para o fluxo informacional inverso; *Bäumler* (n. 87). O Projeto de Lei do Senado "13/194" (n. 132) introduziu nesse meio tempo um indiferente § 481 I 2, II, que falta no § 481 do Projeto de StPO do Ministério Federal da Justiça de 1995 (parecidos, todavia, os §§ 477 II 2, III; 488 II Projeto de StPO do Ministério Federal da Justiça 1995 sobre o acesso aos autos e sobre informações sobre dados). O dispositivo recorda o § 161 II Projeto de StPO do Ministério Federal da Justiça 1995, sobre o fluxo informacional inverso de dados (n. 124), ausente no Projeto de Lei do Senado. O projetado § 481 I 2, II StPO dispõe: "Para os fins ali mencionados, os órgãos da persecução

pessoa inevitavelmente afetada, desde que se trate da utilização de descobertas fortuitas com finalidade preventiva (ver acima VII 2b).

4. O Projeto da Lei de Reforma Processual Penal renuncia a todas essas restrições – tal como ocorre no fluxo informacional inverso, da polícia de segurança para o ministério público. Caso se incluam aqui as competências para a transferência de dados previstas na G10 e na Lei do Ofício Federal de Proteção à Constituição, a conexão ZEVIS e a comparação de dados nos termos da busca computadorizada padronizada (§ 98c StPO),[141] passa-se a estar diante do fenômeno de completa *fusão de dados dos órgãos de segurança.*[142] O problema da inexistência de separação informacional de poderes e da completa precaução informacional (Informationsvorsorge) por parte do Estado torna-se ainda mais urgente diante do sistema informacional SIS, de Schengen.[143] Ao final, o cidadão não mais poderá mais saber quem, o que, quando e sob qual ensejo sabe-se a seu respeito.[144]

Simplesmente inaceitável é, sem dúvidas, a fundamentação geral para essa enxuta regra sobre os dados: "Para garantir o regular funcionamento da administração da justiça penal, o Projeto de Lei renuncia a uma regulamentação densa, que sobrecarrega a prática ou exige grandes esforços em termos de pessoal, sem

---

penal podem transferir dados pessoais de processos penais. Caso os dados tenham sido obtidos por meio das medidas previstas nos §§ 98a; 100a; 100c I n. 16, II ou § 110a, a transferência será apenas lícita caso seja necessária para a proteção contra perigo considerável à segurança pública ou para a evitação de delitos de considerável importância". Tudo é muito extenso e vago: Os órgãos da polícia podem continuar a utilizar tudo (o projetado § 481 II StPO refere-se apenas à transferência); perigos consideráveis para a segurança em vez de para os direitos fundamentais elementares; "fatos puníveis consideráveis" em vez de um restrito catálogo de crimes; falta um § 163e StPO, bem como uma diferenciação entre medidas segundo os §§ 100a/100c I n. 2 StPO, isto é, de interceptação telefônica e escuta domiciliar, e aquelas segundo o § 100c I n. 1 b StPO, isto é, relativas ao simples uso de aparelhos em uma investigação (compare-se o § 479 II Projeto de Lei de Reforma do Processo Penal 1989); o projetado § 481 StPO pertence sistematicamente também às regras sobre os dados nos termos dos projetados § 482 e ss. StPO.

141. Acertadas críticas em razão da praticamente ilimitada desvinculação finalística *Rudolphi*, in: SK-StPO, § 98c nm. 2; *Hassemer*, KJ 1992, 71; sobre a investigação e criação de novos dados, *Deutsch* (n. 34), p. 162; veja-se também, com vistas ao direito de polícia, *Bäumler* (nm. 87), J nm. 491; *Wagner*, DuR 1989, 174; *Lisken*, DRiZ 1992, 251.

142. Compare-se §§ 18 Lei Geral dos Registros de Moradia (MRRG;) 45, 45a Lei de Comércio Exterior (AWG); 16 e ss. Lei do Registro Geral de Estrangeiros (AZR-Gesetz), que podem contribuir para que a polícia disponha de "dados armazenados para a defesa contra perigos", no sentido do § 98c StPO, que poderão ser usados em comparações de dados para a defesa contra perigos concretos, a evitação de delitos e a preparação para a persecução penal; acima n. 63 sobre o § 46 I Lei de Polícia da Saxônia, bem como o § 12a da Lei de Reuniões (VersammlG); *Gusy*, KritV 1994, 246 e s.; *idem*, StV 1993, 275; em sentido contrário, em favor de ampla fusão de dados, *Scholz/Pitschas*, Informationelle Selbstbestimmung und staatliche Informationsverantwortung, 1984, p. 120 e ss.; BGH NJW 1991, 151; BVerwG JZ 1991, 473.

143. Detalhes em *Wolter*, in: SK-StPO, vor § 151 nm. 172a, 174.

144. (N.T.) O que, segundo o BVerfG, é uma das ideias centrais do direito de proteção de dados, cf. Introdução, B. I. 3.

que com isso garantias jurídicas ligadas à proteção de dados sejam abandonadas. Assim são levadas em consideração também a crescente sobrecarga dos órgãos de persecução penal e as dificuldades específicas dos novos Länder". Essa é, no sentido mais verdadeiro da expressão, uma decretação de falência. Ela mantém apenas verbalmente as garantias jurídicas da proteção de dados. A proteção de dados no processo penal acaba por soçobrar em necessidades da prática, impasses ligados a pessoal e em desejos de simplificação (não incompreensíveis) por parte da Justiça. Sob esse fundamento não se poderá falar, nem mesmo no futuro, em uma proteção de dados digna de nota no processo penal.

IX. Investigações proativas[145] e fusão de dados no estágio prévio

Esse lúgubre quadro torna-se ainda mais sombrio se recordarmos as investigações proativas. Segundo as *Diretrizes* conjuntas dos Ministérios da Justiça e do Interior dos Länder sobre a atuação em conjunto do ministério público e da polícia de segurança na persecução da criminalidade organizada, podem tanto a polícia de segurança (preventiva) quanto a polícia repressiva tomar a iniciativa *antes* da suspeita inicial ou *antes* do perigo no sentido do direito de polícia. Em razão de que, no âmbito da criminalidade organizada, são muitas vezes escassas as denúncias pela população, por medo, e as polícias teriam de obter informações por si mesmas, de modo a adquirir pontos de apoio para ulteriores investigações. Nesse mister, as polícias devem trabalhar em conjunto, na medida em que os elementos da persecução penal e da proteção contra perigos, no curso de um processo de concentração e conhecimento, muitas vezes acabam se sobrepondo. Pense-se, por exemplo, no monitoramento secreto, amplo e sistemático de estações de ônibus escolares em face de suposições ainda muito vagas no sentido de que nesses veículos podem estar sendo vendidas drogas aos alunos. O objetivo do monitoramento amplo é não o de ter de esperar eventuais suspeitas iniciais ou possíveis perigos incipientes de um (aí, sim) delito a se evitar, mas o de se esclarecer tudo em um estágio anterior. Com isso, nos termos das diretrizes, parece-se estar corretamente de acordo no sentido de que os órgãos criminais e de segurança, nesse estágio anterior de um "trabalho de uma polícia conjunta" – os quais têm relevância para além do processo – não dispõem de qualquer direito de intervir na esfera dos cidadãos.

Essas investigações prévias somente são permitidas se a investigação de suspeitas iniciais e de perigos se der sem qualquer intervenção e, aqui sim, conduzem a uma fusão de dados dos órgãos de segurança em um estágio prévio. Contudo, esse âmbito prévio é atribuição exclusiva dos órgãos de proteção à Constituição – limitados pelo mandamento de separação,[146] relativizados por meio da G10, dizimado pelo § 9 II Lei do Ofício Federal de Proteção à Constituição

---

145. (N.E.) Nossa tradução de Initiativermittlungen, cf. Introdução, C. II. 1. f).

146. Ver n. 127; sobre o desrespeito ao mandamento na prática, *Jachmann*, KritV 1994, 253.

(vigilância subsidiária em residências) e concretizado nos casos de perigo para toda a estrutura estatal no âmbito prévio a delitos contra a segurança do Estado.[147]

Outras razões contrárias à investigação policial proativa podem ser rapidamente aduzidas.[148] Antes de tudo, não será possível realizar essas investigações prévias sem intervenção em direito fundamental. Ainda que se queira enxergar no monitoramento secreto uma simples atuação estatal, o desejado trabalho conjunto entre polícia repressiva e polícia de segurança conduz necessariamente à troca de informações. O compartilhamento de informações entre dois órgãos que visam a distintas finalidades é um desvio da finalidade dos dados, uma intervenção em direito fundamental, um ato impossível de ser realizado por mera diretriz, a qual não é lei em sentido formal.

Contudo, tampouco o *legislador* poderia regular tais investigações proativas. Afinal, elas se dirigem a não-suspeitos, os quais não ofereceram o menor ensejo para essas investigações prévias de natureza oculta. Falta um "ensejo para a iniciativa investigatória". Essas investigações proativas contradizem, assim, tanto a presunção de inocência quanto a ideia por trás do direito de polícia e do direito processual penal;[149] conduzem ao armazenamento de dados sem quaisquer critérios; abandonam o princípio da igualdade e também o princípio da calculabilidade da ação estatal;[150] e podam o direito do cidadão de se comportar de maneira estranha, socialmente atípica e mesmo apenas extravagante.[151]

A referência ao paralelo da chamada "oitiva informacional" não convence.[152] Afinal, essa oitiva diz com um potencial imputado ou uma possível testemunha – e não com qualquer um. Ela ocorre de maneira aberta; a existência de um delito é certa, não apenas presumida. No estabelecimento dos papéis, as pessoas ouvidas

147. *Denninger,* KritV 1994, 236; *Gusy,* KritV 1994, 245.

148. Crítico, também, *Strate,* StV 1992, 35; *Schoreit,* DRiZ 1991, 322 n. 4; ao contrário, pela possibilidade já no direito vigente, *Dölling,* Polizeiliche Ermittlungstätigkeit und Legalitätsprinzip, 1987, p. 275 e s. (com o referido exemplo das drogas sendo vendidas a alunos de escolas primárias ou secundárias); *Sieber/Bögel,* Logistik der Organisierten Kriminalität, 1993, p. 355; insustentável, *Vahle,* DNP 1989, 56 (medidas de defesa contra perigos); ver também § 6a Projeto de Lei de Introdução à StPO (de autoria do Senado Federal, BR-Drucks. 74/90, 83/90; a esse respeito, *Wolter,* in: SK-StPO, vor § 151 nm. 156); ademais, *Lisken,* DRiZ 1992, 251.

149. Frankfurter Arbeitskreis, StV 1994, 694. No direito policial estão excluídas em razão disso também intervenções para a investigação de perigos ou atos administrativos provisórios; *Schenke,* in: *Steiner* (org.), Besonderes Verwaltungsrecht, 5ª. ed. 1995, vol. 2, nm. 62; de forma diversa, *Götz,* NVwZ 1994, 655.

150. *Simitis,* Festschrift für Mahrenholz, p. 589.

151. *Bull,* Gedächtnisschrift für Sasse, p. 876.

152. (N.E.) Uma oitiva informacional, nossa tradução de informatorische Befragung, é a situação em que a autoridade investigadora conversa com uma pessoa antes do momento em que essa seja entendida como suspeita. Somente a partir do momento em que a pessoa se torna suspeita surge o dever de esclarecer-lhe, principalmente, sobre seu direito ao silêncio e de consultar-se com advogado (cf. *Roxin/Schünemann,* Straverfahrensrecht, § 25 nm. 11, com as correspondentes referências, bastante críticos, entretanto).

devem ser tratadas então e apenas como testemunhas.[153] Os seus direitos de recusa a depor podem ser levados em consideração por meio de esclarecimento ou de proibição de valorar a prova. Existe, pois, um "ensejo informacional para a investigação". Os ulteriores paralelos com o § 159 StPO, o dispositivo que prevê o dever de investigar todo caso de morte não natural, são, é verdade, pertinentes:[154] a existência de um fato punível é incerta. Ocorre que, no caso de se encontrar um cadáver, trata-se de "garantia contra a perda de prova", que ocorre de forma aberta, e não de "obtenção oculta de provas".

Aquele que apoia as investigações proativas acaba por chegar a um "órgão policial global" por um outro caminho. O chamado Ofício Criminal Federal (Bundeskriminalamt) e as polícias dos Länder reúnem – erroneamente – as tarefas policiais e securitárias de evitação de delitos e a tarefa de natureza processual penal de preparação para futura persecução penal.[155] As investigações proativas conduzem de forma conjunta no estágio prévio a esse combate preventivo de delitos, ao esclarecimento antecipado de algo anterior a uma suspeita inicial e também a um perigo inicial. O resultado seria o "combate ao crime preventivo e preparatório". A polícia de segurança poderia tomar a iniciativa nos casos em que "haja perspectiva no sentido de que pontos de apoio concretos justifiquem a suposição de que pessoas almejam praticar delitos". A polícia repressiva, por sua vez, poderia somar-se a essas investigações quando haja perspectivas para a investigação de um fato, "em relação ao qual, segundo a experiência criminalística, exista probabilidade ainda que reduzida de que um delito de persecução foi cometido". Aqui, todavia, não se trata definitivamente mais de evitação ou persecução de delitos e, sim, de infiltração antecipada nas estruturas de organizações criminosas.[156] Adicione-se a isso que o direito de polícia, o direito processual penal e a Lei sobre o Art. 10 poderiam introduzir nessa assistência informacional pessoas acompanhantes que de nenhuma forma participaram do fato ou terceiros inevitavelmente afetados e, então, ver-se-á que nós, em 1995, não nos distanciamos muito de 1984 e nem de 1964.

X. Estado de bem-estar processual penal *versus* Estado de Direito liberal-absoluto

É possível extrair um segundo balanço intermediário: o direito processual penal securitário que se avizinha e as vigentes diretrizes para o combate

153. *Rogall*, in: SK-StPO, vor § 133 nm. 43 e ss.; *Rieß*, in: *Löwe/Rosenberg*, § 163 nm. 16, 19 e ss.

154. *Keller/Griesbaum*, NStZ 1990, 417; *Rogall* (n. 24), p. 87

155. Compare-se ainda *Steinke*, ZRP 1995, 216, 212 (nenhuma iniciativa investigatória por meio do Ofício Criminal Federal, de outro lado, o Ministério do Interior poderia influir na persecução penal).

156. Fundamental *Weßlau*, Vorfeldermittlungen. Probleme der Legalisierung "vorbeugender Verbrechensbekämpfung" aus strafprozeßrechtlicher Sicht, 1989, p. 44 e ss., 75, 108; ver também *Schoreit*, in: KK StPO, § 152 nm. 18a, 18c; sobre o dado PIOS, acima n. 67.

da criminalidade organizada passam por cima do controle do ministério público sobre a investigação preliminar, da separação informacional de poderes e, com as iniciativas investigatórias, novamente dos direitos de não-suspeitos. Isso representa criticável distanciamento de uma imagem liberal de pessoa. De outro lado, deve-se dar espaço ao pensamento securitário na transferência de dados da persecução penal aos órgãos de segurança, com a medida da "intervenção substitutiva hipotética, qualificada e comparável" e também na preparação para a persecução penal. Essa é uma aceitável modificação do processo liberal e conforme ao Estado de Direito.

1. De tudo quanto foi dito, vê-se intensificado o olhar para um Estado que, por motivos inteiramente compreensíveis, estabeleceu ou visa a introduzir um direito processual penal securitário funcional e uma eficiente fusão de dados entre os órgãos de segurança e de persecução penal. Assistência informacional, assistência existencial (Daseinsvorsorge) e segurança para a sociedade – sendo que esta, por sua vez, não se vê afetada pelo manejo dos dados – figuram em primeiro plano: um tranquilizador estado de bem-estar processual penal.[157]

Os sentimentos de bem-estar e de segurança da maioria dos cidadãos são garantidos, contudo, à custa de intervenções consideráveis na liberdade de imputados, testemunhas, informantes e pessoas de conexão (Verbindungspersonen), sobretudo com perdas em termos de liberdade por parte de terceiros e de todo não-implicados. Os direitos fundamentais dessas pessoas acompanhantes, de informantes e de pessoas inevitavelmente afetadas pelos métodos operativos de investigação adquirem uma espécie de função social,[158] transformam-se em deveres fundamentais, deveres de tolerar, deveres de informar. Os não-suspeitos encontram-se submetidos a uma nova forma de relação especial de poder.[159] Direitos de liberdade passam a ter peso – como o demonstram as limitações legais (catálogo de fatos; § 108 I 3 StPO) no âmbito da utilização de descobrimentos fortuitos, em si mesma ilícita, ou ainda as restrições judiciais nos termos do princípio da proporcionalidade nas intervenções em direitos fundamentais a rigor intocáveis – apenas *depois* da imposição dos interesses da persecução penal. O princípio da proporcionalidade acaba por determinar a extensão de regras jurídicas indisponíveis. Isso conduz, na melhor das hipóteses, a uma *liberdade dentro da segurança.*

---

157. Compare-se *Simitis,* Festschrift für Mahrenholz, p. 589.

158. (N.E.) No original, *Sozialbindung*, termo utilizado no contexto do direito de propriedade, para designar aquilo que chamamos de função social.

159. (N.E.) A figura da relação especial de poder (besonderes Gewaltverhältnis), abandonada em 1972, era uma construção segunda a qual determinadas pessoas especialmente próximas ao Estado, como funcionários públicos, alunos de escolas públicas ou presidiários, como que o integrariam, de maneira que não teriam direitos fundamentais contra o Estado, nem seria necessário que esse atendesse às exigências da reserva de lei no trato com essas pessoas (cf. com referências *Schwarz*, in: Maunz/Dürig, GG, 72ª atualização 2014, art. 17ª nm. 12 e ss.).

As consequências são insegurança informacional, existencial e das liberdades. Terceiros não participantes do fato não podem manter-se distantes do Estado nem mantendo um comportamento legal e nem por meio de comportamento completamente independente da investigação e alheio ao processo penal. Para uma parcela dos cidadãos, o Estado de bem-estar verte-se em Estado-segurança. E o Estado-segurança não assegura essas pessoas.[160]

Afinal, o Estado atropela, sem cerimônia, a partir de sua precaução informacional e sua assistência existencial, direitos fundamentais intocáveis e princípios processuais igualmente indisponíveis. Em nome da eficiente luta contra a criminalidade, o direito de se recusar a depor que atine a certas testemunhas e os direitos de liberdade de pessoas não-implicadas devem ceder. O Estado, ainda, não leva suficientemente em conta a separação entre direito de polícia e direito processual penal, ideia liberal e conforme ao Estado de Direito, o controle sobre a investigação preliminar que detém o ministério público ou a proibição de um armazenamento profilático de dados.[161] Esse é um lado.

2. De outro lado, o pensamento liberal em sua variante absoluta parece ser igualmente problemático. Esse (novamente) não consegue, sem mais e como modelo unilateral, parar em pé em nosso Estado moderno, em que se verifica criminalidade igualmente moderna e adequadamente organizada.[162]

a) Algumas das demandas dessa doutrina liberal rumam na direção de excluir do Código de Processo Penal, em boa medida, os *métodos operativos de rastreamento/busca*, tais como as investigações ocultas ou monitoramentos técnicos.[163] Também a preparação processual penal para futura persecução penal deveria ser banida do direito processual penal,[164] bem como a transferência de dados da persecução penal para os órgãos de segurança.[165] A consequência seria a absoluta vinculação finalística dos dados do processo penal ou – para parafrasear os termos que acima, a grosso modo, utilizamos – *liberdade sem segurança.*

---

160. Exemplos: censo populacional (cf. também *Wagner,* DuR 1989, 174); processo penal de Memmingen; documentos da Stasi (*Hassemer* [n. 32], p. 29 e s.). Com isso não se questiona a outra grande preocupação de outra parte dos cidadãos: o medo de delitos (invasões a residências, furto de automóveis, roubo de bolsas – e também criminalidade organizada), medo esse que o Estado, por meio do Direito e de controle, quer enfrentar em estágio prévio e em rechaço à imagem liberal de pessoa (*Hassemer,* StV 1994, 335; *Kindhäuser,* Universitas 1992, 233) e transformar em sentimento de segurança dos cidadãos (*Hassemer* [n. 32], p. 60 e s., 13 e s.).

161. (N.E.) Sobre essa proibição, mencionada na decisão do censo do BVerfG, Introdução, B. I. 3.

162. *Welp,* StV 1994, 161; Frankfurter Arbeitskreis, StV 1994, 693.

163. Reflexões fundamentais em *Köhler,* ZStW 107 (1995), p. 25 e ss., com referências e indicação aos §§ 52 e ss., 136 StPO.

164. Por exemplo, *Strate,* StV 1989, 408; compare-se também *König,* Die Entwicklung der strafprozessualen Zwangsmaßnahmen im Ermittlungsverfahren seit 1877, 1993, p. 168.

165. Posicionamento dos órgãos de classe dos advogados sobre Projeto de Lei de Reforma do Processo Penal 1988, 1989, p. 122.

Pode-se contra-argumentar no seguinte sentido: métodos operativos tais como a interceptação telefônica, a vigilância secreta de imagem ou som (fora de residências)[166] ou agentes encobertos – a despeito da inconstitucionalidade do dispositivo que os autoriza a entrar em residências[167] (§ 110c S. 1 StPO) –: todas essas medidas podem ser também justificadas, em princípio, contra imputados e pessoas a estes ligadas, quando não se trata adicional e tipicamente de proteção contra perigos no sentido de evitação de ulteriores delitos.[168] A apreensão de documentos postais (Postbeschlagnahme) o comprova desde 1879.

b) De todo modo, aquilo que é *puro direito de polícia* deve ser expungido do Código de Processo Penal. Agentes encobertos, ao menos em casos de perigo concreto de repetição, contrariamente ao que dispõe o § 110a StPO,[169] devem proceder não nos termos do processo penal, mas nos termos do direito de polícia, uma vez que aqui se trata da finalidade preferencial de evitar crimes. Palavras vazias tais como o "perigo à segurança pública", mencionadas no dispositivo sobre os agentes encobertos, a busca-rede de arrastão ou a busca padronizada computadorizada, são corpos estranhos na StPO (§§ 110d I; 163d V; 98b IV; 101 I StPO).[170] A evitação de delitos e a garantia da segurança pública não são tarefas do direito processual penal. Caso se aceitasse isso, viraríamos as costas ao "combate à criminalidade" e retornaríamos àquilo que é a concepção original do direito processual penal: o esclarecimento de uma suspeita com o fim de uma justa resposta ao delito.[171]

c) A esse respeito, faz pouco sentido proibir, em razão de receios liberais, a *preparação a futuras persecuções penais*, ou ainda mantê-la fora do direito processual penal. A preparação para o esclarecimento de uma suspeita é há séculos uma tarefa adicional que cumpre ao direito processual penal. Os órgãos da persecução penal não podem, de fato, iniciar sempre do zero. Em função disso é que se deve elaborar a sábia ideia por trás do § 81b segunda alternativa StPO, a qual permite a tomada de fotos e de impressões digitais não apenas com a finalidade de utilização em um processo penal concreto, mas também para fins gerais de identificação, em conformidade com o direito de proteção de dados. O armazenamento e a transferência de dados de preparação devem, assim, ficar cingidos àqueles que concorrem para o fato em face dos quais haja condenação transitada em julgado, bem como aos fatos criminosos graves previstos em um catálogo.[172]

---

166. Sobre a inconstitucionalidade da intervenção sobre imagem e voz em residências, *Wolter,* in: SK-StPO, vor § 151 nm. 111 e ss., com referências; Frankfurter Arbeitskreis, StV 1994, 693.

167. *Rudolphi,* in: SK-StPO, § 110c nm. 5 e s.; sobre os perigos para o princípio da vinculação finalística, *Zaczyk,* StV 1993, 494.

168. Ver, no entanto, também *Dencker,* StV 1994, 683.

169. Crítico, *Rudolphi,* in: SK-StPO, vor § 94 nm. 7; *Müller,* StV 1990, 42.

170. Ver também *Hassemer,* KJ 1992, 90.

171. *König* (n. 165), p. 169.

172. Oficial de Proteção de Dados de Hesse, Relatório 1994, p. 192 e s., sobre a conferência sobre os responsáveis indicados para a análise da proteção de dados de março de 1994 e de abril de 1989

Além disso, alguns fatos podem justificar a suposição de que persiste o perigo de repetição de fatos criminosos (dolosos) da mesma espécie. Esse é uma espécie de "ensejo inicial" para a persecução penal de natureza preventiva.

Em razão de que, apesar da igualdade entre os órgãos, trata-se de um desvio de finalidade dos dados, há a peremptória necessidade de criar um fundamento jurídico de natureza processual penal para que isso seja possível. Enquanto o ministério público não possuir dados próprios, deve se servir – na condição de solicitante (§ 11 Lei Nacional de Proteção de Dados) – do sistema informacional da polícia (INPOL). Isso pressupõe obrigatoriamente, ao contrário do que consta do Projeto de Lei do Ofício Criminal Federal e da práxis policial, uma possibilidade de acesso, que é tecnicamente factível.

Não-suspeitos, da mesma forma que potenciais testemunhas, incluída também a vítima do fato, ou ainda pessoas acompanhantes, que apontam referências ou indicam informações não devem constar dos dados. Falta a relação concreta entre o fato punível e o cidadão afetado[173] – independentemente de qual polícia controle os dados. A crítica geralmente apresentada, no sentido de que tais dados podem também contribuir para a exoneração de responsabilidade ou para a credibilidade da testemunha, é sumamente iliberal. A manutenção de dados de não-suspeitos contradiz a proibição de armazenamento de informações em estoque e viola o conteúdo de dignidade humana do direito à autoapresentação informacional.

d) Por fim, a segurança dos cidadãos estaria mal atendida caso os órgãos da persecução penal não estivessem autorizados a compartilhar determinados dados com outros órgãos de segurança, no âmbito da intervenção substitutiva hipotética qualificada. A vinculação finalística absoluta de dados da persecução penal não deve existir nos casos de graves perigos à vida, ao corpo (e à liberdade). Igualmente, o ministério público não deve estar dispensado do dever de comunicação previsto nos §§ 138; 139 III StGB. Esse *dever de transferência* (ou "mandamento de desvinculação finalística") deve valer, como caso limite, para os casos de terceiros inevitavelmente afetados após a obtenção lícita de dados (ideia por trás do § 138 StGB) ou a partir de conhecimento ilícito da informação no caso de terceiros sem qualquer relação com o fato (ideia por trás do § 139 III StGB).

e) Apesar desses toques operativos, assistenciais/preparatórios e preventivos, não se pode dizer que a StPO se transformaria em Lei de Introdução de uma Constituição de Exceção – como certa vez o conhecido advogado *Strate* chegou a

---

sobre o Projeto de Lei de Reforma do Processo Penal 1988.

173. Ver também *Dästner,* RuP 1988, 34.

formular.[174] Alcançar-se-ia, isso sim, – e para alterar uma vez mais o jargão acima mencionado – uma *segurança no interior da liberdade.*[175]

XI. Esboço de uma teoria dos direitos fundamentais e do processo penal[176]

Segurança e justiça penal, alicerçadas na liberdade – esse é também o ponto de partida teórico de nossa Constituição. Em uma breve terceira parte dessa conferência apresentar-se-á o esboço de uma teoria dos direitos fundamentais, a qual, em face da jurisprudência do BVerfG, também é o fundamento da proteção de dados pelo direito constitucional e de toda teoria do direito processual penal. Essa teoria abre espaço para os modernos direitos de participação (direitos de informação, garantias de notificação), direitos de recusa a prestar informações e imunidades contra apreensões (Beschlagnahmefreiheit). A teoria será desenvolvida em três passos, que correspondem ao escalonamento da proteção de dados e da personalidade.[177]

1. Esfera nuclear dos direitos de liberdade contra direito a segurança (art. 1 I GG)

Os direitos fundamentais de liberdade antecedem aos interesses estatais. Esses direitos são, em essência, *direitos de proteção* (Abwehrrechte). Garanti-los é a primeira tarefa do atuar estatal. A liberdade – também do imputado ou das testemunhas – é, em princípio, ilimitada. Por outro lado, o controle estatal, em princípio, é limitado, mensurável, calculável. Essa *teoria dos direitos fundamentais do Estado de Direito liberal* encontra seu fundamento na (intocável) dignidade humana e nos direitos humanos indisponíveis (unveräußerlich), previstos no art. 1 I GG e na cláusula pétrea do art. 79 III GG. Ela é fortalecida pela intocabilidade do núcleo essencial dos direitos fundamentais (art. 19 II GG) e pelo art.

174. StV 1992, 37.

175. Sobre a unidade entre segurança e liberdade, ao contrário, *Rogall* (n. 25), p. 117; para um posicionamento dualista, *Schünemann*, GA 1995, 215.

176. (N.E.). Tradução desse apartado até o fim do artigo por Luís Greco.

177. Pioneiramente *Rogall* (n. 24), p. 32 e ss. O seguinte esboço é influenciado de forma decisiva pelos trabalhos de *Amelung*, Informationsbeherrschungsrechte im Strafprozeß, 1990, p. 30 e ss.; *Böckenförde*, NJW 1974, 1529; *Dencker*, StV 1994, 667; *Grimm*, recht (Bern), 1988, 41; *Grünwald*, Das Beweisrecht der Strafprozeßordnung, 1993, p. 25 e ss., 65 e ss., 141 e ss.; *Hanack*, in: Löwe/ Rosenberg, § 136a nm. 11 e ss.; *Hassemer*, Festschrift für Maihofer, 1988, p. 200; *Köhler*, ZStW 107 (1995), p. 10; *Naucke*, KritV 1993, 135; *Welp*, StV 1994, 161. Ainda assim, há profundas modificações ou concretizações. Por razões de espaço, não se procederá à discussão dos diversos posicionamentos. Faça-se referência, de qualquer forma, a minhas contribuições em *Wolter* (coord.), Zur Theorie und Systematik des Strafprozeßrechts, 1995, p. 49, 267; *Wolter/Freund* (coords.), Straftat, Strafzumessung und Strafprozeß im gesamten Strafrechtssystem, 1996, 1; SK-StPO, vor § 151 nm. 21-56g, 83-149, 167-214; por fim, ao "Alternativ-Entwurf Zeugnisverweigerungsrechte" (AE-ZVR), 1996, de que sou coautor.

1 III GG. Segundo esse último dispositivo, os direitos fundamentais, enquanto direito imediatamente vigente, vinculam o legislador.[178] Esse fundamento liberal – o núcleo dos direitos fundamentais – é completado pela inexistência de reserva geral de bem comum ou de reserva geral de segurança pública, que ainda era previsto pelo Projeto de Constituição de Herrenchiemsee.

Esse ponto de partida demanda que, à falta de ensejo para investigar, deixe-se incólume o não-suspeito. Na falta de qualquer ensejo para a imposição de encargos em nome do bem comum (Aufopferung), o dever imposto pelo Estado sem a vontade ou sem o conhecimento do afetado seria de todo ilimitado e imprevisível. Seria errôneo submeter esse não-suspeito a um dever referido à comunidade (Gemeinschaftsbindung).

Tampouco se pode derivar do art. 1 I 2 GG o interesse contraposto da *capacidade de funcionamento da justiça penal*, de *igual hierarquia*. Segundo esse dispositivo, é dever de todo poder estatal não apenas respeitar como também proteger a dignidade humana. O efeito primário dessa regra é fortalecer os direitos de defesa do imputado, da testemunha ou das pessoas de contato.[179] A essas pessoas envolvidas no processo tem de dar-se a possibilidade de sequer fazer uso de seus direitos de liberdade, o que ocorrerá por meio *de direitos* (indisponíveis) *de participação* – direitos de informação sobre dados existentes a seu respeito, de notificação pelas autoridades após medidas investigativas ou direitos de recusar testemunho. Dignidade humana e liberdade não significam apenas ausência de coação e de deveres de suportar, mas também direitos de participação contra o Estado.[180]

178. O art. 1 III GG, que vincula o legislador, o executivo e a jurisprudência aos direitos fundamentais, gera um dever do legislador de certificar-se dos efeitos de suas leis – por ex., da Lei de Combate ao Crime Organizado; *Dahs*, NJW 1995, 557; Frankfurter Arbeitskreis, StV 1994, 694; *Köhler*, ZStW 107 (1995), 12.

179. Isso não exclui, obviamente, que o dever estatal referente à justiça penal encontra sua justificação nos direitos fundamentais e deriva do dever estatal de proteger esses direitos (*Grimm*, n. 41, p. 30). O que aqui se questiona é, apenas, que a eficiência da justiça penal seja colocada em patamar de igualdade com a dignidade humana, que o núcleo essencial dos direitos fundamentais (arts. 1 I, 19 II GG) e a dignidade humana possam ponderados com a capacidade de funcionamento da justiça penal, que seja possível a investigação da verdade à custa de intervenções no núcleo dos direitos fundamentais e que os fundamentos para a iniciativa de atuação estatal sejam definidos a partir da capacidade de funcionamento da persecução penal ou da precaução contra riscos de futuros delitos e não a partir da liberdade do indivíduo; contra isso, com razão, *Grimm* (n. 41), p. 31 e s.; *Naucke*, KritV 1993, 143; cf. também *Hassemer*, in: Hassemer/Starzacher (n. 3), p. 19.

180. Sobre o status *activus processualis* também BVerfGE 53, 80; *Grabitz*, AöR 98 (1973), p. 608 e s.; *Grimm* (n. 178); para o conteúdo de direito objetivo dos direitos fundamentais *Grimm*, NJW 1989, 1308; cf., por outro lado, no sentido de que o elemento de estado social presente na constituição não prevê, a rigor, verdadeiros direitos de participação, *Böckenförde*, NJW 1974, 1536, 1538; *Müller-Dietz*, Festschrift für Dünnebier, 1982, p. 82 e s.; indo mais longe, *Redeker*, NJW 1980, 1596. Ainda assim, parece que o art. 1 I 2 GG, que fundamenta um dever de respeitar e proteger a dignidade humana, apoia a exigência de ordem judicial para o uso de agente encoberto (§ 110a StPO), para que sobrepassem os direitos de recusa a testemunhar nos casos de perigo de vida ou para outras situações com implicações

Tampouco se pode deduzir, do dever de proteção do art. 1 I 2 GG ou de uma visão global dos deveres fundamentais segundo a GG, o *direito fundamental dos cidadãos à segurança*,[181] como *princípio contraposto de igual hierarquia*, que opere em favor da justiça penal do Estado de Direito. Não apenas inexiste no texto da constituição qualquer indicação nesse sentido; mais do que isso, seria errôneo erigir o princípio do Estado de Direito, enumerado entre as cláusulas pétreas do art. 79 III GG, a princípio contraposto ao núcleo dos direitos fundamentais. O Estado de Direito existe em razão da dignidade humana. Seria uma contradição interna renunciar a princípios fundamentais da constituição sob o argumento de proteger a constituição.[182] Isso significa que, nos direitos fundamentais intocáveis, não há espaço para se recorrer à proporcionalidade com o fim de proceder a ponderações com interesses de persecução penal, supostamente de igual hierarquia.[183]

2. *Esfera de ponderação e princípio da proporcionalidade (art. 2 I, 1 I GG)*

Os interesses da persecução penal e da segurança somente ganham importância em um segundo nível – posterior aos direitos intocáveis de liberdade. Eles se baseiam no *enraizamento comunitário* (Gemeinschaftsgebundenheit) dos envolvidos no processo.[184] Faculdades de coação, intervenções informacionais abertas, medidas de investigação operativas, medidas de preparação para futura persecução penal, transferências de dados para os órgãos de segurança têm, assim, o condão de restringir os direitos fundamentais.

Os interesses da justiça penal têm de ser, entretanto, conduzidos ao equilíbrio com os direitos de liberdade de hierarquia inferior à dignidade humana, o que deve ser feito nos moldes da teoria do efeito recíproco (Wechselwirkungslehre)[185] e do princípio da proporcionalidade. O BVerfG fala, assim, de uma "esfera de ponderação". Ou, mais exatamente: também a persecução penal é motivada pelos direitos fundamentais. É evidente que o Estado tem de importar-se com o bem-estar e a segurança do indivíduo não afetado pelo processo penal informacional. É assim que a teoria liberal dos direitos fundamentais é complementada por considerações referidas ao *Estado social de direito*. Continua, entretanto, decisivo o fato de que o princípio da proporcionalidade deriva dos direitos de

para a dignidade humana (a respeito, abaixo, XII, texto correspondente à n. 197), ou até a proibição de certas investigações guiadas pelo Estado (homem de confiança na cela da prisão cautelar; BGH NStZ 1989, 32; *Hanack*, in: Löwe/Rosenberg, § 136a nm. 11).

181. Cf., contudo, art. 99 I 2 da Constituição da Baviera (BayVerfassung) (título; a respeito *Meder*, Kommentar, 4ª ed., 1992, art. 99 nm. 6: a segurança dos cidadãos seria a primeira justificação do Estado); ademais, *Scholz/Pitschas* (n. 142), p. 111 e ss., 123, 175 e ss.; *Sternberg-Lieben*, NJW 1987, 1246; em sentido contrário *Backes*, KritV 1986, 329 e s., com referências; *Strate*, StV 1992, 32; *Gusy*, StV 1993, 275; *idem*, KritV 1994, 247.

182. BVerfGE 30, 46.

183. Cf. a n. 108.

184. Jurisprudência constante do BVerfG (BVerfGE 4, 15; 65, 44; 80, 374).

185. BVerfGE 80, 375; BGHSt 31, 298, 300.

liberdade dos envolvidos no processo. Esse princípio serve ao fortalecimento dos direitos de defesa e de participação dessas pessoas afetadas pelo processo penal – em especial, nos casos em que o Estado persecutor pode, por meio de medidas coativas e de intervenções informacionais, tocar em posições protegidas por relevantes direitos fundamentais, como a integridade física, a liberdade, a esfera privada, a autoapresentação informacional.

O BVerfG sublinha essa perspectiva, ao examinar as intervenções em direitos fundamentais segundo o art. 2 I GG não apenas sob o aspecto do limite da "ordem constitucional", como também sob o aspecto do art. 1 I GG,[186] limitando a restrição a direitos de liberdade à medida do estritamente necessário.[187] Isso significa que o direito processual tem de ser concebido a partir dos direitos de liberdade e isso não apenas na esfera nuclear, também na esfera ponderável dos direitos fundamentais de especial relevância. Os métodos de investigação têm de ser concebidos a partir do direito fundamental ao sigilo das comunicações (Fernmeldegeheimnis) e da privacidade da pessoa humana; eles têm de ser limitados por instrumentos processuais de proteção[188] ou por direitos de participação. No que diz respeito ao dever de suportar uma interceptação telefônica, chegou-se, ao que parece, a um resultado satisfatório. Mas, no caso da testemunha, mesmo em casos de afetação considerável, não se reconheceu ao direito à privacidade ou à autoapresentação primazia sobre os interesses de persecução penal, uma vez que o dever de testemunhar é, aqui, ilimitado. Como dito inicialmente, as testemunhas têm o dever de renunciar a informações condizentes à esfera nuclear de privacidade.

3. Liberdade da investigação preliminar (§ 161 I StPO)

Tudo isso posto, é chegado o momento de, ao final dessa conferência, passar-se para a anunciada estrutura de um processo penal que leve em conta os direitos de liberdade e de proteção de dados, sem olvidar os interesses de persecução penal e de segurança. Isso será desenvolvido com base nos exemplos da prova testemunhal, da apreensão e da vigilância secreta (por meio de telefone, gravação de áudio ou vídeo ou de aparelhos de incrementação visual).

Acrescente-se, aqui, de forma breve, a terceira esfera do modelo escalonado de proteção de dados e da personalidade. Existe, ao lado da reduzida esfera nuclear dos direitos fundamentais e da mais extensa esfera de ponderação, também algo como um "*espaço nuclear da justiça penal*". Aqui – no âmbito de intervenções de pequena gravidade em direitos fundamentais ou da atuação estatal indiferente a esses direitos (schlicht hoheitliches Handeln) – vale, de forma ampla, a liberdade na investigação preliminar. Os interesses da justiça penal – em certos

---

186. BVerfGE 27, 6, 344; 32, 379; 33, 374; 35, 220; 38, 114; 63, 142 e s.; 67, 142; BGHSt 31, 299.
187. BVerfGE 30, 20; BGHSt 31, 298.
188. Em detalhe, *Wolter*, SK-StPO, vor § 151 nm. 91 e s.

casos, também, outra vez, os interesses do imputado – estão, desde o princípio, em um patamar superior. Não chega a ocorrer real ponderação entre os interesses da justiça penal e os da testemunha. Não são necessárias normas autorizativas específicas, instrumentos processuais de proteção como reservas de jurisdição, catálogos de crimes, deveres de esclarecimento ou direitos de participação. Em favor dessa liberdade de investigar podem-se mencionar o § 161 StPO, como cláusula geral de investigação,[189-190] bem como a exigência estatal de obtenção de informações, nessa incluído o dever da testemunha de prestar declaração, dever esse que – como se fez na Áustria (§ 150 StPO austríaca) – deveria ser previsto de forma expressa na lei.

XII. Esboço de uma dogmática e de uma sistemática de uma proteção constitucional de dados

Considerações referidas ao direito de personalidade e à esfera nuclear dos direitos fundamentais levam a que se considere a vigilância domiciliar por meio de aparelhos, que tampouco está prevista no § 100c StPO,[191] uma medida violadora da dignidade humana, que tampouco poderia ser introduzida por meio de emenda constitucional no dispositivo sobre a inviolabilidade do domicílio (art. 13 GG). Essa via é bloqueada pelo art. 79 III GG, que prevê cláusulas pétreas, e é possível prescindir, aqui, da fundamentação dessas afirmativas.[192] Ainda assim, repita-se que nem um direito fundamental à segurança, nem limites imanentes da Constituição como reserva de bem comum ou o princípio do Estado de Direito ou da proporcionalidade poderiam ser contrapostos a essa conclusão.

1. Direito absoluto de recusar testemunho e imunidades contra apreensões

No direito da prova testemunhal e da apreensão, a teoria liberal do direito processual penal aqui defendida leva a que, lá onde se trate de informações personalíssimas ou documentos oriundos do núcleo da esfera privada, reconheça-se um novo direito absoluto de recusar o testemunho e uma proibição de apreensão. Nenhuma testemunha tem o dever de ceder informações que se encontram em um diário ou dados relevantes para a sua personalidade oriundos de análise genômica. Também aqui posso ser breve, uma vez que existe norma paralela no direito

---

189. Isso não significa que se deva entender o futuro § 161 StPO (N.E.: cf. Introdução, B. I. 2, C. II. 2.) segundo o modelo do § 161 StPO Projeto do Ministério Federal da Justiça (n. 98), isto é, como norma autorizadora subsidiária para todas faculdades não previstas por dispositivo legal específico ("desde que outros dispositivos legais não regulem suas faculdades de forma específica") e, sim, apenas que intervenções de pequena monta em direitos fundamentais (por ex., observações de curta duração em espaço público) não precisam de uma regulamentação específica.

190. (N.E.). Cf. a Introdução, B. I. 2. para explicação da chamada cláusula geral de investigação.

191. (N.E.). Considerações proféticas: o BVerfG declarou, poucos anos depois (em 2003), por essa e também por outras razões, inconstitucional o dispositivo criticado por Wolter (BVerfGE 109, 279).

192. Cf. a n. 167.

positivo (§ 55 StPO). O direito absoluto de recusar o testemunho se fundamenta também aqui em direito fundamental intocável.

2. *Direitos relativos de recusar testemunho e imunidade relativa contra apreensão; vinculação a utilização e finalidade*

A zona crítica para uma perspectiva de proteção de dados é a que se encontra entre os direitos absolutos de recusar o testemunho e o dever geral de prestar informações (cf. acima, XI 3) – isto é, na esfera da ponderação. O direito vigente decide-se rigorosamente em favor do dever geral de todo cidadão de prestar informações conformes à verdade e, com isso, em favor da capacidade de funcionamento da justiça penal. Recorde-se o cliente que foi à prostituta, o qual tem de relatar detalhadamente sobre seu comportamento sexual; ou a paciente, cujos tratamentos médicos ou enfermidades tornam-se públicos em um processo penal dirigido contra o seu médico.

a) Se se leva a sério o ponto de partida com base nos direitos fundamentais e a ideia de que também na esfera da ponderação e de direitos fundamentais de especial relevo as faculdades de investigação da justiça têm de ser concebidas com base nos direitos de liberdade, chegar-se-á a uma nova forma de proteção de dados: ao direito relativo de recusar o testemunho.

Nos casos em que a revelação das informações podem conduzir à *exposição pública* (Bloßstellung) do afetado, não deveria subsistir qualquer dúvida quanto à incidência do *direito de personalidade, dotado de especial relevo* (art. 2 I, 1 I GG). Dados que dizem respeito, por ex., à saúde ou à vida sexual, são protegidos pelo ordenamento jurídico de forma extensa e, no mínimo, relativizada – no Código Previdenciário (Sozialgesetzbuch), pelas regras de obtenção de dados constantes e em muitas leis de polícia,[193] na planejada diretiva de proteção de dados da União Europeia, no Tratado do Conselho da Europa de 1981 para a proteção da pessoa humana diante do processamento automático de dados, no § 28 Lei Nacional de Proteção de Dados atinente à transferência no setor não-público.

Direito relativo de recusar o testemunho – e, consequentemente, proibição relativa de apreensão – significa que se há de partir de um direito de retenção da testemunha em relação a seus dados e documentos especialmente sensíveis. Esses direitos de liberdade, em princípio, sobrepõem-se aos interesses de persecução penal. A testemunha não é meio de prova que deve irrestritamente informações e, sim, sujeito processual. Pode-se falar, seguindo a *Amelung*, de um "direito de domínio sobre informações" em vez de um direito de retenção dos dados.

É evidente que a testemunha tampouco poderá reter seus dados especialmente sensíveis de forma ilimitada. Mas, em uma inversão da regra de que ainda parte o

---

193. §§ 25 II, 67 II, 69 IV, 83 SGB X; § 9 Lei de Polícia da Renânia do Norte-Vestfália; § 145 Projeto Alternativo de Código Penal, Parte Especial (AE-BT).

direito processual vigente, a justiça necessita de uma norma de autorização para conseguir essas informações ou documentos de forma eventualmente coativa. Se olharmos para os dispositivos paralelos (§§ 100a, 100c StPO), veremos que essa faculdade de ordenar e de coagir a declaração da testemunha tem de estar acompanhada de uma série de cautelas: de decisão judicial, de dever de esclarecimento, de estado de necessidade probatório e de catálogo de delitos. Isso significa que, em razão do direito de proteção de dados e de privacidade, nunca poderia existir o dever de testemunhar em um processo cujo objeto é o delito de exercício de prostituição proibida.

O direito relativo de recusa a testemunhar toma, em parte, como modelo o direito austríaco (§ 153 StPO austríaca), considerações de *Hassemer*[194] e um projeto de lei do Estado de Hessen,[195] o qual não tinha chances reais de ser aprovado. Esse direito tem de ser completado com regras sobre a descoberta fortuita e sobre intervenções investigativas hipotéticas, sobre direito a um recurso imediato (sofortige Beschwerde) e sobre o dever dos órgãos de persecução de recusar informações ou consulta dos autos após o término da persecução.[196]

b) De resto, a ideia de proteção (relativizada) do direito à privacidade pode ser aproveitada em outros setores do direito processual penal – ainda que não se reconheça o direito relativo de recusa a testemunhar. Esses setores são, por ex., a *circulação de autos* dentro do mesmo órgão público (§ 15 VI Lei Nacional de Proteção de Dados), os deveres de informação diante de superior hierárquico ou a transmissão de informações do ministério público para a polícia. Em razão da identidade funcional do órgão público, inexiste, em todos esses casos, verdadeira transferência (Übermittlung) de dados ou mudança de finalidade; diante disso, é de propor-se o *princípio da vinculação (relativa) a uma utilização* (Prinzip der [relativen] Nutzungsbindung). Seria errado que, em razão de unidade de fim de parte de um órgão ou de todos os seus integrantes seja possível afrouxar as exigências da proteção de dados. O que interessa não é a "finalidade unitária da persecução penal"[197] e, sim, a pergunta quanto a se, de uma perspectiva de proteção das liberdades, pode ser permitida *mudança na utilização* dos dados.

---

194. *Hassemer* (n. 44), p. 103 e s.; insinuações nesse sentido em *Schmitt*, Die Berücksichtigung der Zeugnisverweigerungsrechte nach §§ 52, 53 StPO bei den auf Beweisgewinnung gerichteten Zwangsmaßnahmen, 1993, p. 127 e ss., 169 e ss., 225.

195. BR-Drucks. 568/92, de 17. 8. 1992; ademais, Oficial de Proteção de Dados da Renânia-Palatinado, NJW 1991, 2337.

196. Cf. a n. 182. A ideia de direito relativo e de direito absoluto de recusar o testemunho reflete também em situações que envolvem bens jurídicos clássicos: nos casos de perigo agudo de vida, há o direito absoluto (o que, em razão da dignidade humana [art. 1 I GG] e da jurisprudência do BVerfG, tem importância apenas declaratória); direito relativo de recusar declarações no caso de perigo agudo para a integridade física, a liberdade ou o sustento econômico da vida (cf. também AE-ZVR [n. 178]).

197. *Rieß*, GA 1993, 567; *Rogall* (n. 24), p. 64 e s., 77.

O órgão público tem, de qualquer forma, de respeitar o direito à privacidade ou à autoapresentação – por ex., anexando aos autos de forma separada avaliações psicológicas, relatórios sobre a personalidade do imputado/condenado ou transcrições de escutas telefônicas. O limite dessa vinculação a uma utilização não é dado pelo dispêndio que implicaria a separação,[198] mas sim pela compreensão dos autos.[199] Não é preciso relevar que essas cautelas têm de refletir sobre o direito à vista dos autos por outros órgãos estatais ou para a transferência de dados.[200] A vinculação relativa à utilização se transforma, assim, em vinculação relativa à finalidade.[201]

XIII. Direito de informação (§§ 477 StPO, 19 Lei Nacional de Proteção de Dados)

Também o direito do afetado de obter informações carece de regulamentação respeitadora da liberdade. O § 19 Lei Nacional de Proteção de Dados, a que fazem referência o § 477 StPO bem como várias outras leis, é demasiado amplo. Segundo esse dispositivo, deixar-se-á de prestar a informação, entre outras hipóteses, em caso de perigo para o cumprimento das funções pelo órgão que armazena os dados ou em caso de perigo para a segurança ou para a ordem pública. Essas exceções não se compatibilizam com a perspectiva aqui defendida, que, fundada na liberdade, entende o direito de informação como *direito de participação* segundo os arts. 2 I, 1 I 2 GG. O ponto de partida correto é, outra vez, não o interesse de investigação ou de segurança, e sim o direito de autoapresentação do afetado em combinação com a garantia do art. 19 IV GG.

As restrições ao direito de informação têm, assim, de ser mais limitantes que as previstas no § 19 IV ns. 1-3 Lei Nacional de Proteção de Dados. Enquanto não preponderarem, de forma fundamental, direitos de terceiros (de forma paralela aos direitos relativos de recusar testemunho), as restrições têm, no máximo, de fundamentar-se nas específicas funções do órgão que armazena os dados. Nem sempre estarão entre essas funções garantir a ordem pública, tampouco

198. *Hassemer* (n. 44), p. 118, recordando as possibilidades da tecnologia de informações, as quais poderiam ser utilizadas também "em favor da justiça penal" (por ex., para controlar o atendimento aos prazos para apagar as informações).

199. *Groß/Fünfsinn*, NStZ 1992, 106; *Hassemer* (n. 44), p. 114 e s., 118; JMBl. Hesse, 1992, 554; Circular do Ministério da Justiça sobre a "Transferência de dados no inquérito processual penal".

200. Oficial de Proteção de Dados de Hesse, Relatório 1993, p. 50 e s.; quase ilimitadas, entretanto, são as propostas do § 474 II StPO do Projeto do Ministério Federal da Justiça de 1995 e Projeto de Lei do Senado (n. 132): "na medida do necessário para realização das tarefas, interesse preponderante na utilização dos dados"; vista dos dados "quando a prestação de informações implicaria ... em um dispêndio irrazoável" (com fundamentação insuficiente na publicação do Parlamento de Hesse, Drucks. 13/6384 de 15.7.1994, p. 14).

201. O círculo se fecha quando se reconhece o direito relativo de recusar testemunho: a vista dos autos esbarra numa proibição relativa de utilização (cf. acima, n. 25; também o § 477 II 1 StPO do Projeto do Ministério Federal da Justiça de 1995 e Projeto de Lei do Senado (n. 132); n. 185 II RiStBV).

garantir a segurança pública. Pelo contrário, tem-se de vincular essa descrição mais restrita das funções do órgão com considerações sobre a indispensabilidade dos conteúdos de dados ou sobre os limites para a transferência de dados (abaixo XIV 4). Nesses casos, não se trataria mais de combater perigos e, sim – de forma mais estrita – de perigos urgentes para a vida, para o corpo e para a liberdade; e não se trata mais, de forma genérica, de esclarecer ou de impedir crimes e, sim, de investigar ou de prevenir delitos graves previstos em um catálogo, delitos violentos, delitos reiterados.[202] Atendidos esses princípios, provavelmente não seria mais possível que o PAD, o arquivo policial de Baden-Württenburg de que se falou ao início do presente artigo, contivesse cerca de 800.000 pessoas. Com isso, chegar-se-ia a uma nova dimensão não da proibição, e sim da *renúncia a informações*.

XIV. Pequeno introito sobre a transferência de dados

1. A transferência de informações compreende também os problemas da prestação de *informações sobre o conteúdo de autos* e da concessão de *vista dos autos*. O problema da vista dos autos por outros órgãos, bem como da transferência de dados – sem prejuízo do fluxo de dados entre órgãos de segurança pública e de persecução penal – foi anteriormente mencionado acima (item XII. 2 b).

2. Contrariamente a todos os projetos legislativos, é inadmissível conceder *vista dos autos* de uma investigação criminal para *outros particulares que não o próprio imputado*, pelo menos nos casos de processos ainda em curso, pouco importando se o requerimento é intermediado por advogado[203] e sem prejuízo do disposto no § 406e StPO, que prevê um direito de vista dos autos para o ofendido e permanece problemático diante dos interesses do imputado. A razão disso está não apenas nos perigos de abuso e, sim, no fato de que dados sobre a persecução penal sempre são dados especialmente sensíveis.

3. Na transferência de dados de persecução penal para fins de preparação para a persecução futura, vigem, para essa mudança de finalidade, as exigências de proteção de dados antes mencionadas (norma autorizativa na StPO; partícipe com condenação transitada em julgado; perigo sério de reiteração de delitos

---

202. Importantes as considerações do Oficial de Proteção de Dados de Hesse, Relatório 1994, p. 132; 1993, p. 31.

203. O § 475 I StPO do Projeto do Ministério Federal da Justiça de 1995 (n. 132) fala de "interesses justificados" do particular para a concessão de informações sobre o conteúdo de autos e de "interesses dignos de proteção" dos afetados para a recusa a essa concessão; cf. também a Conferência dos Oficiais de Proteção de Dados de março de 1994: "quando disso dependam interesses jurídicos do particular"; exceção (com regra de vinculação à finalidade) ao menos no caso de afirmação com fundamento de fato e de direito (Glaubhaftungmachung), por meio de advogado, de interesses de realização de direitos subjetivos vitais (OLG Celle RDV 1992, 83; muito amplo, entretanto: Nr. 185 III, IV RiStBV); cf. ainda o § 147 Projeto de Lei de Reforma do Processo Penal 1994, em relação ao imputado sem advogado.

graves de mesma natureza que os previstos em catálogo – como um segundo fato hipotético como fundamento para a preparação de persecução penal).

4. Na transferência de *dados de persecução penal para os órgãos de polícia de segurança pública,* há de recorrer, como dito, a intervenção hipotética qualificada, que leve em consideração o delito em questão, além das medidas e da competência. Ainda assim, não é necessária, nem tampouco praticável a correspondência absoluta entre a medida (processual penal) mediante a qual os dados foram obtidos e a medida hipotética de polícia. Dados obtidos no processo penal por meio de interceptação telefônica, a qual seria ilícita segundo o direito de polícia, teriam de poder ser hipoteticamente obtidos de forma lícita pela polícia por meio de uma escuta secreta (de forma similar à escuta domiciliar do § 100c StPO, por ex., segundo o § 18 Lei de Polícia da Renânia do Norte-Vestfália). Sobre a transferência de descobertas fortuitas a respeito de terceiros não envolvidos (princípio: o catálogo do § 139 III StGB, perigo agudo de vida), bem como a respeito de pessoas inevitavelmente afetadas (princípio: o catálogo do § 138 StGB, perigo agudo para a saúde ou para liberdade), cf. acima, VII 2a, b.

5. O fluxo de informações em sentido contrário, isto é, da polícia preventiva para os órgãos de persecução penal, regula-se, de início, pelo mesmo critério da intervenção hipotética lícita (acima VII 3, VI 4).[204] Ainda assim, em razão da inconstitucionalidade do "grande ataque da escuta domiciliar"[205] para finalidades repressivas, não é lícito transferir para o ministério público dados obtidos em uma escuta domiciliar permitida segundo o direito de polícia ou de inteligência.[206] Não é esse o sentido do princípio da obrigatoriedade. Essa barreira leva a uma nova espécie de imperativo de separação processual penal.

6. A *atividade de inteligência* (como a do Serviço Federal de Inteligência) tem de contentar-se com a transferência de informações que se poderia descrever como a de adequação a fins ou como "mudança de finalidade vinculada a uma finalidade". Isso diz respeito tanto à espécie de delito quanto à suspeita inicial/ *notitia criminis* específica (o que significa que não bastam "pontos de apoio fáticos" segundo os §§ 20 I 1 Lei do Ofício Federal de Proteção à Constituição, 9 III Lei do Serviço Federal de Inteligência).[207] A transferência de dados do Ofício de Proteção à Constituição somente pode ocorrer para a persecução de delitos contra a segurança do Estado; a transferência do Serviço Federal de Inteligência somente pode dar-se quando necessária para a persecução de delitos de "importância para a política de segurança externa e interna".[208] O princípio da adequação

---

204. Dificilmente sustentável *Keller*, NStZ 1990, 420.

205. (N.E.) No original, großer Lauschangriff, apelido crítico que se confere à vigilância acústica domiciliar.

206. Ao final, deixado em aberto por *Hilger*, Festschrift für Salger, p. 335 nota 85; para o caso inverso (informações preventivas obtidas de forma ilegal) *Wolter*, in: SK-StPO, vor § 151, nm. 104a.

207. Cf. a n. 8.

208. Cf. também *W. Schmidt*, JZ 1974, 249.

a fins se opõe também à nova Lei sobre o Art. 10 (por ex., § 3 III Lei sobre o Art. 10, que menciona o delito da fraude contra subvenções, § 264 StGB).

7. Todas essas restrições justificam que quase se fale em algo como o princípio de ferro das leis de proteção de dados, das leis de polícia e das futuras leis de reforma do processo penal. A *responsabilidade pela transferência* não pode – deixando-se por ora de lado a transferência para o estrangeiro – ser apenas do destinatário dos dados, que requer a transferência ou acessa os dados online. Se a transferência de dados depende de valorações fundadas em direitos fundamentais, não basta que o detentor dos dados se limite a analisar a licitude da transferência apenas quando houver especiais razões para tanto, ou, no caso de acesso automatizado, por meio de amostra aleatória (nesse sentido, contudo, as regras dos § 475 III StPO, §§ 10 IV, 15 II Lei Nacional de Proteção de Dados; em sentido contrário, § 479 Projeto da Lei de Reforma Processual Penal 1994). Tampouco se está conferindo suficiente atenção à clareza ou à posição do ministério público de senhor da investigação preliminar.[209] Nesse sentido, ter-se-á de pensar em órgãos de controle mais eficientes do que o diretor do órgão público ou o juiz de garantias,[210] que, apesar de conscienciosos, permanecem como que a tatear no escuro. Poder-se-ia pensar em algo como um "juiz da transferência de dados", um oficial de proteção de dados com a qualidade de juiz ou em um colegiado ou um órgão com as qualidades de um notário.[211]

XV. Sistema de direitos de informação e reforma do processo penal até 2015

Essa pequena lista das intervenções em direito fundamental ocorridas por meio de transferências de dados (Übermittlungseingriffe) foi também um resumo parcial das conclusões do presente estudo. Seria rápido explicar o restante. Ainda assim, contentar-nos-emos, por razões de espaço, com um olhar sobre o futuro do direito de proteção de dados e com uma lista de palavras-chave: teoria dos direitos fundamentais e do processo penal fundada na liberdade; direitos de defesa e de participação; direitos absolutos e relativos de recusa a testemunhar; proibições de circunvenção; não-suspeitos, não implicados e pessoas afetadas de forma inevitável; separação informacional de poderes e "imperativo de separação processual penal"; dogmática das descobertas fortuitas (acima VII 2); proibição de informação e renúncia a informação (referido a descobertas fortuitas; ao direito de autoapresentação informacional; aos conteúdos de dados); proibições de prova e pista criminalística; intervenção substitutiva hipotética (qualificada/reflexa) e cursos investigativos hipotéticos lícitos; determinação de uma finalidade – vinculação a uma utilização – vinculação a uma finalidade; imperativo de mudança

209. *Schoreit*, StV 1989, 451; *Wolter*, in: SK-StPO, vor § 151 nm. 178, 178a.
210. *Welp*, StV 1994, 163.
211. *Hassemer*, in: Kruse/Ebert, ZStW 105 (1993), p. 439 (em outro contexto).

de finalidade (§§ 139 III, 138 StGB); "mudança de finalidade vinculada a uma finalidade" e Lei sobre o Art. 10; preparação para a prevenção de perigos e para a persecução de crimes; investigação de perigos e de suspeita; prevenção e esclarecimentos de delitos; fundamento para investigação de informações e proibições de investigações proativas que recorram a intervenções em direitos fundamentais. Essas são as palavras-chaves. Caso se aceite a teoria do direito processual fundada na liberdade, com sua hierarquia de direitos de proteção da personalidade e de recusa a informações, é chegada a hora de dar início à construção dogmática de um sistema do direito da informação, nos moldes do sistema do direito penal. Essa conferência foi apenas um começo.[212] A ciência do direito penal, até então demasiado tímida, tem – como no direito material – de tornar-se outra vez visionária,[213] construir modelos alternativos[214] que promovam, até 2015, uma reforma global do direito processual penal. Pode-se resumir tanto a presente conferência, quanto os esforços de reforma, com a paráfrase de uma grande ideia: nós temos de ousar mais no sentido da liberdade.

---

212. Palavras-chave referidas aos órgãos públicos: utilização de informações triviais e risco socialmente adequado "anterior" à proibição de informação (âmbito de proteção); proibições de informação (intervenções informacionais) e "tipo de injusto", aqui também: desvalor da ação e do resultado (*Wolter*, in: SK-StPO, vor § 151 nm. 202 e s.) ou cursos causais investigativos hipotéticos lícitos e teoria do aumento do risco; limites aos direitos fundamentais e causas de justificação, entre elas "causas de justificação procedimentais" e "legitimação por meio de procedimentos específicos" (cf. *Hassemer*, Festschrift für Mahrenholz, p. 731, sobre o § 218a I StGB [N.E.: Esse dispositivo declara não punível o aborto praticado nas primeiras doze semanas de gestação, desde que a gestante se submeta a um procedimento de "aconselhamento" em órgãos estatais, que tentarão motivá-la a prosseguir com a gravidez]) – por ex., nas transferências de dados, que afetam posições protegidas pelo dispositivo referido à dignidade humana, art. 1 I GG (sobre os dados de não-suspeitos não-implicados e o impedimento de delitos segundo o catálogo do § 139 III StGB, cf. acima, n. 130). "Limites-dos-limites" e tipo de injusto total ou mesmo § 34 S. 2 StGB (N.E.: a chamada cláusula de "adequação", que exclui a incidência do estado de necessidade justificante quando o meio utilizado não é "adequado" para a obtenção do fim de eliminar o perigo); inversamente, agora da perspectiva do imputado: dispensa a informações apesar de autorização de informação e §§ 153-153b StPO (N.E.: Dispositivos que preveem a aplicação do princípio da oportunidade, autorizando, atendidas determinadas condições, o ministério público, na fase da investigação preliminar, e, após a propositura da denúncia, o juízo a arquivar o processo).

213. *Amelung* (n. 3), p. 3, 10; cf. também *Hassemer*, StV 1994, 336 e s., sobre a prevenção técnica e sócio-política; sobre a reaproximação entre "juspublicistas" e "processualistas penais" *Gusy*, JZ 1992, 786.

214. Um passo importante foi tomado em Rostock: Seguindo-se a um impulso dado por *C. Roxin*, *H. Hilger* (Ministério Federal da Justiça) e por mim, os professores de direito penal terão, futuramente, a oportunidade de manifestar-se já na prematura fase de elaboração de projetos de lei. Será possível, assim, que grupos de trabalho formulem pareceres sobre os planos legislativos (para uma primeira dessas manifestações cf. o relatório de *G. Freund*, ZRP 1995, 268, que, ademais, disponibilizou o seu endereço universitário como o endereço oficial da secretaria para essa troca de informações). Para o Projeto de Lei de Reforma do Processo Penal 1994, o Projeto de Lei do Ofício Criminal Federal 1995 ou mesmo para a SISY e para a Lei de Combate ao Crime Organizado, a iniciativa chegou um pouco tarde. Mas o conteúdo dessas novas regulamentações confirma, a meu ver, a importância da decisão tomada em Rostock.